學死生
——自我大智教化

鈕則誠◎著

Learning from Death to Life: Great Wisdom Edification for Oneself

自　序

　　身為一名六十三歲的退休哲學教師，回首來時路，感覺既熟悉又陌生，彷彿柳暗花明又一村；熟悉的是書本中的學問，陌生的則是心裡頭的聲音。吾十有五初識哲學，好讀書不求甚解，從連環圖畫轉向「新潮文庫」，放下《小俠龍捲風》拿起《我思故我在》，倒也怡然自得。但是畢竟年紀尚輕，話頭式的半知不解，及至大三修習相關近代西方哲學課程後，始漸達一知半解。有趣的是，到如今年逾花甲，老之將至，對如此一句四百年命題的常識之見，於我竟是豁然開朗，圓融無礙。我思考，所以我存在嘛！有何不解之處？晚近我多以「思者醒客、智者逸人」自許，「醒客」係思考者之英文音譯，「逸人」則為愛智者的生命姿態。盡量從世俗抽離，與天地合其道，始終是我心之所嚮。考大學堅持要念哲學系，可視為此一理想的初步體現。

　　本書是我的第三十種著述，以《學死生——自我大智教化》為題，乃嘗試回顧記錄個我身心歷程交互作用之得失；簡單地說，即是批判地檢視並鋪陳自己四十八年來一以貫之的哲理思想。三年前我出版《觀人生——自我生命教育》一書，採編年形式呈現六十自述，主要觀照自己由出生至耳順的社會位置，以外爍成分為主，並未深入內斂探索。此後自願選擇提前由職場離退，反身而誠工夫較多，遂醞釀出《大智教化——生命教育新詮》的結集，於去年中問世。十八篇論述文章的半數，完成於離退之後兩年內，算是交出自我教化的成績單。原本以為從此海闊天空，但是未料論著問世未久，心思又有所蠢動，深感不吐不快，遂有本書意念之醞釀。它們大體是上述二書的「接著講」，但屬於一系新的心聲，乃視之為自我生命書寫；上、下篇初稿書寫期間，則為今年春節以後的三個月。

　　生命書寫的根據是生命學問，呼應著時下流行的生命教育，它無疑就是在講述我的人生觀解。九年前撰寫哲理小品《觀生活──自我生命教育》，初步系統反思鋪陳人生哲學，簡稱「人學」。在其中所倡議的「後科學人文自然主義」，其實是我於半百之際思緒回歸本土的一種策略觀點；但在現今看來，卻又更希望視之為六經註我的教化旨趣。過去十餘載我所標榜「華人」立場，竟於近期逐漸淡化，取而代之以一套「文理並重、東西兼治」的宏觀思想，此即積累近半世紀的「愛智慧見」。「愛智慧」就是哲學，本書以上、下兩篇六章篇幅，記錄當下的哲思所見，回溯既往，細說從頭。至於附篇四章，則為此前半年所撰四篇相關議論文章之改寫，以符全書體例；內容雖不免咬文嚼字、疊床架屋，卻可作為上、下篇的參照或註腳。當了三十年哲學教授，儘夠了，還是寫點自己喜歡的愛智話語吧！

鈕則誠　謹識

2016年7月

目　錄

下篇：生活　79

附篇：論述　**157**

楔　子

1. 文以載道

2016丙申年正月初一早晨，在間聞爆竹聲響中，我攤開稿紙開始動筆寫書。同樣是新年新氣象，九年前我埋首伏案，一氣呵成十萬字的《觀生活》，算是第一部人生哲理專著。其後又有《從常識到智慧》問世，再到眼前的《學死生》，已屬第三部，不啻文以載道了。人生道理與生活智慧始終是我為之困惑進而感興趣的議題，從「吾十有五而志於學」至今近半世紀，由哲學生徒到退休教授，行道一以貫之，「存在抉擇」而已。幾乎可以這麼說，我學習及講授哲學，都是在盡可能地安頓自己的身心。我不樂用「療癒」一辭，但終究一切作為無不來自我的神經質性格：優柔寡斷、患得患失、貪生怕死等等。直到有一天讀到曾受神經質之苦的「生死學之父」傅偉勳晚年著作，見他提及「神經質之父」森田正馬之種種，始稍感釋然。

有人說讀了哲學會變怪，我卻認為本來就怪的人才會去念哲學，至少我正是如此。事實上我從古到今最欣賞的歷史人物，乃是怪人之最的悲觀哲學家叔本華，近年始加上提倡「中隱」的詩人白居易。後者很正常並不怪，兩人看似南轅北轍，卻有著一個微妙的共通點，那便是錙銖必較精於算帳，而這正是中產階級要活得無所匱乏的基本工夫。記得父親在得知我考上哲學系後，頭一句話竟是苦笑著說：「將來你餓飯別來靠我。」但我終究沒有令他失望，而成為家裡唯一的博士及教授，躋身中產階級。尤有甚者，在行將揮別中年告老之際，我更悟出「中年中產中隱」的理想人生哲理，乃以「大智教化」之名積極推廣。此一理想似乎接近西方功利主義或效益論的理念，讓社會上大多數人獲得最大利益，亦即均富，既有均更要富。

人既無逃於天地之間，就要學會如何頂天立地。有能力頂天立地至少需要無所匱乏加上無所恐懼的自由，這一點臺灣人民做到了。有感於此，本書遂主要為臺灣人而寫，尤其是中年以上的一群。我所倡議推動

的「大智教化」，性質正屬於成人生命教育。「大智教化」是我於花甲耳順之年前後，所領悟出來的自我教化修養工夫，已凝聚成一部論文集出版。寫論文是爲「說理」，但我總認爲學生生命教育及成人大智教化皆應以情意爲重，遂決定採哲理小品形式「抒情」一番。構思本書的確花了一番工夫，最終定位爲我的學問心路歷程之反思記錄。它大致順著我從十五歲產生靈明自覺而「志於學」一路寫下來，直到近半世紀後的今夕，對「生命的學問」略有所得爲止。當年歲日長，發現老病死已接踵而至，更是有感而發，發爲文字了。

2.著書立說

　　1995年在忘年之交傅偉勳的激勵下，我開始於大學課堂上講授「生死學」，兩年後將之融入剛起步的生命教育中，至今已撰成相關書籍二十餘種。本書以《學死生》爲名，可視爲對生死學的反芻與反思，以期進一步深化之。我雖忝爲大學教師三十餘載，但始終認爲自己實非學術中人，退休以後更覺海闊天空，下筆爲文無不取六經註我；從此文以載道，自行其道，道不同不相爲謀，無需勉強。如今提筆寫書，說著書立說並不爲過。眼見逐漸時不我予，我有意藉本書打造心目中的「大智教」，作爲自度度人的安身立命、了生脫死之信仰與信念。大智教傳播人生哲理大智慧，大智慧相對於小聰明，卻可以表達爲小常識。它們不是我的發明，而是漸次發現；積四十八年學思體驗，發現古今中外哲人文士的人生慧見。必須承認這些發現只屬個人一偏之見，卻令我受用匪淺，乃說與有緣人分享。

　　《學死生》上篇包含〈向死而生〉、〈由死觀生〉、〈輕死重生〉三章，嘗試建構大智教的本體論、認識論及價值論；下篇包含〈生存競爭〉、〈生涯發展〉、〈生趣閒賞〉三章，分別討論人生的第一齡、第二齡及第三齡。基於人生哲理的情意面大於認知面、實踐性重於義理性，書寫形式乃採哲理小品而非議論宏文，連同楔子及尾聲共具百帖，

每帖千字。這是我最為得心應手的文體。此外值得一提的是，我希望將本書寫成自己哲學生命故事之體現，因此無論是應用哲理或哲理應用，盡可能順著大半生心路歷程而呈現，由此可知我是如何一路行來至今。各帖小品容或有些學理背景，但本著六經註我大原則，這些知識性內容不過作為情意性學思自傳的背景而已。放大來看，長期以來我所關注的議題，原本即是鮮活的生命情調之抉擇，取六經註我正是大智教化最佳方便法門。

我畢業於輔仁大學哲學系，先後取得學士、碩士、博士學位，專長為應用哲學。應用哲學形成於上世紀八〇年代英美學界，特別凸顯應用倫理學。當時有篇備受矚目的論文題為〈醫學如何挽救住倫理學的命脈〉，意指科學臨床上生死攸關的專業抉擇，足以為人文書齋中概念分析的倫理思考，提供一道道源源不絕的活水源頭，生命醫學倫理遂成為應用倫理學的核心內容。我有幸從碩士班研究生命科學哲學起始，一步步走向生命倫理學、生死學以及生命教育，最終領悟出大智教化的自家本事，從而回返為探索人生哲理而選擇念哲學系的初衷。可以這麼說，我的哲學生命故事正是追求人生智慧的大旅行，其間雖不時有所歧出、停滯甚至逆流，但主要路徑和大方向始終未變。以下即是這趟心智旅程上的情意風景導覽與描繪，格式化千字文雖不免刻意，卻為便於書寫、編輯及閱讀而已。

上篇：死生

壹、向死而生：大智本體論

貳、由死觀生：大智認識論

參、輕死重生：大智價值論

壹、向死而生：大智本體論

　　人生不脫生老病死，我所建構的「大智教化」應用哲理，遂分為「向死而生」、「由死觀生」、「輕死重生」三方面，它們可對應於基本哲學中的形上學、知識學、倫理學暨美學，或是本體論、認識論、價值論。依常識看，生死一線牽，有生便會死，有死即由生；而通過哲學的「愛智慧見」觀照，人乃「向死而生」，此即你我人生之本質。一般多認為生是過程，死為終點；向死而生則以生為起點，死屬過程。這是德國存在主義哲學家海德格的創見，人生遂由自覺中體現出「朝向死亡的存在」之真諦。個體人生作為獨一無二、無與倫比的「存在」，係十九世紀丹麥哲學家齊克果的發現，逾百年至二次世界大戰結束，被法國哲學家沙特標幟為「存在主義」。其後影響力逐漸擴散往全球，於1960年代達於巔峰，我正是在那個時期受到啟蒙而矢志念哲學的。

　　人的存在與否不止是普遍的學術問題，更是個別的與自我的生命體認，其非理性及情意成分相對較大。也因此存在主義除了圍繞齊克果、海德格、沙特、卡繆等而觀照，更需要正本清源上溯至強調意志的叔本華來考察，這些人的作品都是我從高中到大學自學方案的教材。但是身為天秤座的我，心智上的潔癖卻為思考指引出另一方途徑，那便是唯物傾向的「科學的哲學」，以及隨後涉足較唯實的「科學哲學」。前者以萊興巴哈和莫諾為代表，後者則歸我私淑的學術導師波普，碩博士論文都以他為鑽研對象。從某種意義的連貫性來看，客觀的唯實主義其實鞏固了主觀的存在主義「向死而生」之核心價值。那便是由科學觀點肯認「人死如燈滅」，從而以現世主義之姿，向所有宗教信仰婉謝其對死後生命的許諾。在我看來，正因為人只有一生一世，才值得盡情地一活。

　　年幼時我也曾像許多孩子一樣立志成為科學家，高中卻因感染到當時社會上的政治激情，而妄想要去革命平天下，結果功課成績輸得一敗塗地，遂與自然組絕緣而投入社會組的懷抱，最終如願考入哲學系。但是我的科學夢非但未醒且不時迴盪，以致上大學後不安份地選讀生物系為輔系，進而以科學哲學為研究旨趣，先後撰成碩士、博士學位論文，以及任教後的教授升等論著，成為人們心目中的學者專家。我是人文哲

學界少數長期關注自然科學發展的學者，唯好讀書卻不求甚解，博雜但不專精，結果從科學哲學走向生命倫理學與生死學，再踏進生命教育，又重回年輕時嚮往的人生哲理園地。然時值中年，於心性體認的再度啟蒙下，乃自西方的自然科學、自然主義，轉向中土的自然而然人生態度，安於向死而生之人生本來面目。

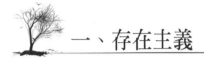
一、存在主義

1.存在先於本質

　　我出生於1953年，十五歲產生靈明自覺而有志於學，正好碰上狂飆的1968年。當時越戰方興，西歐及美國在鬧學潮，東歐有「布拉格之春」，大陸則深陷「文化大革命」，臺灣呢？那年剛考上高中的我，彷彿步入苦悶虛空的歲月，急切地想在臺北市牯嶺街舊書攤的故紙堆中，發掘出生命的奧義。結果竟然從正方興未艾、蔚為流行的存在主義思潮隻字片語之間，照見了自己的青澀。「存在先於本質」，多麼有力的話語！後來又聽說「我思故我在」，簡直太神奇且具有激勵性啊！其實一名高中生那裡懂得其中的深義，只不過拿幾句話頭來作為自己的精神武裝，似乎一下子就添加上幾許思想深度。不過此一衝擊非同小可、歷久彌新，至今猶影響及我的言行舉止，而以「思者醒客、智者逸人」自居。沒想到十五歲意外產生的自我啟蒙，竟然牽引著我逶邐走向未來五十年。

　　「存在先於本質」為沙特所言，他曾以一把剪刀當作反例來說明，謂人有需要裁剪紙張或衣物，乃見剪刀之設計；換言之，需求決定了設計創造的性質。裁剪功能作為剪刀概念的本質，而後始有一把把實際存在的剪刀之生產。順著此種思維，西方人認為上帝設計創造萬物，包括

人類在內；身爲受造物的每一個人，都應當虔信上主，服從教義行事，此即「本質先於存在」之蘊義。但是西方世界自文藝復興以後，另有一種無神的人文主義思想流傳，不時與基督宗教信仰對抗，上世紀三〇年代至本世紀初，更先後提出三份〈人文主義者宣言〉以正立場。沙特出身天主教家庭，跟以基督教行道的史懷哲醫生是表親，卻自幼對充滿宗教氛圍的家庭產生反感。他成爲學者後，撰文〈存在主義是一種人文主義〉，強烈表明其無神論立場，具體反映出「存在先於本質」命題的背景。

我自認是個頗具信仰感的人，卻始終缺乏堅定的宗教性。小時候常去教堂吃餅乾喝牛奶，讀經唱詩樂此不疲，高中甚至主動參加校園團契，但終究未領洗成爲基督徒。大學及研究所念天主教學校哲學系，跟許多神父結緣，聽了不少神學道理，亦僅寫進論文而已。學成任教有三年棲身佛教大學，一時感到因緣俱足而皈依受戒，日後離去竟連海青縵衣亦一併割捨。到頭來終於悟出宗教與信仰是兩回事，宗教爲團體活動，信仰屬個人抉擇；我欣賞各路各家的信仰信念，卻對宗教團體敬而遠之。這多少跟我的孤僻不合群個性有關，也因此我最認同叔本華，但最早接觸到的則是沙特。我對上述沙特命題認識有限，粗淺理解爲「命運當操之在我，不應假手他人」，年長後則加上「勿受任何組織團體的宰制」。這些或屬理想性說法，不易躬行實踐，對我卻是「雖不能至，心嚮往之」的人生境界。

2.西齊弗神話

青少年時涉獵西方思潮主要是通過「新潮文庫」之類知性書籍，其實最初我對存在主義哲理連一知半解都談不上，只能說頗爲所動，心有戚戚焉。尤其像沙特和卡繆，畢生出版許多小說及戲劇作品傳播其思想，二人且都榮獲諾貝爾獎。印象較深的是小說人物的疏離與冷漠，相當程度反映出我在高中時代的憤世嫉俗心境。及至讀到卡繆的《西齊

弗神話》，深爲其推石頭上山的徒勞所感觸，只覺每天背書包上學正是如此虛空，還不如去外面闖蕩廝混來得充實。高一經常睡過頭遲到，弄得操行不及格，只好自動退學留一級重考。1971年上高三時，臺灣正面臨風雨飄搖的逆境，保衛釣魚臺、退出聯合國、對日本斷交等事件接踵而來。而我念的成功高中位於臺北市中心，不時看見群衆及學生上街遊行，竟令我革命之情高漲，憤憤不平，躍躍欲試。

　　當年大陸仍在鬧文革，天下大亂，我天眞地想望也許可以趁機反攻大陸，就不必埋首讀書考大學。結果事與願違，次年大學未上，只好去補習班混跡以反攻聯考了。二度重考不免成爲美國小說家拜婁筆下的「擺盪者」，終日渾渾噩噩，魂不守舍。不久一服役中同學竟臥軌尋短，事後發現可能是我借給他的一本《自卑與超越》，令其以偏概全而懷憂喪志走上絕路。看來通過閱讀爲個人存在找理由，還是有可能走火入魔。這讓我憂心忡忡，惶惶不可終日。但是出困之路又不知何在，慣性使然還是不由自已地往舊書攤故紙堆中找尋慰藉。沒想到意外眞的發生了，一冊二十五年前上海出版的泛黃破書浮現在眼前，說它從此改變了我的大半生亦不爲過，那就是林語堂中年時期以道家思想爲中心，向西方人介紹中華文化的名作《生活的藝術》，它巧妙地稀釋了我對存在主義的執著。

　　存在主義雖頗具深度，久之卻予我濃得化不開之感；尤其是糾結於有神無神的爭議，在東方人看來既不甚切身亦無關宏旨。華人「生命情調的抉擇」是安身立命、內聖外王、兼濟獨善之類問題，多屬儒道二家相對或相融中、群體與個體間，關係分際的拿捏。相較於儒家對群性的肯定強調，道家更傾向於對個體的彰顯體現。就個體性或主體性的凸顯而言，道家與存在主義多有相通之處，那時正好有一位臺大講師陳鼓應對此不時爲文，帶來極大啓發。如今年逾八十的陳教授已成兩岸知名道家學者，而他當年對尼采及存在主義思想的積極引介，正好爲我們這一代的苦悶心靈灌注一股清泉。另外「新潮文庫」也出版一些鈴木大拙的禪學論著，更爲我所關注的課題引入活水源頭。總之，我正是通過對

「存在主義—道家—禪宗」三位一體的人生哲理之嚮往，而下定決心念哲學的。

3.在世存有

　　不知何故，我這一生總覺得是在夾縫中求生存，難有海闊天空的平和自在心情。或許正是個性上的濃得化不開，因此更嚮往清風明月式的空靈意境。回憶顛倒夢想的高中生活，有時跟一些同樣苦悶的伙伴相濡以沫，但大多數時間還是在書本的字裡行間尋求慰藉。必須承認自己好讀書卻不求甚解，雖然對於存在主義的話頭若有所感，其實壓根兒不解其中意。直到上大學後修了兩年西洋哲學史，再加上形上學、知識學、倫理學、美學等基本哲學課，才算勉強沾上點邊。然而卻驚覺自己對思辨性學問眼高手低，反倒是經驗性知識較能把握，於是便選擇生物系當輔系，看看能否有助於哲學的學習。輔系制度為新設，讓我這個文科生又有機會親近理科。我一共修了三年輔系課，程度約當理科大二生，卻已足夠讓我日後走上自然科學哲學研究之途。

　　自然科學的根源乃是自然哲學，前者於十七、八世紀「科學革命」之際由後者脫穎而出。自然哲學相當於古典形上學之中的宇宙論，另一部分則為本體論；科學革命後宇宙論融入自然科學，形上學就只談本體論，又稱為存有學。「存有」指「形而上者謂之道」的抽象那部分，至於「形而下者謂之器」理當為可感知的現象部分；偏偏上世紀初出現一門專講形而上的「現象學」，令我始終莫名所以。而存在主義的理論建構依據竟然就是現象學，我力有所不逮，只好敬而遠之並轉向科學哲學了。年輕時跟現象學擦肩而過，就無視於「現象學之父」胡賽爾與其學生海德格的貢獻。直到後來去建構我心目中的「華人生死學」，不斷聽到學界提及海德格對於「在世存有」、「向死存有」的創見，正是生死學「向死而生」核心價值的基礎，深覺有必要一探究竟。

　　海德格和沙特一樣跟天主教淵源深厚，卻也同時被歸為「無神的

存在主義者」；無神論認爲一旦撇開宗教所許諾的永生觀，個體存在就必須局限於現世，而以死亡爲人生終結。此乃現世主義之奧義，在中土無需通過宗教性的對照，儒道二家早在先秦時期就已予以確認了，這便是我所推崇的人生大智慧。不過當代存在主義仍有其愛智慧見，即發現「在世存有」所體現的「日常生活」正是我們唯一所有，此外無他，必須珍惜善用之。至於其方式絕非戡天御物、人爲造作，而是回歸自然本眞，走向審美靜觀的詩意棲居。海德格這番見解簡直與道家思想不謀而合，而他也的確曾經跟我念輔大時的教授兼訓導長蕭師毅，一道合作嘗試將《老子》翻譯成德文。古今中外智者哲人所見相仿，適可互通有無。存在主義與道家思想的融會貫通，爲我所倡議的「大智教化」提供了豐富的靈性源泉。

4.致死之病

我從上高中起到念研究所準備寫碩士論文止，總共十年光陰，不斷關注與反思的課題，都在人生哲理方面；然而一旦要作研究寫論文，卻朝向完全相反的途徑走去，鑽研當時乏人問津的科學哲學。這種知行不合一的作法，多少反映出我的眼高手低和心智潔癖。我欣賞嚮往人生哲理的深刻動人，卻認爲其乃不可說、不可思、不可議的生命實踐，有點宗教信仰的味道，信不信由人，搬弄些大道理反而益形疏遠。後來讀到我所研究的波普書中一句話，頓感大快人心：「研究神學乃是信仰不堅定的表現。」無獨有偶、異曲同工之妙的，還有當代臺灣藝術家蔣勳所言：「美學謀殺了美。」神學與美學都指向高度情意性的體驗活動，如信仰和審美等，卻採用理性認知的進路，難免會產生不相應的困境，在我看來不啻緣木求魚的顛倒夢想。

我無意對神學家、佛學家、美學家，以及在哲學界占大多數的思辨哲學家表示不敬，但四、五十年來始終敬而遠之。畢竟道不同不相爲謀，多言無益。不過事到如今，我還是忍不住要有所表白：對上述這些

學者專家的努力，在認知方面我一貫存而不論，但後設地肯定其能夠跟所有宗教信仰擺在一道，平起平坐，體現為動人的美感體驗，以及開放的倫理實踐。這就是我對哲學所執持的基本態度：事實認知與價值判斷各有其作用和意義，不宜混為一談。但在我近半世紀的愛智生涯中，前十年完全處於渾沌摸索期；真正認真去「作哲學」，只有修碩、博士學位這十年間；就業任教後，便逐漸從認知轉往情意，由事實走向價值，越發視自己的哲學探索為文藝創作。也因此我喜用「哲理」一辭，以示對體制內的哲學與哲學界，保持若即若離的姿態。

我是哲學界也是學術圈的邊緣人，除了為升等教授向國科會申請過三次研究補助並獲獎外，幾乎從未進入主流學界，一心要走自己的路。在哲學史中我發現有兩個人可作為表率，那便是齊克果和叔本華。齊克果努力想成為真正的基督徒，苦心焦思下一度絕望，並宣稱此乃「致死之病」。但他卻於反身而誠中看見智慧的光芒，終於發現個人「存在」之特徵：「個體」是在「時間」之流中不斷「變化」而走向「死亡」。正是這種愛智慧見，令海德格體悟「在世存有」、「向死而生」的奧義。齊克果與其說是哲學家，不如視為哲理作家；他只活了四十二歲，卻是思想史上的巨人。人生在精不在多，重要的是他能夠在主流門牆之外立言以不朽。另一位有類似遭遇的代表人物就是叔本華，他靠著充足的遺產過活，無憂無慮閉門著書立說，到老終於名聞遐邇。

5.意志與表象

齊克果是因信稱義、立身證道的新教基督徒，反對當時體制森嚴、以威權宰制信眾的天主教會。猶記1960年代在臺灣，頭一個系統翻譯與研究齊克果的孟祥森，作為天主教輔仁大學第一屆哲學所碩士研究生，竟因為寫作有關齊克果論文而觸怒教會，晚了三年才勉強畢業拿到學位。其實最有名跟體制威權對立的哲學家就是叔本華，他初任大學教職，故意選擇跟大學閥黑格爾在同一時段開課，結果乏人問津而悻然辭

職，從此靠家族遺產以寫作終老。學院門牆頗似兩面刃，一面培養人才，另一面則埋沒人才。日本諾貝爾物理獎得主江崎玲於奈曾表示，大學裡有太多教授大師坐鎮，年輕學子遂「難以自立」；而他則是畢業後立即投效企業界，而得以獨當一面勤作研發，三十出頭就完成個人創舉。當然這些特立獨行的情況，在現今很難碰到，但其中卓爾不群的精神卻歷久彌新。

高中時代接觸的存在主義其實只是文學作品而已，因此僅圍繞著沙特、卡繆、齊克果幾個人；而我對尼采的超人並不熱衷，唯有對他讀到叔本華著作如獲至寶狂啃至廢寢忘食的經歷印象深刻。當時除存在主義、道家、禪宗外，精神分析也不時吸引住我；其中佛洛伊德的「原欲」觀點，正來自叔本華的意志主義。佛洛伊德曾為文盛讚尼采，卻否認受叔本華影響，反而令我益發肯定其中的關聯性。高中時初識叔本華，是從同學處借得美國史學家威爾杜蘭所寫《西洋哲學史話》，他評價叔本華為「史上最偉大的二流哲學家」，立即引發我的好奇心。人們多視其為「悲觀哲學家」，並因他跟尼采都歧視女性而頗有微言，我卻對他討論自殺的文章甚表欣賞。悲觀憤世卻反對自殺，是擇善固執的存在抉擇，叔本華可視為齊克果之外另一位存在主義的先驅。

叔本華的悲觀思想來自印度原始佛教對「諸行皆苦」的認識，但身處西方，他僅把東方宗教的身心修行工夫，轉化為對人生哲理的思想深掘撰述，盡其一生不斷耕耘，終於晚年博得盛名而含笑九泉。西方哲學家、思想家知行不一者比比皆在，叔本華尤其是為自己的偏見找理由之佼佼者，而這正是其人生哲理的實踐。他一反過去兩千多年重視理性思辨的特質，獨樹一幟地標榜情感意志的重要性。尤其他受到牛頓力學的啟發，認為任何事物及其活動，皆可由意志力呈現為表象來解釋。其中最強烈者，莫過於生物有機體傳宗接代的生殖意志。它不止指生育而已，還包括生命個體終其一生的種種作為，佛教視之為人生「八苦」。佛洛伊德繼承此說，將之用科學理論包裝，發展出一整套精神分析的醫療技術，對二十世紀的文明演進影響深遠。

二、唯實主義

1.偶然與必然

　　吾十有五涉足哲理，弱冠之年進入哲學系，悠哉游哉過起大學生活，又靠著僅有的一點慧根考取碩士班，待至快上二年級要準備寫論文，才驚覺心底完全無著落。先前感興趣的存在主義之於我，只屬於獨善生活方式的指引和註腳，一旦真的要拿它引經據典寫論文，就完全不是一回事了。幸好在一位治學嚴謹的神父教授武長德指引下，讓我得以在接下去的二十年間，順利以研究科學哲學安身立命。武神父早年攻讀物理學，來輔大講授「宇宙論」及「科學哲學」，是我在知識探索方面的啟蒙老師。但我於決定走向知性研究之前，還通過隨興閱讀，發現幾位私淑對象：劉述先《新時代哲學的信念與方法》、范光棣《韋根什坦底哲學概念》、莫諾《偶然與必然》、萊興巴哈《科學的哲學之興起》；它們引領我實事求是、無徵不信，走往實證經驗傾向的唯實主義路徑上。

　　唯實是唯物與唯心之外的第三路徑，為我所研究的波普所堅持。波普是西方科學哲學大家，思路清晰，文字簡潔，頗能滿足我心智上以簡馭繁、避重就輕的胃口與潔癖，遂先後取其思想撰寫碩、博士論文。不過在真正涉足波普之前，我的思路主要受到上列四者影響；尤其是莫諾結合分子生物學與存在主義的《偶然與必然》，曾被《新聞週刊》列為二十世紀百部巨作之一。莫諾榮獲諾貝爾醫學獎，受存在主義思想薰陶，通過對生命大分子性質的解讀，發展出一套唯物的自然哲學與人生哲理，甚為波普所肯定。閱讀此書時，我在生物輔系已修了不少學分，深感將哲學跟生命科學予以整合，正是探索人生哲理的嶄新途徑。1970

年代生物學哲學剛剛興起，連波普都不能免俗，也和諾貝爾獎神經科學家愛克力斯合寫了一部《自我及其頭腦》，我即以研究此書撰寫碩士論文。

《偶然與必然》幾乎可說是無神存在主義的科學證明，莫諾以極其唯物的觀點指出，生命大分子結構從無機到有機再到生命的演化，在地球上發生全屬偶然，絕無造物主之手介入；然而當有智力的人被演化出來，人類文明與社會文化的出現就成爲必然，人們必須對其負責。這與沙特所言，人是被拋於世上，擁有澈底自由，也就必須對自身命運完全掌握，以及老子所謂「天地不仁」的說法，三者何其類似！一旦不具有超越的力量牽引我們，就沒有理由在困境中「怨天」了；一切盡其在我，此即眞正頂天立地、獨當一面的個人「存在」。我雖然不全解其中意，卻在直覺上被其孤高壯烈鼓舞激勵，成爲威廉詹姆士所指不信宗教「硬心腸的人」，而對那些靠著宗教慰藉「軟心腸的人」不以爲然。但我當時還是自認擁有堅實信仰，那便是存在主義與唯物主義。

2.科學的哲學

碩一時武神父教我們「科學哲學」，選用《科學的哲學之興起》爲參考教材，以天主教實在論的立場，對其實證經驗觀點多所批判。而我頭一回接觸到「科學的哲學」之說，則是在閱讀上述劉述先《新時代哲學的信念與方法》內。他開宗明義便提出「科學的哲學」與「科學底哲學」二概念，並明確加以區分。簡單地說，「科學底哲學」即「科學哲學」，係以一般哲學觀點去後設地研究「科學知識」此一課題，可視爲知識學的延伸；「科學的哲學」則屬特殊的唯科學觀點之哲學，或謂「科學主義」。《科學的哲學之興起》作者萊興巴哈原爲德國物理學家，兼治哲學，屬於1920、1930年代「維也納學圈」的一員。該學圈標舉邏輯實證主義思想旗幟，成員大多具有科學背景，講究實事求是、無徵不信，大肆批判十八、九世紀以降的形上學唯心傳統。

　　對一個因爲嚮往存在主義人生哲理而選擇走上愛智之途的我而言，展開日後三、四十載研究與教學生涯的起點，竟是看似南轅北轍、大異其趣的科學哲學，雖然多少顯示我的知行落差，但也體現出心智多元探索的可能。果然在年屆不惑之際，順著對於生命倫理學、生死學、生命教育一系結合科學與人生的科際探究，二者開始走向融會貫通。尤有甚者，如果四十起是我的「文理並重」時期，則半百時回首向中土思想補課，則屬「東西兼治」之始。順此發展，花甲耳順之後遂有「物我齊觀、天人合一」之領悟，從而形成「大智教化」論述的知行工夫，最終拈出「向死而生、由死觀生、輕死重生」的核心價值。而這一切無不是從我大二選讀生物輔系開始的，當時想到一方面通過存在思考以體認人生意義與價值，另一方面則動手作科學實驗以發現生命的實相與奧秘。

　　念生物輔系需要數學及基本科學爲基礎，我因此將微積分、普通物理學、普通化學、有機化學等一一修過。原本還想進一步選修生物化學，卻因爲作有機化學實驗昏天黑地遂望而卻步，從此確認自己眼高手低，沉不住氣，絕非科學家的料。然有此薰習體驗後，我不但堅持修完三年輔系課程，載註於畢業證書上，且終身對科學保持一定的關注興趣，當然也不忘加以批判。「科學的哲學」不免唯物，無形中窄化了哲學視野，卻是出發鑽研科學哲學不錯的進路。雖然當年寫論文時間緊迫，只能對波普後期思想囫圇吞棗一番，最終甚至淪爲以譯代著的窘況，但是他的唯實思想的確比前人的唯物觀點開闊也深刻許多，予我心智極大豐收。加上長壽的波普爲二十世紀少有之通人，後來透過寫博士論文來研究他的全部思想，多少滿足了我在學術上的雜家性格。

3.常識實在論

　　波普爲生長於維也納的猶太裔英國哲學家，活至九十有二高齡，跨度幾乎貫穿整個二十世紀。他雖以科學哲學爲強項，但更是重要的政治與社會哲學家，並因學術成就而冊封爲爵士。波普跟維也納學圈的成

員類似，早年受數學及物理學訓練，亦曾爲學圈外圍人士。學圈的哲學立場是「邏輯實證論」，希望以經驗「證實」我們所感知的事物；但波普卻認爲這在邏輯上站不住腳，反之「證僞」則有可能。這是就嚴謹的學術要求而言，一般情況下人們大多確認自己的感知無誤，根據的乃是「常識」，亦即「通常見識」。大家所見識到的事物絕非虛幻，而屬實實在在；倘非如此，則人際溝通必出現困難，人群社會亦難以組成。我自忖資質魯鈍，缺乏哲學人應有的抽象知識思辨能力，卻相信通過豐富的常識之見，同樣可以逐漸達致智慧。

波普自稱其思想爲「常識實在論」，實在論即唯實主義，相對於觀念論或唯心主義；前者認爲世界實際存在，後者則視之爲觀念幻象。此一相對性最早來自柏拉圖與亞里斯多德師徒二人，師父認爲感知所見乃虛幻，思辨所及方眞實；徒弟則表示「吾愛吾師，吾更愛眞理」，大膽修正老師的意見，卻未予全盤否定，僅擴充爲經驗與理性所指皆眞實。這種實在論原本具有形上本體的預設，因爲亞里斯多德還相信萬物存在的背後有個「第一因」，相當於「形而上者謂之道」。古希臘時期的這種預設純屬哲學推理，至中世紀結合基督宗教信仰，第一因就變成天主上帝了。波普不信神，僅視形上學爲科學的前身，一如宇宙論或自然哲學。他的關注焦點遂從本體論轉向認識論，對中世以後近代哲學中的笛卡兒身心二元觀予以加碼，而形成其獨創的「三元世界」理論。

波普的三元認識論容後再談，倒是他的常識實在論看似爲無過與不及的中庸之道。盡量汲取並憑藉常識，實實在在地活著，不就是日常生活的寫照嗎？我活到老之將至的今天，並不覺得這種平常心有何不妥。放眼望去，絕大多數人都未曾念過哲學，還不是日日是好日，我又何需庸人自擾？反身而誠，人既然是唯一能夠設想死亡的動物，便可由此認識到終其一生的生存、生涯、生趣之種種。就我而言，在安定中求進步，平實、平淡、平凡過一生並無不妥，亦堪稱足夠。雖然剛開始向學時年少氣盛，心浮氣躁，極力想揭示存在主義之大旗以反抗世俗、彰顯自我；但是十年已過必須靜下心來寫論文，反倒是波普的常識實在論帶

給我相當的安定力量。我就這麼又花了十年時間在他的常識之見中，終於摸索出一條安身立命的途徑。

4.後現代轉向

人的身心狀態並非一成不變，也不見得循序漸進，而是會辯證地發展。尤其是心智活動，出現大幅轉化亦有可能，我正是經歷此種變遷的過來人。話說我於三十五歲以研究波普的論文《宇宙與人生》獲取博士學位後，順利謀得教職，開始安身立業。最初教的是專科生，跟一群青春女娃兒朝夕相處，幾乎把學問事業全然拋諸腦後。如此以教學和行政工作度過三載，猛回頭竟發覺剛起步的生涯似乎半邊掛空。一般而言，大學教師應實踐教學與研究兩大志業，無所偏廢；當時我的研究眼看無以為繼，不免焦慮。剛好那年因為職務需要，通過甄試進入政大念企管研究所科技班，接受嚴格的社會科學訓練，意外補足我所涉獵的知識領域之缺口，不啻為另一回心智洗禮。至於規劃中為了教職升等而作的研究，也走向一條意外的途徑。

我最初專職的學校是銘傳商專，同時有機會在附近的實踐家專及臺北護專兼課，三者共同特色為皆屬女校。這輩子除了母親和太太外，幾乎跟女性無緣，因為我家上下三代都沒有女生。此外個性粗枝大葉加上心浮氣躁，始終不知如何同異性妥善相處，能討到老婆讓自己及別人都感到意外。不過經常與年輕女孩互動，倒也逐漸有所感觸。剛好那時護專的學術期刊向我徵稿，我就準備繼續鑽研科學哲學，對象則為一門陰性的科學——護理學。護理跟我過去所研究的物理、生物不同之處，在於其乃為實務應用導向的專業活動，而且從業人員絕大多數為女性。我發現西方有大量的護理哲學文獻，或多或少都會涉及一種倍感陌生的思想——女性主義。在好奇心的驅使下，我嘗試通過閱讀自學以一探究竟，竟至一發不可收拾，最終以五年時間撰成二書，有幸升等為教授。

事後回首放大來看當時學問志業的本質，其實正經歷著一場「後

現代轉向」，動力則來自環境和自己兩方面。以科學哲學而言，我的碩士、博士、教授論文研究，各自經歷上世紀七○、八○、九○年代，由於它們都是極度西化的跨領域知識，勢必與當時的最新思潮息息相關且互相碰撞。由於科學哲學本身即面臨「後現代轉向」的衝擊，我也不由得隨之起舞。相較於「現代性」的理性、客觀、規準化，「後現代性」體現出情意、主觀、多元化的特徵。波普筆下的自然科學哲學探索呈現一片陽剛，走唯實主義途徑並無不可；然而一旦面臨像護理學這般以關懷病患為主且應用性極強的實務學科，必須要涉及人文社會科學，相對便陰柔許多。知識也分陰陽是女性主義的提法，令我頗感新鮮，更看似能幫助我多所瞭解講臺下一大群女同學的生命情調，遂決定朝此一研究進路行去。

5.萬法唯心造

「萬法唯心造，存在即被知」，這是唯心主義的基調，跟我早年唯物主義的心智傾向難以共鳴呼應，遂覺道不同不相為謀。不過我既然是從存在主義、精神分析、道家、禪宗等路數展開知性大旅行，日後又長期浸淫於唯實主義和科學哲學境地中，多少反映出有容乃大的可能。涉足陰性科學哲學，再回頭跟中華文化補課，至今醞釀出「大智教化」的安身立命、了生脫死實踐之道，其中無疑經歷過一系辯證發展。護理學哲學走向陰性途徑，是護理學者自覺的結果；她們拈出「關心、照顧」的人性價值，用以對照醫學「診斷、治療」的科技取向。用波普那一套客觀唯實主義容或足以研究醫學哲學，卻跟護理學哲學不甚相應。但也正因為我有心探索後者，遂走出一條與前者大異其趣的路途。它不但巧妙地呼應著早年自我啓蒙時期的關注，還引領我走進更為海闊天空的境地。

研究「護理學哲學」讓我意外發現「護理哲理」一辭，這是臺灣護理學界的譯名，「哲理」用以指「理念」；其意義類似「科學的哲

學」，亦即「護理的哲學」，表示深具護理內涵的理念。其實無論是哲理或理念，都具有相對主觀性，不易也不必放諸四海皆準，而這也是後現代思潮的一大特色。經歷近半世紀對哲學的涉獵後，我越發覺得它在本質上就等於宇宙觀、世界觀與人生觀的統整，可作爲個人信念，見仁見智，無需定於一尊。也因此我近年越發喜用「哲理」之說，指向主觀的、情意的，甚至有些唯心的立場，以區別客觀的、認知的、唯物的觀點。當然二者之間始終有著各式各樣的看法，不能一概而論；而我也發現自己是從一個極端盪到另一極端，然後擺回中間，終於發覺無過與不及的大智教化中庸之道最爲受用，亦足以推己及人。

我的唯心傾向發生於對女性主義的解讀，一開始完全不得其門而入，後來經歷到孔恩所謂的「典範轉移」效果，終於豁然開朗。孔恩是與波普爭論不休的科學史學家，他所提倡的「典範轉移」學說，主要指自然科學的發展，多來自時代新信念取代傳統舊觀點，而非邏輯推論的結果，無論證實或證僞都無關宏旨。但這套論述用於人文社會科學，則非信念的取代，而是彼此能否瞭解的問題。身爲男性去面對具有性別立場的女性主義，起初完全不能體會連知識都具有性別差異；後來將心比心，試著盡量用女性的眼光去看待各種人事物，竟然逐漸通透。將心比心以致心心相印，正是我所謂的「唯心」途徑；它不見得能夠說清楚講明白，卻足以感同身受。日後我走進崇尚自然不事造作的道禪哲理，可視爲此一取向的深化；但要討論人生自然本眞之前，還是要從自然哲學與科學談起。

三、自然主義

1.自然哲學

人生乃「向死而生」，此說來自存在主義反身而誠，得到唯實主義的常識支持，從而落實為自然主義的生活態度；這一系發展便是我心目中大智教化的本質意義，可視為其本體論或形上學。大智教化乃是針對成人的生命教育，尤以中老年人更為受用，理由無他，助其了生脫死而已。這套觀點雖於我入老之前始浮出，卻是終其一生心之所嚮的體現。吾十有五嚮往人生哲理，一路走向西化途徑；行年五十峰迴路轉，朝本土文化認同回歸，尋訪儒道佛三家融通的勝景，終於發現安身立命、了生脫死之所繫，此即「後科學人文自然主義」。後科學立場源於後現代視角，係我受女性主義啓發，重新檢視科學技術的意義價值。尤其是自然科學及其衍生的技術應用，挾其戡天御物的思想及力量，已經造成對大自然幾乎不可逆的斲喪，亟待撥亂反正、反璞歸真。

自然科學源於自然哲學，這是古希臘哲學的起點，也是西方文明獨樹一幟觀看世界的方式。「西洋哲學之父」泰利斯認為森羅萬象、諸事萬物皆由液態的水所組成，其後陸續有人提出火、氣、數、有等等說法；其中「有」即指存有，是形上學本體論的嚆矢，其餘多歸宇宙論。古希臘人發現「水、火、土、氣」為組成世界的四元素，印度同樣講「地、水、火、風」四大，中國則流行「金、木、水、火、土」五行。時至今日，被「發現」的自然元素有九十八種，此外尚有二十種由人工「發明」，最新的第一百一十八種為美俄兩國科學家所創。當代新儒家唐君毅指出，哲學探討不外「宇宙與人生」二端。哲學的視野呈現出人類對自然宇宙的想像，以及對文化人生的陶冶。尤有甚者，依其之見，

「從宇宙看人生」乃「最彎曲的路」，唯有「從人生看宇宙」方能「直透本原」。

我的博士論文即以《宇宙與人生》爲題，上述唐君毅的學問進路觀點曾予引用，卻有意走向「最彎曲的路」，直到近年反身而誠，始體會出「直透本原」的意境與妙諦。取得學位後我進入商專任教，從此無緣在任何哲學系所專職，僅曾於輔仁、東吳、中央三校兼課；前二者均講「宇宙論」或「自然哲學」，後者則授「生命倫理學」及「生死學」。於科技當道的今夕，在哲學系大談形而上的宇宙論，難免不合時宜；後來改上自然哲學，則拿哲學史搭配科學史發揮，倒也別具巧思，自得其樂，無奈學生大多興趣缺缺。在我看來，宇宙論或自然哲學乃是人心愛智外爍的表現，此爲西方人所長，由是發展出自然科學；而人生哲理則屬中國人的強項，至今遂有倫理學及人生哲學方面的建樹。東西方思想各有所長，我們實在不必妄自菲薄。

2.自然科學

「哲學」、「科學」、「形而上學」等辭彙，都是日本學者在明治維新之際，所引入的西學之漢字譯名。其中「科學」即指分科之學，以分門別類探索自然奧秘。「科學」的古希臘文本意爲「眞知」，係通過理性思辨所發現的普遍知識，以有別於見仁見智的個人「意見」。妙的是走到兩千多年後的今日，後現代觀點竟然推崇強調「局部知識」、「個人知識」，而把普遍共通的理性視爲無物。我雖然深受後現代顚覆精神的啓發，卻憂心一失足便會走偏鋒，乃拈出「質疑主流，正視另類；肯定多元，尊重差異」爲後現代主義的特質，而予批判地接納。後現代其實是一種時代精神，它被視之爲「晚近資本主義的文化邏輯」，是資本主義高度發揮作用的結果。這無疑要靠先進的科學與技術方能達成，時下電腦、手機及其相關產品的瘋狂銷售便是明證。

後現代與現代既「歷時」又「共時」，與其說後現代爲現代之後，

不如說後現代是現代的變種，屬於另類的現代；但由於後現代不承認有主流和另類之分，因此二者仍糾纏不清。其實我們身處的乃是當代，它同時具有現代與後現代精神。而十九世紀以降的現代之所以為現代，科學昌明與技術發達功不可沒。從文明史來看，西洋文明在十七、八世紀經歷了一場「科學革命」，使得自然科學諸學科逐漸由哲學中脫離而自立門戶，最初的代表就是物理學。當時牛頓用他自己所發明的流數，亦即後來的微積分，去演算星體相對運動，從而以《自然哲學的數學原理》一書發展出古典力學。此書採用數學為工具與方法，迥異於哲學的邏輯與思辨，標幟出從自然哲學向自然科學的重大過渡。從此科學遂獨樹一幟，而與哲學漸行漸遠，終至分道揚鑣。

現今科學家拿到的最高學位通稱「哲學博士」，這或許是科學與哲學唯一的歷史性關聯。傳統的自然科學包括物理學、化學、生物學及地質學，這些學科在十七至十九世紀間仍有相關自然哲學著作問世，如今恐已乏人問津了。當代科學大多自成一格，科學哲學只能站在外邊「後設」地討論科學知識；科學家對此既不在意更不注意，一心秉持「實事求是，無徵不信」的原則埋首作實驗。科學實驗不但有發現還有發明，有些發明大有實用價值，遂通過技術性生產為大眾所用。放眼看周遭，科技產品到處充斥，想完全擺脫幾乎不可能，也沒有必要。後現代的日常生活率皆為人工事物所包圍，已無純粹自然可言；我們只能想辦法御物而不御於物，與之和平共存，並伺機發現出困之路。改善之道不在外面而在裡面，反身而誠，無向外馳求之誤。

3.超自然

西方的自然科學以戡天御物為志，到頭來一切皆人為，完全失去了自然的本來面目。其實西方的「天」長期為基督宗教所護持，主張有一至高的上主創造萬物，凡事俱體現造物主的目的意旨，人類不能憑一己之私去改變破壞它。因此在主後至中世紀的一千五百年間，天主教會

的宇宙觀都未逾越柏拉圖和亞理斯多德的理性觀點。然而及至近代文藝復興以後，基督新教及英國國教興起，揚棄天主教守貧守貞的教誨，開始尋求改善世俗生活之道，以戡天為主的科學與技術進步，遂不為教會所禁止，更由此開出資本主義的大道。上世紀初德國社會學家韋伯著有《基督教倫理與資本主義精神》，即對此有所闡釋。基督宗教打造天人兩隔，神聖界與世俗界不能混淆。凡人生活的身心安頓，唯有寄望超越的上主，及其於世間代表的教會。

記得我在大三時修習「倫理學」，講到人倫關係必須根據道德良心而行事；此一良心在西方需由超越的天主來保證，而東方的儒家則相信內在的良知良能已然俱足。超越與內在的相異，分判出儒家的非宗教性質。尤有甚者，西方人心目中的超越天或超自然，不止指向基督宗教，也兼及各式各樣的神秘主義。由於自然界亦屬受造物，其上尚有超自然的力量乃理所當然。但這點跟東方尤其是道家思想可謂大異其趣，因為道家主張「道法自然」，一切順乎自然可也，此外無他。這種基於文化差異所呈現的異質立場，不免見仁見智。若順此思維予以深化彰顯，則梁漱溟、馮友蘭等學者視中國人乃係「沒有宗教的民族」，就有著一定的正當性。換言之，華人沒有超自然信仰甚至不信教的此一特徵，其實乃屬自然而然的人文化成之事，不妨順其自然。

基督宗教指向超自然，儒家看重人文，道家崇尚自然，這些觀點對於大智教化「向死而生」的本體論，有著不同的影響與作用。若相信有神，則人們有限的一生背後，必有超自然力量在指點大家行事，且藉著信仰必可於死後得永生。這已不是能否證明確有其事的問題，而屬於高度美感體驗的境界。換言之，相信超自然乃是「不可說、不可思、不可議」的個人情意感受，不應放在認知層面來臧否。既然一切信不信由人，我乃執持「雖千萬人吾往矣」的態度，肯認並宣揚心目中的「大智教化」。大智教化的意理或意識型態全名為「後科學人文自然主義華人應用哲學」，簡稱「天然論哲理學」；這是我積四十年之經驗，所拈出的安身立命、了生脫死之道，本書的撰寫分為應用哲理與哲理應用上下

兩篇，正是對此一立場的多所闡揚發揮。

4.自然死

　　大智教化走「中華本土化」加「臺灣在地化」的應用哲學路線，採「六經註我」的體驗方式，開創情意面「生命的學問」，不糾纏於各家各派的思辨認知議論。因為我想強調「由死觀生」，從而力行「輕死重生」，其中的核心價值無不繫於每一個體的存在抉擇。在我看來，人生哲理的關鍵議題就是好生好死、好死好生。人終不免一死，到終點時是非成敗轉頭空，怨尤無益，唯有釋然以對。前陣子讀到李開復所寫《我修的死亡學分》，其大陸版即以《向死而生》為標題。他是出生於臺灣的資訊業名人，現年五十五歲，曾任職蘋果和微軟，最高職位做到谷歌全球副總裁，擁有網路粉絲五千萬。五十二歲時罹患淋巴腺癌，與病魔對抗一年半載，總算暫時保住老命，從此大澈大悟，深覺人生不必如此拚搏，靜觀閒賞亦無妨。此即符應我於大智教化中所提倡的「中年中產中隱」生命情調。

　　中年約當四十至六十五歲，中產即非巨富與赤貧，至於中隱則意味在事業生涯中不忘留點時間給自己。「中年中產中隱」之道容後再論，眼前我關注的乃是如何好死善終。一般人較少注意自然死，反而會去討論安樂死；只要媒體報導有人久病不起、苟延殘喘的慘狀，就會激起一陣爭議。許多人可能不知道，臺灣至今仍保持一項世界紀錄，那便是植物人臥床時間；高中女生王曉民十七歲遇車禍昏迷，在床上足足躺了四十七載，2010年始離開人世。她的父母皆曾上書總統要求安樂死，無奈礙於法令只允許自然死，結果就這麼拖了大半輩子，只能以「折磨」和「折騰」來形容。這種自然死的精神，目前體現於2012年修訂的《安寧緩和醫療條例》，以及2015年公布並於三年後實施的《病人自主權利法》之中，但其前提多為預立指示以放棄治療。

　　人死不可怕，不死才可怕；長生不死或為人所祈願，但苟延殘喘絕

非大家樂見。除有意或發生意外，死亡原本即屬自然事件；現今立法保障自然死，無非是因為相對於此的人力加工之作為無所不在，像各式各樣的急救措施，甚至導致病人求生不得、求死不能的困境。問題是以人工方式讓一名不可逆昏迷的患者長期活受罪，卻期待其只能自然死，不啻為對於「順其自然」本意的誤解，這時反不若通過一些人為造作去改善現狀來得恰當。大智教化主張「後科學人文自然主義」，是以「自然主義」為主詞、為核心，但也嘗試跟人文主義及後現代觀點對話，以尋求融通之道。理想上最好人人都能夠「無疾而終」地自然死，否則退一步以減輕病痛為主要關懷亦不為過。總之，科技當道下的「好死不如歹活」，其實可能陷阱重重，不能不慎。

5.順其自然

我於中年以後逐漸從唯實主義走向自然主義，並未心存太多哲學旨趣，不過是益發嚮往自然而然的生活態度而已。甚至可以這麼說，在四十三歲取得教授資格後，我基本上已無甚學術企圖，反倒有心回返年少時的愛智初衷，亦即妥善作出存在抉擇。只不過當初較多想到如何兼濟地安身立命，中年起則不免常考慮獨善地了生脫死。身處華人社會，了生脫死不全然是個人之事，至少要顧及養生送死，即對父母的厚養薄葬。事實上，我們的社會對於儒家傳統下慎終追遠的要求既深且遠，年輕人的終身大事可以走個性化路線而無傷大雅，但是對雙親的後事料理卻難以推陳出新，除非長輩事先有所交代。像老母以九二高齡壽終內寢，生前交代骨灰灑海回歸自然，我們當然樂於照辦。然而若是擅自作主，恐怕就要背負不孝的罪名了。

我原本認為一個人對於後事的態度灑脫與否，可能充分反映其人生觀；後來親身體證，發現這跟逐漸年長的心隨境轉亦不無關係。像我教生死課規定學生寫遺囑，竟然發現有近半數希望將骨灰灑海或植樹，但我懷疑他們日後是否會擇善固執到底。不過話說回來，像海葬、樹葬這

等「環保自然葬」回歸天地的自然精神，已然明白載入現行法規之中，不啻爲一大觀念進步。尤有甚者，輕死重生要眞正順其自然，就不止要處理死，更應該安頓生，盡量活出本眞自我才是眞工夫。提出「向死而生」愛智慧見的海德格，就強調本眞生活的重要；但他在現實生活中卻擁護納粹，至死都不反悔，其言行不一足以跟叔本華媲美。西方哲學家言行不一者比比皆是，甚至有人出書《行爲糟糕的哲學家》調侃之；但從東方人眼光中看去，仍覺得不可思議。

　　本章討論大智教化的本體論，對焦於「向死而生」的本質，在我看就是「順乎自然，少事造作」。不過「自然」概念歧義甚多，不宜過度比附以冤失準。我們畢竟不是茹毛飲血時代的原始人，文明與文化的發展就反映出一定的「人文化成」努力，因此現今當實踐「人文自然主義」，意即「盡人事，聽天命」。執中道而行，勿刻意強求；無論安身立命抑或了生脫死，盡量本此原則行事。身爲東方民族，華人有幸可以同時擁抱「自然」的雙重旨趣：外界的大化流行與內心的清風明月。其實小宇宙可以同大宇宙相互呼應，心靈環保跟自然環保一樣重要。對凡夫俗子如你我而言，「菩提本無樹，明鏡亦非臺」的陳義太高，「時時勤拂拭，勿使惹塵埃」或爲必要的修養工夫。也唯有通過自覺的漸修工夫，方能達致渾然的頓悟效果。

貳、由死觀生：大智認識論

　　大智教化既是成人生命教育，更屬自我生命教育，它係我在花甲耳順前後所悟出的安身立命、了生脫死之道，目前我正以推廣此道來實現斯道，祈願盡量知行合一。我生性魯鈍，所知有限，大半生都在跟著感覺走，但各種體驗感受的程度卻又嫌不足，粗手粗腳，經常掛一漏萬。隨著年歲日長，逐漸從過去什麼都想做的迷障中，通透出什麼都不太能做的領略，遂拈出「抓大放小」原則，以「無爲無不爲」、「爲而不有」自適。1995年初講「生死學」，屬於偶然之必然；偶然是當時傅偉勳剛發明了生死學，必然是它激活了我年少時對存在抉擇的執著。生死學後來以「生死關懷」之名，納入高中生命教育類正式課程，成爲七門進階課的一科。我從善如流，本著傅老「未知死，焉知生」的教誨，展開生命教育生涯，以補充子曰「未知生，焉知死」之不足。

　　「未知死，焉知生」正是一種「由死觀生」的提問，可視爲大智教化的認識論面向。認識論又稱知識論或知識學，屬於哲學的核心分支，如今已結合心理學而發展出認知哲學與科學。心理學在西方是研究個體的科學，與研究群體的社會學及研究族群的人類學共同組成行爲科學；但中土思想所探問的人心乃指本心本性，歸於人文關注而非科學研究。就字面上看，認知和知識的意思並不盡相同；前者指心智的作用，後者則爲此一作用所凝聚的成果。依此而言，生死學即是由死觀生所積累的知情意行記錄。作爲一門新興學科，它具有跨知識領域的特質，在科學與人文之間漸層地發展，同時構成重要的生命教育課題。對我來說，講授此課二十餘年，它已體現爲一套情意取向的個人知識，以及推己及人的大智教化，本書即爲對此反思之心得。

　　認識論在西方要進行「身與心」的探究，在東方則走向「性與靈」的彰顯，於其間則有「群與己」的安頓。身心問題原先歸於形上學本體論，至近代笛卡兒提出「我思故我在」的命題，遂開啓了認識論的門徑，本章便由此談起。但由死觀生不止是紙上談兵的學理考察，更多是生死攸關的存在抉擇。西方人於此指向靈性信仰的終極關注，東方人則嘗試追尋性靈生活的美感體驗，本書以後者爲人生最高境界。終極關注

與美感體驗均爲個體自我的把握，然而人卻無逃於天地之間，不時會受到來自社會的力量所影響，於是群與己的分寸拿捏不可不識，以下也有專節討論。但我無意旁徵博引掉書袋支撐己見，而無寧是用人生常識所見自我教化。倘若有緣人感於所見略同，便是「以文會友，以友輔仁」的契機，更爲「我手寫我心」的最佳見證。

一、身與心

1.我思故我在

　　生老病死無不繫於你我身形的生住異滅、成住壞空，亦屬發生於肉身這個「臭皮囊」之上之中的種種變化。不必懷疑，人一旦生病，心理便會大受影響；如果生的是心理精神方面的重病，則身體便成爲行屍走肉。常識告訴我，身心本一體，卻可作二元觀；換言之，本質爲一的事物，可以分兩方面來認識，但最終仍需回到同一點上。對此我其實早在2003年《醫護生死學》一書中，即已發展出一套「生物─心理─社會─倫理─靈性一體五面向人學模式」，用以作爲講授生死學的理念架構。此一靈感乃來自醫學加護理學的雙重視角，蓋醫療如今已發展至身心及社會醫學，而照護則講究身心靈三位一體，且二者同樣看重倫理，遂可整合出上述五元觀點。但我特別強調「一體五面向」，亦即雖爲五方面的考察，最終仍要匯集於作爲一個整體的人之上。

　　五元觀是我用以處理生死學、生命教育以及大智教化的方便法門，但笛卡兒的身心二元論則爲其哲學思想之核心，至今四百年仍歷久彌新。別的不說，現代任何一種醫學入門教科書，大多會提及「笛卡兒式」醫學觀，這是指他把人的身體視爲一座精密的機器而言，西醫的基本假定即在此。寫到這兒就想起二十歲那年考取大學上成功嶺受訓，站

在我前面的弟兄一聽我念哲學系，立即詢問何謂「我思故我在」。偏偏我雖於高中時即購得一冊同名書籍，讀來卻不得其解，被人相詢立即支吾以對，不免惹來一陣訕笑。問者名廖咸浩，後來成為臺大外文系教授，且當過臺大主秘及臺北市文化局長。而我直到大三修習「理性主義」一課，才算真正弄懂笛卡兒所言。當兵奇遇尚不止這一椿，預官受訓同學吳思華，日後成為我念政大企管所的啟蒙老師，更當上政大校長及教育部長。

哲學家喜歡推理論證，笛卡兒的推理如下：「我懷疑一切，但懷疑之事不能再懷疑；懷疑必須有一主體，這就是我；我懷疑並非疑神疑鬼，而是深思熟慮，此即『我思』；我思為清晰明辨的判斷，其內容以及作為思者的心靈我，皆由創造萬物的天主所保證，因此我思故我在。另一方面，經由觀察及反思，發現自己有一座機械性的身體我，此亦為天主所造；身體我與心靈我經由頭腦中的松果腺聯結統整，身心二元的『我在』便得以落實。」生長於十七世紀法國的笛卡兒為虔誠天主教徒，當時哲學推理糾纏於宗教信仰仍為理所當然。再說哲學家心目中的天主上帝雖不脫信仰，卻仍有古希臘「第一因」全知全能哲學神的影子，更不足為奇。但也由此可見東西方哲學的「不可共量性」，亦即基於文化差異實不可同日而語。像儒道二家無涉宗教，同樣可以自圓其說。

2.存在即被知

「我思故我在」反映出笛卡兒的機械論，但更重要的是他所執持的理性主義；身心二元下身體是機器，心智則不斷在從事理性思維活動，這些都是天主造人的旨意。西方近代哲學有理性主義和經驗主義兩大傳統，分別流行於十七及十八世紀，亦有歐陸及英倫之分。一般而言，二者多少具有古代觀念論及實在論的根源，但也不能一概而論；像經驗主義大家柏克萊就因為提出「存在即被知」的命題，而被視為觀念論一派

的唯心主義者。柏克萊為英國國教的主教，其思想後來流傳至美國，連美國西海岸最著名的一所加州大學所在地，就是為紀念他而命名。其思想顯示經驗主義發展至極端，可能跟理性主義殊途同歸。畢竟哲學思維乃一心之所用，無論訴諸抽象推理或感官經驗，到頭來都不免成為思辨者心中所繫的各種概念或觀念。看來柏拉圖的影響的確既深且遠。

「存在即被知」可視為「萬法唯心造」的結論，唯心、唯物、唯實是本體論問題，想知道何者為真則走向認識論。我不想多講述西方哲學論辯，但要一提東方人類似的體驗。話說王陽明有回與友人入深山旅遊，見一鮮花綻放，感嘆大化流行奧妙之餘，不禁想到花開花落於剎那之間，卻於我等駐足觀賞而臻於永恆，反之則全無意義。王陽明講「心即理、致良知、知行合一」，屬於儒家「心學」一系的重鎮，牌位且立於各地孔廟之內。照說如此學者恐為書齋所限，他卻於文治武功皆有建樹，遇讒受貶入荒地更悟出許多生死智慧，為後世所效法推廣，甚至形成「陽明學」。人於困頓之際較能由死觀生，體證出孟子「生於憂患」之真諦。今世新儒家學者徐復觀所提出的「憂患意識」，則對於個人的兼濟與獨善之存在抉擇皆有所啟發。

提出「我思故我在」、「存在即被知」等觀點，主要是為了顯示西方哲學於各式多樣論述中，仍有一定的關注主軸，於個人即是身心問題，於社會則為群己問題。將這些關注用於大智教化「由死觀生」的認識論面向，適足以作為我的「一體五面向人學模式」之學理基礎。此一模式面面俱顧，無所偏廢，助我撰成多種生死學教科書；尤其是為空中大學授課所需前後出版的三種，十餘年來至少令數萬學子受用，也算是推動生命教育的可喜成績。事實上我所推廣的生死學於自己半百之後，便貼上本土標籤而為「華人生死學」，並強調「華人應用哲學取向」。這是因為生老病死之事必有所本，此即一體五面向的獨立自主個體；華人於此五面向皆呈現出與西方人的明顯文化差異，因此向華人大眾宣揚生命教育，至少要做到「不忘本」才是。

3.柏拉圖之愛

本土化也屬於認識論態度，但並非用於排斥異文化觀點，而無寧是兼顧「有容乃大」及「我心有主」的雙重要求。我浸淫哲學近半世紀，體認出它具有「邏輯與詩」兩大取徑，亦即偏重認知目的或情意揮灑。回顧大半生所思所行，大致看出自己由詩性出發，通過邏輯試煉，最終又回返詩性；然則前後意境不一，可視為生命境界的辯證揚昇。後期詩性之旅乃是五十知命以後的事情，大抵歸於文史哲不分家的中土生命學問，其實此期我對文學的關注較哲學更多。不過年輕時所接觸的西學亦不時拿出來反芻咀嚼，自我教化一番，仍覺回味無窮，甚至在教學中發揚光大。像我在教通識課時，一度既開「生死學」又講「愛情學」，此時「柏拉圖式戀愛」、佛洛伊德的「原欲」泛性論，以及波普的「文化世界三」，就大有發揮餘地了。

柏拉圖式戀愛即指無涉肉體接觸的精神性愛情，其特色是盡量擺脫性欲，純粹進行精神交流。依此行事，則單相思不見得算，異性知己倒比較接近；因為單戀尚可能有性愛企圖，友情式愛情反而難能可貴。但無論如何，無性之愛在世風日下人心不古的今天，除非雙方走到物極必反的地步，否則實難以為繼。歷史上最有名的精神戀愛，發生在兩位中世紀哲學家身上，即十一至十二世紀法國人阿伯拉都與赫萊西；他們原本為戀人，愛情受阻而各自出家，竟在天主的光照下走向靈性交往之途，通過文字寫情書再續前緣以終老。當然無性之愛是一種極端，但卻相對安全；畢竟性愛占有欲太強，一失足易成千古恨。世間多少戀人因愛生恨釀成悲劇，也印證佛洛伊德對神話中的愛神與死神同等重視頗為明智，而我所講授的愛情學和生死學也因此產生交集。

佛洛伊德的學說在相當程度上受到叔本華啟發，雖然他曾經為文否認，卻更令人相信彼此確有關聯。而叔本華的主觀主義具有與柏拉圖觀念論類似的原創精神。像柏拉圖認為包括身體在內的物質世界，因為

會表現出成住壞空的變化無常，因此皆屬虛幻；相對之下，包含心靈的觀念世界方才永恆不移眞實存在。這種看似違反常識的慧見，恰好反映出他的偉大創意。而叔本華的意志哲學則認爲意志創造萬物，像說眼睛的存在是爲了觀看，倒不如想成是爲了觀看才生出眼睛。如此倒果爲因的見解，同樣推陳出新且發人深省。總之，唯心論、觀念論、主觀主義等路數，乍看之下跟日常觀點背道而馳，卻體現出人心所嚮往的各種理想，也因此「理想主義」與「唯心論」在西方乃是同義辭。理想與現實不應互斥更需互補，若將空靈之愛視爲「心戀」，或能與濃郁的「性愛」相輔相成。

4.力必多之欲

說性愛之濃郁並不爲過，叔本華即指出在人身上最強烈的莫過於生殖意志，而這也是一切生物體的共同特徵，目的皆爲傳宗接代。受爭議的是叔本華進一步認爲生育爲女人天職，故其無法超凡入聖，以進入哲學家之林。有人說叔本華歧視女性源自他跟母親的個性衝突；母親浮華，兒子孤僻，兩人互相輕視。據說他母親喜歡舞文弄墨，在當時也是小有名氣的暢銷作家；相反地，兒子艱澀的哲學著作竟然乏人問津而滯銷。叔本華見此曾語帶尖酸地表示，未來人們知道她，只因她是叔本華的母親。此話不幸而言中，堪與另一句狂言可媲美，此即尼采所言，其個人所在時代尙未到來，自己屬於下一世紀。他正好去世於十九世紀最後一年，也的確在二十世紀大紅大紫。兩位哲學界奇才怪人，又都對佛洛伊德影響深遠，尤其是他那有名的「力必多之欲」。

「力必多」係指「原欲」，即生物體最原始的本能欲望衝動。佛洛伊德早期思想即由此出發，主張人們一切作爲皆受性欲牽制，文明與文化不過是本能衝動的轉移或昇華而已。這種「泛性論」跟叔本華的「生殖意志」相互輝映，構成了佛洛伊德精神分析診斷治療理論的基礎。平心而論，現今醫界擁有「精神醫學」或「身心醫學」一科，的確要拜佛

洛伊德之賜。他在維也納習醫出道後，原本走的是神經科專業，後來發現有人看似「神經病」，其實為「精神病」，尤其是女人。他注意到女病患容易表現出「歇斯底里」的症狀，而此字的原意即為子宮移位在體內亂竄，明顯僅限於女人會發病。但事實是他所處的十九世紀末期歐洲，社會對女人的性欲極度壓抑，卻無視於男人縱欲；有此男尊女卑的不平等待遇，女性情緒失常遂被放大檢視。

　　二十世紀逐漸形成男女平權的觀念，進而立法保障，女性始有機會與男性平起平坐，但全面平等猶待爭取，女性主義乃應運而生。西方社會曾有兩回大規模的女性主義運動風起雲湧，頭一回在1910至1920年代，爭取女男平等；次回則發生於1960至1970年代，強調女男有別。因為爭平等尚代表用男性的眼光和標準看問題，提差別則意味女性另有自身標準，足以跟男性平分秋色，這明顯是一大觀念進步。不過物極必反，凡事不能走極端；因為有一派基進女性主義，主張用複製技術打造全為女性的社會，以免淪入男性宰制。這種高論只能以基進理想視之，仍須回返中庸之道。畢竟男女兩性的存在乃是物種演化的結果，一旦回到單性生殖，則「力必多」的多元意義不再，人類文明與文化也將走向難以預見的不可思議地步。

5.世界一二三

　　本節以「身與心」為題，分五小節多所發揮大智教化「由死觀生」認識論，同樣嘗試可見於後述「群與己」和「性與靈」二節。在有關身心的哲學問題方面，較笛卡兒二元論走得更遠的波普「三元世界觀」值得一提。他一反科學主義的「化約」傾向，逆向操作出多元論述，對於談生論死及了生脫死而言大有新意。「化約」意指科學探究的簡約化，以生物學為例，分子生物學便認為應該盡可能地用生物化學去解決所有生物學問題。記得當年修有機化學，教科書開宗明義一句話：「在分子層面，整個生物學就是化學。」令我印象深刻，而這正是化約觀點的極

致。但問題並未到此爲止，哲學界「維也納學圈」所持的邏輯實證論終極主張，乃是將化學化約至物理學，將物理學化約至數學，到頭來所有知識都採用嚴謹的人工化數學語言來表達。這就是1930年代「科學統一運動」重大訴求。

　　科學哲學對科學下指導棋大多光說不做，科學家有時聽了覺得有理卻光做不說，不過科學哲學最常還是作爲哲學家的觀念及語言遊戲。「語言遊戲」之說來自維根斯坦，他的著作激勵了維也納學圈的組成，波普即屬於學圈的外圍人士，曾與之若即若離，後來則自立門戶獨樹一幟。其實波普跟學圈的往還互動，僅限於其早期著作，四十年後當其提出「三元世界觀」時，早已跟學圈及其後的分析哲學思想大相徑庭了。簡單地說，波普從常識實在論出發，在笛卡兒的身心二元論上加碼，添增一項「人造的文化世界」。在英文中「文化」作爲「農業」的字根，具有「耕耘」的意思，以示人力改造自然。中文「文化」則表示「人文化成」，同樣與自然相對。波普著有《自我及其頭腦》一書，主張以人心爲主體，通過頭腦身體，創造出具體器物或抽象思想等文化產品。

　　波普的創意是明確提出文化產品獨立於身心之外，不但自成一格，還可以回頭影響人們身心。其意義或能類比於儒家的「三不朽」理想境界：有爲者留下文化成果，雖死猶生，甚至永垂不朽。波普甚至想像即使人類滅絕，文化結晶依舊可爲外星生物所解讀，這不啻哲學宇宙論的復興了。不過我在此要強調的乃是波普所揭櫫的「世界三」，足以突破人們對「人死如燈滅」的心理障礙，從而追求身心之外的突破創新之道。現世主義並無妨於個體追求精神不朽，開創有意義的「曾經活過」之記錄，人生便沒有留白，亦得以減少遺憾。尤有甚者，一旦走向文化創作，個體就要向群體靠攏，人心也必須接受社會的檢視；群己關係的分寸拿捏遂成爲必須正視的問題，這其中還包括古代文人「仕與隱」的存在抉擇，此乃下節主題。

二、群與己

1.社會科

　　我生性孤僻，年輕時雖沒有反社會行為，卻表現得憤世嫉俗地抗拒，及長雖不免社會化媚俗一陣，老來又變得若即若離，而且有意地自我邊緣化，生怕被社會吞噬似地。當然我知道這是神經質作祟，越老越嚴重，但已能夠與之和平共存了；我指的是自己的完美化傾向，以及這個不完美的社會。已經不記得是小學抑或初中頭一回接觸到社會課，應該是小學吧！當年初小只有三門課：國語、算術、常識；後者如今叫生活課，但我還是覺得稱為常識較有感覺。初小以上常識課好像就變成社會科了，之後初中聯考還要考。我是老一輩的人，仍得考初中；當時尚沒有國中，結果靠著補習填鴨考取第一志願。但初中功課變差，結果高中考上偏遠學校，受不了奔波決定重考，次年總算考取三省中，主要靠社會科上榜。社會科即包括歷史、地理、公民三門課也。

　　社會科教的是有關社會之種種，但社會又是什麼？在中文裡「社」指社稷上的土地廟，「會」則代表聚集、會合；在神廟前集會以舉辦宗教性禮儀，是古代社會的典型形式。它主要表現為群體活動，因此當西方研究群體的學問傳入中國時，最初就被翻譯成「群學」，後來才改稱「社會學」。社會學為法國實證主義哲學家孔德所發明，時間在十九世紀前葉，當時自然科學方興未艾，他有意用物理學方法研究人群社會，遂率先提出「社會物理學」。無獨有偶，研究個體的心理學在十九世紀後葉由哲學獨立而出，最初也叫「心理物理學」。由此可見，以社會學開其端的社會科學知識，其實是模仿自然科學而生成；自然科學、社會科學、人文學三者，如今構成人類知識三大領域，我們從小學至大學所

上的課程，即依此等領域分類。

　　社會科之中的歷史、地理，分別講授國家民族社會在時間與空間座標上的相關知識，但是公民呢？臺灣實施九年國民義務教育後，小學生念「生活與倫理」，國中有「公民與道德」，上高中職則讀「公民」及「三民主義」。民主化風潮崛起，具有特定意識型態內容的「三民主義」遭到廢除，公民教育則被提倡，以利選賢與能；至於倫理道德之事，則歸個人修養工夫。換言之，公民課所講的就是一個人從獨善到兼濟的修為，是古代「三綱八目」教誨的現代實踐，而社會科則兼具德育、智育與群育之特質。然而從本世紀初開始，社會科裡面的歷史課就不斷出現爭議；有了臺灣史固然好，但中國史往那兒擱，卻隨著政黨輪替搖擺不定。難怪蔡英文樂見年輕人「天然獨」，而這一切莫不是通過教育所為，尤其是社會科教學。

2.社會組

　　看來中小學「社會科」的內容的確很重要，重要到足以影響改朝換代及國家興亡。其實更厲害的是高中念「社會組」的人，例如本世紀三位民選總統、一位副總統，再加上三位行政院長，都是臺大法律系畢業生。法律學屬於「社會科學」的基本學科，其餘大致包括政治學、經濟學、社會學及統計學，至於心理學則跨領域至自然科學。三位總統跟我是同時代的人，他們能夠出人頭地都拜讀社會組之賜，我在高中被分至社會組卻有些無奈。當時我念的成功高中每屆有十幾班，屬於社會組的僅四班，且大多報考丁組法商科。像我這樣想報考乙組文科的，每班皆為寥寥無幾的個位數。何況我功課差到連大學都考不上，只能勉強進三專；但心想過去連五專都沒有念，就走向二度重考之途了。其實文科歸於人文學而非社會科學，但在臺灣二者常被放到一道講，彷彿人文也跟科學沾上了邊。

　　高二踏進社會組正值1970年，七〇年代可謂臺灣最為風雨飄搖的

時期，釣魚臺事件、退出聯合國、對日本斷交、蔣介石去世等國內外政治事件接踵而來，社會人心也呈現出兩個極端，一是彷彿亡國在即惶惶不可終日，另一則爲呼籲衆志成城就此背水一戰，其中尤以後者更是大張旗鼓。猶記聯合國席位不保之前某日，臺北一夕之間大街小巷全面掛上紅布幅，上書「莊敬自強、處變不驚、愼謀能斷」十二個大字。不久大學聯考作文亦以「自立自強說」爲題，令十萬學子感受到比考上大學還迫切的絕續存亡氣氛。這是一種前所未見難以言喻的社會景象，身處其中令我完全無心於課業，個人存在抉擇既奇妙且荒誕地呼應著社會脈動，讓我蠢蠢欲動，不安於室，結果就在選擇追隨街頭遊行隊伍的盲從下，自聯考體制中澈底掉隊了。

當年是考試領導教學的閉鎖時代，社會組學生就被很有默契地排除於化學、物理甚至數學課程之外，全心全力強化史地教學。社會組要考國文、英文、數學、三民主義、歷史、地理等六科，我因爲重考，加上頭一年另報考專科，兩年內總共征戰三回聯考，對歷史與地理再怎麼說也下了不少工夫。那陣子的絕活兒是熟記地圖，任何一條鐵路或河流沿線城鎮，我都可以依方向加以羅列；至於歷史年份及朝代更迭，至今猶能記得大半。不過日後有則笑話，道盡了對社會組史地課的荒謬之諷刺。其大意爲當年的地理課實爲歷史，而歷史課則歸主義；此指地理仍講二十多年前大陸棄守時的行政區域，與事實完全不符；而歷史更充滿漢賊不兩立的意識型態，不啻爲政治宣傳張目。這些故步自封的現象，於今想來不禁令人莞爾。

3.三民主義

平心而論，雖然今非昔比、事過境遷，我依然對主義課打心底具有好感，甚至對它從自己手中流逝而感到遺憾；因爲後來我當大學教務長，曾出席一場廢除聯考主義科的會議。反身而誠，我自認這其中無涉意識型態，沒有太多政治立場，大凡隨波逐流，偶爾也會跟著調侃幾

句。印象較深的乃爲「主義是一種思想、一種信仰和一種力量」之說，
簡直跟《聖經》所言「我就是道路、眞理和生命」如出一轍。但別小看
這短短的一句話，它在當時的確足以決定一個年輕人的前途。事情是我
當上大學教授後，有年被請去參加末代專科聯考閱卷，一題二十分的問
答題問道：「三民主義的本質爲何？」標準答案要求至少答出「思想、
信仰、力量」六字，如此可得九分，若能加以發揮者最高十九分；至於
未列出此六字眞言，則寫得再多也只能得六分。果眞是威權時代下考試
領導教學的鮮活例證。

正是因爲三民主義課有標準答案，而且可以順此多所發揮，對我
這個愛好智慧的年輕人而言，確實如魚得水。反正課本講的就是那一
套，背誦起來再加上時事評論，用以彰顯主義之精神，肯定能投考官
之所好。年少時記誦能力不差，結果重考時地理、歷史、主義各考出
八十九、八十七、八十五分的水準，而得以如願踏進哲學系。投其所好
之事尚不止這一椿，碩士班畢業後去服預官役，有機會考軍校教官。參
加遴選試教時，我挑了一篇蔣公遺訓，搭配上三民主義奧義，在六分鐘
之內暢所欲言，揮灑自如，令臺下四位資深政戰軍官眉開眼笑，結果順
利考取文史教官，從此展開教師生涯。至於後來讀博士班，已具備講師
資格，爲了維持家計，必須在外兼課，我最期待教大學或專科的「國父
思想」課；因爲它既爲必修，且授課一整年，不怕半途無課可教。

托國父的福，讓我這個窮書生在青黃不接時期，靠著他的思想謀生
糊口，安度難關。當年想教這門課還得具備一定的資格，以三民主義研
究所畢業生優先錄用，如人力短缺則輪到政治、經濟、社會所碩博士，
至於哲學所乃拜《孫文學說》之賜，勉強列入殿後的備胎，其他專業就
都靠邊站。說來慚愧，任教此課時經常忘了我是誰，一時興起便落得只
有思想沒有國父，實在愧對他老人家。不過也正因爲在解嚴時期前後登
臺講授此課，屢屢被一些先進的大學生質疑我是威權的文化買辦；爲了
跟年輕朋友虛心對話，逼得我不得不深入其中補課，結果對我最疏離也
最陌生的政治經濟社會思想多所涉獵，加上自己所研究的波普亦爲此道

大家，令我逐漸擺脫過去對「社會」相關知識與事物的排斥，從而走上自覺的「社會化」途徑。

4.社會科學院

身爲大學教授，我的社會化過程中，最不可思議的兩段經歷，是以哲學學者身分當了兩年社會科學院院長；此前我還代理過兩年資訊管理學系系主任。這些都發生在臺灣高等教育的轉型時期。首先是上世紀末大量專校升格爲學院之際，學校一時找不著合格的副教授當系主任，結果讓我得以外行領導內行，但也促使我修完企管碩士學程。其次是本世紀初當局如火如荼推行高教評鑑之際，要求學校將各級主管職位編實補齊，遂把我安置在高階位置上，以協調各系所拚評鑑過關。學校中高階主管就等於企業內的專業經理人，必須負起領導統御的責任；這對我這個自了漢性格的文人，著實面臨嚴峻的考驗。好在擔任的是學術主管，可以合理地拿學術來自圓其說；像哲學跟資訊的交集是邏輯，同社科的交集則爲教育。一旦有所交集，跨領域對話便得以漸次開展。

我在社科院當差是基於棲身的教育所隸屬其間，後來學校另成立教育學院，關係便告一段落。不過教育學作爲中游的應用社會科學學科，的確跟哲學淵源深厚。別的不說，西方教育大家杜威便出身哲學，他在美國首開「教育哲學」一課，並曾到中國宣講兩年，奠定中小學教師皆需修習此課的要求，也令我得以藉此安身立命十二載，直到退休。退休前我任教於教育研究所及師資培育中心，能教的僅有「教育哲學」、「教育倫理學」、「生命教育」三科；它們在我看來，實具有相輔相成的關係和作用。我於大學專任教職二十五年，有三分之二時間在教生死學與生命教育相關課程；這絕不是閉門造車、自說自話的活動，必須跟學生有效溝通，而且屬於相當情意性的互動。教育工作逐漸調適了我的憤世性格，終於令我得以「敬業樂群」。

社會是群體，社會學即群學；我從離群到合群，體現出一條自我生

命教育的途徑，如今稱爲「大智教化」。大智教化教人以安身立命、了生脫死，這些都在群體社會中發生。現今死亡無疑屬於社會性事件，放大來看，生老病死無一能夠擺脫社會，人們多生在醫院又死於醫院可爲佐證。年屆半百後，鮮有不在乎健康保險與退休福利者，這些都必須由政府國家來辦理。我年少氣盛，目中無人，但越老越懂得正視社會的存在。畢竟人乃無逃於天地之間，我們就坐落在歷史社會所組成的時空座標裡面，此或可謂之「天命」。孔子講「盡人事，聽天命」，我解釋成「發揮個人潛力，瞭解自身限度」。當初存在主義一度式微，是受到結構主義的挑戰；存在抉擇若無法通過社會結構的考驗，不能躬行實踐，則不啻爲痴人說夢。

5.修養社會學

舊稱群學的社會學，研究人群之性質與關係。現今人群常以民族結合，且多歸屬於國家，像中華民國在臺灣，主要即爲漢人社會。我聽說自己的祖先是蒙古族軍士，於元代由皇帝賜漢姓而南遷，至今幾乎全盤漢化。當前我是以「外省第二代」的社會標籤居住於臺灣，卻不知爲何見外於絕大多數閩南後裔的族群。臺語不輪轉似爲唯一障礙，不過有四年在中南部嘉義任教，好歹也學會十二首閩南歌曲朗朗上口，用以跟鄉親搏感情。事實上在我看來，現在的臺灣雖有不少原住民和新住民，但作爲社會主體的漢人文化仍具頗高同質性，不似美國與西歐的熔爐型態，或是大陸及俄國的多民族共和。也因此近年全球瀰漫在族群戰爭與難民流離的動盪中，造成各方社會皆出現恐怖主義陰影。相形之下，臺灣算是穩當安定的了。

孫中山嘗言：「國者人之積，人者心之器。」國家社會由個人所組成，而人心的向背則決定了社會之興衰。社會學由哲學家創始至今約一百八十年，發展出兩條性質相異的取徑，一爲結構功能論，另一則係衝突論；前者視社會爲一具體結構而具塑造個人的功能，後者則以不同

階級的衝突來說明社會演變。它們分別以社會馴化的美國社會學及主張社會革命的馬克思主義爲代表，二者皆屬主流觀點且異中有同，就是都以群體凌駕於個體，而將人心的自我貞定作用予以壓縮。然而在這些主流觀點之外，另有多元善體人意、貼近人心的思想值得參考。它們用以安頓群己關係，而不致讓個人爲社會所吞噬。此等另類立場就包括我所嚮往的「存在主義—道家—禪宗」一系彰顯個體的生命學問，它們有的僅將社會當作個人存在的背景，有的甚至對社會視而不見。

年過半百後在職場生涯中載沉載浮，彷彿前不見古人，後不見來者，便越發想爲群己關係找答案，結果有幸於五十四歲時，讀到新生代社會學者羅中峰所寫的博士論文專書《中國傳統文人審美生活方式之研究》，一時頗見醍醐灌頂之效。我正是在此書中發現白居易的「中隱之道」，立刻茅塞頓開，終於花甲前後拈出「中年中產中隱」的大智教化眞諦。羅中峰爲臺灣社會學大老葉啓政的門生，葉老早年由哲學通過心理學走向社會學，近年以數部西方社會哲學思想史著述奠定大師地位。他發展出一套「修養社會學」論述，以「愛與關懷」作爲群己關係的核心價值，並極力推廣東方思想文化的美善，用以解消西方世界群己之間所存在的緊張狀態。他主張通過個體努力修爲，將社會宰制盡可能化爲無形，生命的意義始得發揚光大，這也是大智教化的一貫信念。

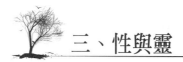

三、性與靈

1.性愛

說到人生奧義，我就想起老蔣總統的名句：「生命的意義在創造宇宙繼起之生命；生活的目的在增進人類全體之生活。」當年這可是許多機關學校禮堂上的對聯呢！我在年輕時對這兩句話一知半解，卻直覺認

其博大精深；直到步入民主多元時期，發現反威權人士對之嗤之以鼻，竟感驚置不已。記得有人嘲笑上聯所言就是赤裸裸的傳宗接代，但我思索再三，始終不認爲有何不安。用科學的觀點看，任何物種爲了繁衍後代，個體就必須努力複製自己；複製即意指生殖。還記得叔本華的生殖意志嗎？它可是意志主義哲學家思想的中心，甚至啓發了佛洛伊德醫師獨特的診療方法，不可謂不重要。佛洛伊德早期用泛性論「力必多」原欲解釋一切，齊家治國平天下皆屬性愛的轉移或昇華；光是這一點，老總統的訓示也值得認眞看待。

蔣介石年輕時做了不少荒唐事，後來帶兵打仗北伐成功成爲一方之霸，娶了宋美齡之後夫唱婦隨一心爲國事。晚年來臺崇拜王陽明，臺北才出現陽明山、陽明醫院及陽明大學。王陽明爲明代心學之宗主，文治武功皆在行，死後入祠孔廟，是儒家的代表人物。蔣介石到老除了欣賞王陽明外還篤信基督，這些聖賢都以道德良心著稱，有著極高的倫理標準，所以儒者和基督徒都主張守貞，除夫妻敦倫以傳宗接代外，不應有太多性愛饜求。中國的貞節牌坊和美國清教徒身上的腥紅字，體現出此類道德要求。但是仔細深入認眞觀察，怎麼這些要求僅針對女人而不及於男性呢？原來都是男人的私心和雙重標準作祟，女性主義者如是觀。其實問題就出在前述的社會結構，男尊女卑的社會中，性別宰制隨處可見，亟待一場性愛革命。

西方的性愛革命發生於1960、1970年代，在避孕藥發明的推波助瀾下，一時風起雲湧蔓延全球，至今未曾稍減，更藉著3C產業的流行無孔不入。但是冷靜地想，終極性愛若非稍縱即逝的高潮又當如何？但那只是「力必多」原欲的電化學效應，修養社會學嚮往的「愛與關懷」在何處？所以說當我們在談大智教化的認識論，以「性與靈」的關係爲考察視角時，對於人「性」概念的光譜，有必要從最原初的「性愛」，一路延伸至最本眞的「性靈」，方能面面俱顧，無所偏廢。與性愛革命同步的第二波女性主義運動，十分強調女性的「意識覺醒」，不再扮演「第二性」的角色，或是配偶的「另一半」，而是獨立自主、無與倫比的

「新女性」。至於受到女性主義啓蒙的「新男性」，則足以在革命之後建構出充滿愛與關懷的修養社會。

2.性情

前文講性愛，是將「性」的漢語中文放在西方語境脈絡內予以發揮，主要指向人的本性原欲，於華人傳統中最接近的便是「食色性也」之說。但「性」字自古至今眾說紛紜，莫衷一是，我在此不予考據，僅通過常識判斷，希望將其引申至「性靈開顯」的人生實踐中，用以貞定大智教化的認識論面向。六經註我式的思考最大好處，是可以海闊天空地高談闊論，牽強亦無妨，反而更具有後現代思維的拼貼效果，重點是能否與人自我啓蒙開示？我手寫我心，我正是這麼一路思想走來，覺得頗有收穫，故樂於說與有緣人聽。如今我自認爲「思者醒客、智者逸人」；醒客是思者的音譯，智者愛智，逸人則隨時不忘中隱之道。從某些意念及作爲上看，我的性格接近所謂「性情中人」，但因爲生來粗鄙不文，似乎總是差了那麼一步。

性情之說始於孟子，他雖分論性與情，卻皆視之爲善，而莊子則以之爲純樸的本眞。我心目中的性情中人包括一系傳統文人：莊子、竹林七賢、陶淵明、白居易、蘇東坡、唐伯虎、公安三袁、林語堂；除莊子外，其餘都不是哲學家，由此可見我對傳統哲學所持的疏離態度。物以類聚，聚不在一道便遺世獨立，只要衣食無缺並無不可。平心而言，我既非哲士亦非文人，因爲缺乏前者的思辨工夫以及後者的創作能力；但積四、五十年之經驗，倒也拈出了「大智教化」的義理和意理。效法白居易被封作「廣大教化主」，我樂於自視爲「大智教化主」，但無心當獨斷的「教主」，而無寧是想成爲主導此一論述的代言人。我有意通過教化教人以安身立命、了生脫死之道，因此這兩年出版的前書與本書，分別以「大智教化」爲主題和副題，正是我就該論述以論文或小品的形式系列呈現。

　　性情中人擁有眞性情，這並非想望所得而屬渾然天成；我的個性優柔寡斷、患得患失，始終性情不起來，久之也就不奢求了。至於對上述一系列傳統文人，我到底欣賞他們那一點？其實這一切體驗領悟，乃是正本清源逐漸浮現的。話說我重考大學前心情忐忑，偶然讀到林語堂《生活的藝術》，初識公安三袁「獨抒性靈」之文風，再回顧歷史上具有性靈風格的作品和文人，終於有所取捨。我欣賞劉伶與陶潛的貪杯，因爲自己嚮往不醉不歸；我愛唐寅「但願老死花酒間，不願鞠躬車馬前。……不見五陵豪傑墓，無花無酒鋤做田」，以及「請君細看眼前人，一年一度埋芳草；草裡高低多少墳，一年一半無人掃」之句，因爲這些正是我所嚮往生前任豁達、死後自然葬的境界精神之所繫。大智慧乃係眞性情之體現，不具眞性情頂多只有小聰明，卻難以產生大智慧，此即我的愛智慧見。

3.心性

　　說自然葬是人生最高境界之一並不爲過，就大智教化「由死觀生」認識論而言，能夠將後事揮灑自如才是眞性情。當傅偉勳初創生死學之際，他特別標榜「未知死，焉知生」，此即「由死觀生」的知行途徑。尤有甚者，傅老晚年更指出，生死學係由中國生命學與西方死亡學融會而成；死亡學採用科學認知方法，生命學則必須落實「心性體認本位」立場。心性之說亦可上溯至孟子，其謂盡心知性知天，人的本心本性遂與天道相呼應。生命學要以心性體認爲基礎，表示生命教育及大智教化都不能紙上談兵空講大道理，而是要從日常生活體驗中去實踐人生。「由死觀生」認識論的體認，配合上「輕死重生」價值論的實踐，生死學與生命教育始能眞正到位。總之，生死學是在學死生，本書以《學死生》爲題，希望將我的愛智慧見推己及人，使之終生受用。

　　今年2016年是傅偉勳逝世二十週年，生死學則爲其在世最後三年所創生推動，可惜壯志未酬，僅留下一些理念藍圖供後人發揮。我跟傅

老係忘年之交，於其生前與之往還十載，承蒙其與當年南華校長龔鵬程的厚愛，邀請我加入生死所籌備團隊，竟意外在其去世後承擔首任所長職務，從此與生死學結下不解之緣。生死所創設兩年後，所上同仁又先後申請成立中華生死學會及中華殯葬教育學會；前者於今夏舉辦紀念傅老的學術研討會邀我爲文，我乃立足於心性體認本位，撰成〈生死學之思：科學、人文與自然〉一文共襄盛舉。但我於生死所服務三年後另謀他樓進入教育所，努力耕耘更爲寬廣的生命教育園地，並堅持「各自表述、各取所需」的原則立場自立門戶，與臺灣官方論述平行發展，並於近年擴充深化爲大智教化。相信這些持續不懈的努力，可堪告慰老友在天之靈了。

臺灣官方生命教育主要落實於各級學校，對象多爲未成年人；此一取代傳統德育的新興政策，擺脫掉威權時代的意識型態，走向強調體驗活動的柔性情意課程，頗受各宗教團體所喜愛，更樂於大力支持推廣。然而不可諱言的是，生命教育從省級至中央推行至今二十載，2010年更成功列爲高中正式課程，主導其事並撰寫高中課綱的學者專家，多具鮮明宗教背景。面對此現象我起初不以爲然，及後則存而不論，並另闢蹊徑，朝向教師及成人生命教育發展，而於三年前凝聚爲大智教化理念與實踐。大智教化是我的心性體認之所得，秉持「天然論哲理學」意理，彰顯「後科學、非宗教、安生死」特質。簡言之，「大智教」即指我所提倡宣揚的「後科學人文自然主義」人生信念；它雖非宗教信仰，卻完全具備相當的靈性高度與深度。

4.靈性

宗教是給人們信仰的，而非拿來議論爭執，若弄僵了甚至引發戰爭，便完全失去勸人爲善的良法美意。現在暫時擱下嚴肅的宗教議題，談些較輕鬆的信仰現象吧！念大學時班上有位哲學天才，頗具思辨慧根，教授講的非但一聽就懂，且能舉一反三，是我們考前救急的小老

師。此君上大二修形上學竟出現類似宗教啓示的靈動，某日突然宣布創立一方「形上教」，自命爲教主，且立即向系上同學傳達天意以招募信衆。在其精神感召下，不久一名大一小女生便隨侍左右，被封爲副座；看兩人出雙入對，樂在其中，大家不知是羨慕還是嫉妒。四十多年過去了，教主早已當上教授，更成國內殯葬教育大老；副手則從電視臺的文化人嫁作醫師娘，相夫教子去了。我曾當著二人面提及此事，卻見一笑置之，果眞生命中不能承受之輕，反倒令我悵然良久。

老同學的靈動最終以二人拆伙收場，但是過去臺灣曾有位軍中作家盧勝彥，靈動後遠走美國宣教，更以「蓮生活佛」之尊創立「眞佛宗」，如今全球信衆多達百萬，已蔚爲新興教派代表。再往前回顧一百多年，失意考生洪秀全在廣州靈動，宣布創立「拜上帝會」，前往廣西傳教，再聚集信衆揭竿起義，二十年內拿下中國半壁江山；若非內訌崩盤，如今恐怕既非民國亦無人民共和國，大家都是「太平天國」子民，從此天下太平矣。由上面這些小故事可以看出，準教主必須具備領袖魅力的人格特質，可於自身靈動後迅速將教義擴散至凡夫俗子，使之轉化爲善男信女，但這一切無不繫於團體之有無。宗教乃團體活動，信仰則屬個人抉擇；人們可選擇信任何宗教，或完全不信教。而一旦眞正信教則必須加入教團成爲信徒，否則仍歸門外漢。

我自認爲宗教門外漢，更想當人生自了漢，這種性格跟教主大異其趣，南轅北轍，處於兩個極端。但我近年卻越發覺得自己像老同學那般有所感悟靈動，進而想著書立說，記錄我的靈性之旅。高中生命教育設有「人格統整與靈性發展」一科，在老之將至之際，自己知行不合一的人格，竟然奇妙地統整在一道，流過心田從手中釋出，屬靈似地寫作本書。這是我的第二十二種生命教育著作，將三年來的靈性修持付諸文字，說與有緣人聽。「大智教」是個人自我教化結晶，推己及人爲自度度人，但無意立宗設派聚衆傳教。我只想提出一套不同的聲音，宣揚「靈性即性靈」的道理。此一途徑明顯與宗教信仰背道而馳，但我卻深感道喜充滿，倍覺溫馨。我欲以大智教化體現靈性發展，別人若不敢或

不願由死觀生，只能無緣地無言了。

5.性靈

　　「靈性即性靈」是我在中華文化土壤中所發現的瑰寶，此爲西方文化所無，故於林語堂以《生活的藝術》向西方人引介之後，激發極大迴響，歷久不衰。林語堂的大作係於對日抗戰之際以英文在美出版，讓洋人首次認識到孔夫子教誨之外的另類人生妙境，那便是圍繞著道家豁達精神的身心滿足，最終以自適的幽默感定性。《生活的藝術》原擬題爲《抒情哲學》，即屬情意取向的人生哲理。林語堂在書中探問「誰最會享受人生」，頭一個「發現自己」的人即是莊子。無獨有偶地，傅偉勳亦宣稱莊子乃「中國生死學的創始者」，原因正是他能夠以自由之本眞由死觀生，從而了生脫死，在亙古的歷史長河中，充分體現性靈之美。性靈書寫雖然在晚明才蔚爲文學流派，但它在先秦道家內便已埋下伏筆；而今邁入二十一世紀，更有簡化與淨化人們身心的功能。

　　放大來看，「靈性即性靈」是一套由我所建構，以「存在主義—道家—禪宗」三位一體思想爲核心價值的「後科學人文自然主義」人生信念，藉「大智教化」之名，分「向死而生」、「由死觀生」、「輕死重生」三方面闡述之，期能助人由「生存競爭」通過「生涯發展」順利走向「生趣閒賞」階段。我目前正處於此一過渡時期，因此更易於感同身受。一般而言，生涯發展終止於屆年或屆齡退休，從此不是向上揚昇就是向下沉淪。我有一個大學同窗，畢業感言只有「一眼望見人生的盡頭」寥寥數字。而他在三十年公務員生涯告一段落後，「俯首甘爲孺子牛」，從此全職擔任兩名寶貝兒子的陪讀，並隨時記錄他們的成長歷程，自己在電腦上編輯成畫冊，然後花大錢印刷限量出版，供親朋好友展閱。這是人生成功轉型的例證，頗具啓發價值。相形之下，我則選擇提早離退，以靜待性靈開顯。

　　基於存在抉擇，我自願無後，並幸運地遇見同道而結爲連理，至

今三十一年始終如一。沒想到自己的無後主義如今竟然蔚為流行，而以「少子化」之名大行其道，且即將讓三分之一的大學關門。單身與否有時由不得人，因為可能想成家卻找不到適當的伴兒。然而一旦結伴，要不要生兒育女，在現今卻有著極大的自決權。受儒家影響的華人擔心「無後為大」，我卻自始至終以此為樂，甚至以之為榮，似乎早已註定要偏離儒家的主流路線。步上教育事業後，我從生死學、生命教育向殯葬教育行去，首先就面臨儒家根深柢固的「慎終追遠」教訓，應否與時俱進的難題，從而下工夫著書立說，共撰成四種殯葬學專著，配合甚有遠見的國家政策，積極推廣環保自然葬。為躬行實踐，我將繼父與母親分別樹葬與海葬，既了遂他們的心願，也令我真正臻於性靈開顯的境地。

參、輕死重生：大智價值論

　　以「輕死重生」作爲大智教化的價值論面向，表示大智慧的關注是落在生而非死的一方。死亡顯示出生命的限度，也透露著其中的意義和價值。人生的價值就反映在個我的內斂與外爍兩面上；內斂擁抱生活信念，屬人生哲理；外爍則安頓人際關係，講倫理道德。這些價值論在哲學課題中，既包括探討道德實踐的倫理學，也納入研究審美活動的美學，二者理當無所偏廢。審美對象在大智教化內主要指生活美、人生美，其核心則爲自然美，至於人爲造作的藝術美則屬次要。這與一般分析藝術欣賞與創作的美感體驗不盡相同，而是指如何把人生盡量過得順乎自然，至於是否擁抱藝術修養則隨人喜好。人活著必須要面對並處理人際關係，倫理學之作用即在此；但面臨死亡雖可能有家人陪伴，卻終究只是一己之歷程，此刻就需要以美感去稀釋恐慌，「縱浪大化中，不喜亦不懼」。

　　大智教化教人從「向死而生」的生命眞諦中，發現「由死觀生」的思索途徑，最終落實於「輕死重生」的生活實踐，這是本書上篇所要傳達的實用訊息，屬於應用哲理的通俗化表述。我雖然是科班出身的哲學教師，卻始終不欣賞也不適應純粹思辨性或論證式的哲學路數，因此自認非此中人，而以「思者醒客、智者逸人」自居，嘗試另闢情意取向的應用哲理途徑與意境，此即大智教化。大智教化的價值論歸於「群德美育」而非「美德育」，乃是以個體美感體驗爲生命中心，群體社會倫理活動爲外圍架構，勿使本末倒置。其實說穿了這就是「存在主義—道家—禪宗」三位一體的人生態度，盡量凸顯個人主體與主題，而將社會、倫理等事物活動置於背景中。當然生活不可能沒有背景，但是不應令其喧賓奪主，宰制身心。心智靈明才是主體，此外無它。

　　「輕死重生」教人以活在現世，勿對生前死後癡心妄想，其最具體的表現便在養生送死方面。今人多生活於上下兩代所組成的核心家庭中，爲人父母養育子女可謂親職責任；至於要不要反向善盡孝道則見仁見智，畢竟現實中更多見的是「久病床頭無孝子」。這點在西方社會已成常態，即長輩老後由社會保障或福利體制盡量照應，此於華人社會

似乎難以全盤落實。當然孝道的文化設計非但無可厚非，且更應從善如流；但為避免食古不化出現窒礙難行，實宜不斷與時俱進以推陳出新。有鑑於現今臺灣人的價值取向仍多歸於儒家傳統，尤以德育為然，我乃嘗試將之擴充為儒釋道「三家會通」的局面，以利推廣大智教化。但勿忘大智教化實乃「文理並重、東西兼治」，此處僅以對中華本土三家的反思，用以呈現臺灣在地的價值論而已。

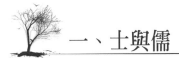

一、士與儒

1.國語與國文

　　不可否認的，儒家傳統思想在我們這一輩人身上，可說已成為根深柢固、潛移默化的價值觀。我對此一事實既不傾向排斥，也不欣然接受，存而不論而已。畢竟時代大不同了，當全球化步入後現代甚至後後現代之際，儒家思想在我們生存的海島上早已不再定於一尊，但其深遠影響卻仍不宜忽視。持平的作法是將其納入多元價值系統中予以定位，大智教化的作法是倡行「後現代儒道家」，用以呼應「後科學人文自然主義」或「天然論哲理學」的教化意理。「後現代儒道家」的理念與實踐，秉持「東西兼治、三家會通」的原則兼容並蓄，無所偏廢。就我而言，還是得從根本談起，也就是自幼以來所受的文化薰陶。回想小時候的生活教養和心智啟蒙，多半不脫儒家那一套。文化在儒家看來即是「人文化成」，放在所傳授的學科中，主要為國語和國文。

　　我們那代人小學時念的是國語，中學以後學的是國文，其內容都是中國語言文字和中華文化，不像現在另有臺語及臺文之分。從小到大我都不曾懷疑自己是中國人，但進入二十一世紀後，這點在臺灣卻越發成為問題。往深處看，國祚紀元、國族認同、漢賊不兩立這些分判，多少

跟儒家傳統思想有所淵源，因爲儒家相當看重「正名」；名不正則言不順，言不順則事不成。其實「民族國家」概念的興起，乃是西方十九世紀以降的事情；而當我們的政治體制全盤西化後，很自然地衍生出相應的政治訴求。國族認同主要靠教育，過去的國語和國文把我們教成中國人，但今後的情況爲何實未可知。尤其當蔡英文總統肯認年輕人爲「天然獨」，若於此基礎上強化在地意識，一度正宗的國語國文，或將轉化爲外國語文也說不定。

不過我並不樂見此事發生，畢竟語文代表文明文化的傳承；何況美國獨立二百四十年至今，也未見揚棄英語英文之舉。再說臺灣乃是正體中文之鄉，更是中華文化得以自由揮灑之所在。我們無需像對岸提倡「復興中國夢」，就能擁抱一切傳統，亦得以不受意識型態羈絆而大步走向未來；此乃全體華人之幸，實不必劃地自限、捨本逐末。今日臺灣最大特色便是民主自由與多元包容，若能循著民主自由機制去擴充修正語文教育內容，使之更爲多元包容，倒也不失可行途徑。反觀我的本國語文教育雖未見多元，卻仍有其景深貫穿其中而影響至今，使我成爲一個勤於筆耕的文人。再說我剛出道當老師時，教的正是國文課；時間雖僅有一年兩學期，地點是在軍校當文史教官，教一群相當於高職生的士官班小伙子，卻是此生一段難忘的快樂時光。

2.文化基本教材

退伍後我在雜誌社當了三年記者和編輯，接著考取博士班重返校園並四處兼課；從耍筆桿到耍嘴皮，大概就是文科人所有的本事，我全都派上用場了。三十五歲終於獲取博士學位並謀得教職，在銘傳商專教五專國文，但不是教範文和寫作，而是講「中國文化基本教材」內的《孟子》。這套施行於高中職及五專的教材，其實就是《四書》節本，屬於威權時期民族文化教育重要的一環。它最早出現於上世紀六〇年代，當時對岸在搞「無產階級文化大革命」，我們則努力推行「中華文化復興

運動」，以期保存傳統文化之命脈。這些文化課程我在高中即念過，當時一個勁的記誦，因為聯考要考，只能亦步亦趨。之後考取哲學系，系統地接觸到中國哲學，才猛然覺醒「文化基本教材」怎麼只有儒家經典，其餘各家皆付諸闕如？

宋儒朱熹集成的《四書》主要以《論語》、《孟子》為主，老實說初學之際我喜歡前者勝於後者，因為前者多為話頭便於記誦，而後者則為長篇大論難以熟背。好在五專前三年雖然相當於高職，但沒有聯考領導教學，上起課來較能多所發揮。無奈商科生功課沉重，對於非專業課程經常心不在焉，我只能盡力而為、適可而止，以免自作多情、自討無趣。嘗聞教育生涯應「教學相長」，此雖可比擬為師生互動成長，但仍多指教師邊教邊學而有所長進。我雖然只教了五、六年這種中學程度的人文課，卻是在拿到碩士或博士學位以後的事情。當年對中國學問雖非專攻，卻多少有些全方位的把握，不止定於儒家觀點為一尊，還是會跟學生聊些題外話。尤其是自己從高中就欣賞的「存在主義—道家—禪宗」思想，倒也令學生耳目一新。

三十六、七歲之際，對著一群十六、七歲的女娃兒，講述我在十六、七歲為之著迷的中外思想，不知是讓她們「寂寞的十七歲」更添清明抑或迷惘？白先勇短篇小說集《寂寞的十七歲》當中有篇〈那晚的月光〉，女主角正是銘傳商專的學生，因為跟臺大物理系男友未婚懷孕，青春提早幻滅，讀來予人淡淡的哀愁。而我從三十有六迤邐行至六十有三，又是另一番美麗與哀愁。自己的人生自己咀嚼方得箇中三味，這是哲理而非倫理問題；越老越把人生哲理當美感體驗來過，而無視於社會倫理的道德規範。西方倫理常訴諸基督宗教，一如華人倫理多歸於儒家教誨，規訓有餘卻不近人情。長期以來我都自視為自覺甚強、自律甚切之人，因此格外嚮往自主而非他律。「無求於人，亦不欲為人所求」，這肯定是道家而非儒家的人生態度。

3.文人與人文

　　年輕時因為思想潔癖的矛盾心理，我一方面嚮往詩意的哲理，卻對其思辨方法敬而遠之，轉而投身冰冷唯物的科學哲學，一去四分之一個世紀，直至半百始回頭補課。我所補的課乃是文史哲不分家的中華文化，而非學院裡的中國哲學。事實上我曾經花了許多工夫去親近傳統文人的作品，試圖提煉他們的人生態度以供己用，最終選出陶淵明、白居易、蘇東坡三者作為人格典範。以現在的觀點看，中國傳統文人的生涯發展相對有限，主要途徑便是學而優則仕。尤其當漢代以後罷百家獨尊儒術，讀書人為入仕而學習的內容，就更窄化為儒家經典了。當然像「好讀書不求甚解」的陶淵明肯定不會劃地自限，而是博覽群籍，對古代諸子各家的大智大慧出入自如、收放自如；再加上六朝以後佛教傳入，儒釋道三家會通的契機更呈活絡。

　　文人晉身為官以兼濟天下的宦途，自隋唐起以科舉取士的型態延續了一千三百年，直到清末才告一段落。傳統社會僅有士、農、工、商等「四民」，士者通過考試入朝做官，如果時運不濟就只有走向後三民自食其力了。今日的職場就類似昔日的官場，只是皇朝帝制下公部門獨大，現在則有私部門同樣可以發展生涯。古代考試以修養學問和作文能力為主，如今則要求專業能力和一技之長。由於儒家思想以「三綱八目」規範了年輕人成就自我的途徑，千百年來大家也就遵循著「修齊治平」的大方向前進。這其中蘊涵著儒家豐富的道德使命感，以內聖外王之道希冀成聖成賢；相形之下，現代人在西方資本主義商品經濟生活型態下謀生糊口，就完全不是一回事了。歷史乃是單行道與不歸路難以重演，儒家除非與時俱進別無他途。

　　傳統的文人與人文皆定於一尊，難以動搖；現代二者則被大幅邊緣化，拱手讓位給科學家與科技。身處商品至上、科技掛帥的現代，傳統文人與人文精神將何去何從？大智教化通過「向死而生」本體論、「由

死觀生」認識論的思路，發現「輕死重生」價值論在現今的實用價值，那便是將人文精神與文人修養融入科技學識及專家能力中，使之相輔相成，無所偏廢。這其實正是專科以上學校實施通識教育的目的，希望彌補過早分流培養出僅具一偏之見的人才；他們只能適應職場，卻於待人處事各方面有所欠缺。我於大學任教至今前後三十二年，幾乎全部在講授通識課程，深感任重道遠，乃亟思推陳出新，大智教化便是困而學之的產物。在此我提倡逆向思考途徑，以為安身立命之進路，亦即由死觀生。瞭解自身限度方能發揮個人潛力，此乃孔子「盡人事，聽天命」之真諦。

4.文史哲分合

1973年我考取輔仁大學哲學系，去文學院報到時發現荷花池畔的大樓共有三層，是按照中文、歷史、哲學三系步步高昇；後來從大一念到大四，又在三樓教室由右至左次第轉換。總結我的大學教育，可謂循序漸進、更上層樓，但是否止於至善卻無定論。當初三系位置的樓層分配或係偶然，但傳統學問講究文史哲不分家，卻意外印證於我的大學生活在文院樓層之間遊走奇妙境況。現代高等教育是西方產物，源自中世紀由天主教會所興辦的大學，最初僅下設神學、法學、醫學、哲學四大學院；前三者屬專業訓練，後者歸學術研究，因此如今所有的學術博士皆稱「哲學博士」。事實上中世紀時，西方哲學一如古希臘亞理斯多德傳統，幾乎無所不包；直到十七世紀發生科學革命，現今諸多科學學科方才一一脫穎而出。

中國廢除科舉走向西式教育是1905年的事情，距今只有一百多年，最具體的表徵是棄「四部」迎「七學」。「四部」指「經、史、子、集」四種傳統學問，其中經學代表儒家經典，後三者各為史學、哲學及文學；而現代「七學」則指「文、法、商、理、工、醫、農」，依此組成綜合大學各學院。由此可見，上世紀初高等教育的內容轉變之大，可

謂前所未有；從古典人文教育一下子跳進聲光電化，由成聖成賢之道轉向經世濟民之學，儒家的倫理道德也被西方的民主法治所取代。尤有甚者，在歷經二十世紀百年現代化之後，華人社會再度面臨後現代處境的衝擊，亦即從崇尚理性的西化路線，擴充為包容情意的多元價值。不過這種情形既是危機也算轉機，它足以從全盤西化的教育現況中，掙脫出一條重返本土文化、注重在地現況之路。

社會學家葉啓政曾分判出，與「外來化—西化—現代化—全球化」相對的立場，便是「中國化」或「本土化」。「中國」在此係指中華文化而非政治版圖，這是本土化的底線，若針對「臺灣化」則稱「在地化」。臺灣屬於漢人社會，群眾生活深受儒家文化影響，每年孔誕由總統帶頭祭祀便是明證，民間重視四維八德尤其是孝道更理所當然。在這種人心深層結構上，以後現代之姿重拾傳統文化，以體現其中的人文與自然價值，的確有其可行性和正當性。至少從我積三十餘年通識教育的經驗看，重新打造一種文史哲不分家的本土人文學問，用以作為全民的文化素質與靈性修養並不為過。由大陸移居歐洲的哲學學者李幼蒸，就曾經提出建構集文史哲於一體的「人文科學」之可能。但是要期待文史哲合體，必須先行打破彼此的門戶之見，積極統整方有可能。

5.國學熱

今日的中國文學、史學、哲學畢竟早已形成為三門獨立學科，各有所專，不可能再回到渾然一體的初始型態。但是後現代鼓勵跨領域、跨學科對話，以中華文化為平臺，重新建構一套具有多元價值的新興學科似無不可。這種統合性學科在性質上接近西方中世紀的廣義「哲學」，也跟中國傳統「經學」同屬較高層次的學問；事實上近來在兩岸已出現某種雛型，那便是「國學」。「國學」之說始自日本，他們在明治維新時受到「西學」衝擊，乃有維護「國學」之議。其後中國也面臨維新的壓力，遂見「中學為體、西學為用」之因應。此一「中學」在提倡西學

的胡適看來，不啻為已經式微過時的「國故學」。但令人意外的是，以八國聯軍庚子賠款興辦的西式學堂清華大學，竟然辦起「國學研究院」，積極研究起古典學問來了。

回首一世紀前的「五四」革新時期，其實真的可以「百家爭鳴」稱之：一方面有人呼籲「打倒孔家店」，另一方面亦見本土學者緊守國學之堅持，甚至有國立無錫國學專科學校之設置。不可諱言的，二十世紀上半葉在大陸赤化前，保守的國學其實就是儒學最後的壁壘；而當共產黨以馬列主義建立新政權後，舊學除了部分留用為意識型態服務外，其餘全掃到故紙堆裡進入焚化爐去了。歷經文革的焚書加上鬥倒臭老九後，大陸竟物極必反迎來改革開放，走向以「中國特色社會主義」為名的資本主義道路上面去，又弄得拜金流行、精神污染，亟思改善之道。大概誰也不會料到，踏進二十一世紀後，大陸逐漸躋身世界大國，甚至成為全球第二大經濟體。而為了推廣漢語和中華文化，他們在五大洲創辦了四百多所「孔子學院」，儒家思想一時又成為顯學。

真正奇妙的事情是，當代新儒家於1975年在臺灣創辦《鵝湖月刊》，對照於對岸仍處於文革鬥爭之際，一步一腳印地為維繫中華傳統文化之命脈而默默耕耘，至今三十餘年如一日。在鵝湖諸君子中，有一位任教於教育大學的王財貴教授，以個人之力編撰教材，大舉提倡兒童讀經，日積月累下竟然在寶島蔚為風氣，甚至流行到對岸。2014年初我自銘傳正式退休，立即協助過去南華校長龔鵬程教授，於四川成都下轄的都江堰市孔廟內創辦一所國學院。目前此一國學院已成功經營、順利運作，開設師資培養班，以及兒童與青少年讀經班。2015年夏季我曾前往講授「生死學」，藉以推廣大智教化，算是一回實驗性教學，學生反應尚佳。不過在我的心目中，國學也好，大智教化也好，都不能再像過去將儒家定於一尊，而應有容乃大多元發揮才是。

二、禪與佛

1.鈴木禪

　　新世紀後現代的國學院倒沒有定於一尊，博學多聞的龔校長將之規劃為我心目中「東西兼治、三家會通」的開放性民間書院，頗令人欣慰。不過話說回來，我這個天生自了漢性格，於心境上講「三家會通」尚能接受，若是在言行中走「三教合一」就不相應了。尤其是行禮如儀、頂禮膜拜，更令我倍覺刻意，乃盡量敬而遠之。印象中皈依受戒及為繼父作七各參與一回佛事，再來就是在國學院內領頭祭孔，二者皆當成登臺表演，盡量配合了事。其中若有什麼美感的、倫理的甚至靈性的意義，恕我天性魯鈍粗鄙，一概難以體察。也因為如此，我對佛教的興趣僅及於佛學而無視佛法；但即使是佛學，也不願深入其堂奧真諦，只願停留在一絲感動而已。這便是我對宗教的態度，稍有靈動淺嘗即止，以免陷入深不可測、身不由己的地步。

　　我不願信各路宗派，卻樂於開展自己的大智教化，以六經註我之姿，取他人之長為己所用，絕不掠美視為獨創。在眾多有宗教色彩的信仰中，若說感到親切者，首推禪佛之說。中土佛教有「七顯一密」，其中禪宗獨樹一幟，講求「明心見性，不立文字」，於我可謂偷懶的方便法門。加上父親於戰火中曾短暫出家為僧，禪佛遂成家學淵源之一。不過父親並未對我傳衍佛法，僅有的一份禪佛常識，其實是隨著存在主義與精神分析而來，那便是四、五十年前蔚為流行的「新潮文庫」。當時有人翻譯鈴木大拙的英文禪學著作，其中不乏偈語話頭、公案妙諦，讀來甚感新鮮，遂為之所動。鈴木在西方國家宣揚禪佛思想，甚至娶了美國太太；我一度以為他是出家人，對此甚為好奇，後來才知道他只是學

者專家，並且跟胡適有所爭議。

　　胡適性好考據，認爲禪宗乃是佛教內部一派革命思想，必須還原至其歷史根源，方得全盤把握。他始終以歷史考證在西方學界爭取認同，卻碰上鈴木靠宣傳公案爆紅，心中頗不是滋味；而當兩人於夏威夷某次會議上交鋒後，史學家胡適遂悻然指責禪學家鈴木在「欺騙西方人」。這其實根源於二人訓練不同，再加氣質相異，乃形成文人相輕。然平心而論，禪宗原本即具漸派與頓派之分，有人能頓悟，其餘靠漸修，二者並不衝突。退一步看，許多學問莫不如此，我之提倡大智教化亦如是；上天下地日積月累，一旦想通便豁然開朗，願說與有緣人聽。傅偉勳在建構現代生死學之際，認爲禪宗精神足以跟道家密切呼應；其實個人生老病死之事，有時只能意會不得言傳，但我認爲這只是雲淡風輕的自然而然，而非深不可測的神秘境界。

2.還俗記

　　我對神秘或超自然事件一向存疑，因其不可爲所有人得見，也就只能信不信由人了。當然有時會聽說什麼「心誠則靈」，我卻寧可靠著自己的常識之見過活，祈願日日是好日。其實我的一生幾乎完全生活在臺灣這座海島上，平安喜樂，沒碰上重大天災人禍，知足常樂矣。父母輩可就不同了，與民國同庚的父親鈕先銘年輕時便投身行伍，抗戰期間鎮守南京城，兵敗倉皇逃逸竟碰上大屠殺，乃遁入小廟削髮爲僧，靠著佛祖庇佑躲過一劫，從此篤信佛教，並發心爲世尊立傳。家父晚年果然先後撰成《還俗記》與《釋迦牟尼新傳》二書；前者記其避禍傳奇經歷，後者則試圖還原佛陀之本眞人性予以彰顯。我曾用後者當參考教材，在銘傳短暫開授過通識課「佛學與人生」，但一想自己實非此中學者，爲免誤人子弟，還是藏拙的好。

　　至於《還俗記》的原始版本，實爲家父半生自述，寫作於其花甲耳順前後，距今已近半世紀。它先在《中外雜誌》上連載，而後結集成

書，久之不免絕版。2003年爲緬懷老父出生入死，我以中華生死學會的名義，將該書涉及大屠殺的故事予以節錄修訂，改名《空門行腳還俗記》重新刊行，以結緣書分贈有緣人，既作爲歷史事件的見證，又用以推廣生死關懷之生命教育。2005年適逢抗戰勝利六十年，南京大學中華民國史研究中心與我接洽，有意刊行簡體字版，經我首肯後，遂以《佛門避難記》之名由南京師範大學出版。父親爲避禍出家並非虛應故事，而是有其內在因緣。他曾表示兒時每日耳聞祖母口念《心經》，久之亦得記誦；及後遁入寺廟爲僧，爲日軍起疑心，以武士刀架於其肩命其誦經，《心經》脫口而出，終得躲過一劫，否則連我也不可能誕生。

《般若波羅蜜多心經》二百六十言，是我謹記亦僅記的一段經文，心浮氣躁時念上幾遍便感心平氣和，甚至曾撰文〈心經拾級〉投諸報端以爲心得記錄。在我心目中，《心經》正是最簡明的佛學概論，了悟通透或有「遠離顛倒夢想，究竟涅槃」之功，這正是大智教化要傳達的大智大慧。其實大智慧還可以通過更爲平易近人的管道向外傳播，電影即是其一。2015年初我將《還俗記》改編成電影劇本，增添幾段眞實的兒女柔情故事，但主軸仍是殘酷的大屠殺悲劇，用以告誡世人勿再鑄下大錯。2017年底大屠殺將屆八十週年，希望有投資方樂於共襄盛舉，將這場震驚中外的歷史事件盡量還原以公諸於世。無奈至今未聞有人欣然投資拍攝，一段寶貴歷史終究仍停留在紙上談兵的階段，也讓我的電影夢就此流於夢幻泡影，甚至成爲顛倒夢想了。

3.人文宗教

電影拍不拍得成非我能作主，但是父親的經歷在冥冥中決定了我的存在初始樣態，卻是不爭的事實。如今我已走到老父當年爲自己立傳的年歲，乃嘗試記錄下反思所得心路歷程，用以自我「證成」。我這一生走來平淡無奇，不像父親那般遇上大風大浪，能以一介書生全身而退，藉閱讀寫作自度度人以終老，適足以感恩惜福了。反身而誠，我自

認宗教信仰於己未起太大作用，但對人生哲理信念倒是終身嚮往追求，近年終於浮現大智教化的意象。撇開神秘的靈動不談，古今中外許多聖賢才智，對於生老病死所提出靈光乍現的大智大慧，多少會爲我帶來一份感動甚至震撼，遂爲之歸納整理，若以「大智教」作爲個人的宗教信仰亦不爲過。它的確類似於佛教徒的「法喜充滿」或基督徒的「平安喜樂」，但是不必要走向「團體契合」的途徑。

我一度視大智教化爲臺灣生命教育的民間版、擴充版與升級版，秉持「各自表述、各取所需」的原則推而廣之，希望能廣結善緣，但無意形成團體活動。老實說，以我接觸生命教育近二十年的經驗來看，國內的生命教育社群不是宗教團體，就是具有準宗教性質和樣態。連召開學術研討會都表現出一團和氣，甚至穿插帶動唱等童心式體驗活動，幾乎完全不見批判論辯的劍拔弩張。生命教育推動者喜言「一顆柔軟的心」，想要達到日本人愛說的「療癒」效果，不啻印證了美國心理學家威廉詹姆士在其《宗教經驗之種種》一書中，將有無宗教信仰的人分別貼上「軟心腸」和「硬心腸」的標籤。而傅偉勳亦在其生死學大作內，將非宗教的儒道二家歸爲「硬心腸」的人；後者對我而言不但感同身受，更正中下懷，看來哲學這條路眞的走對了。

當然哲學家當中不乏信教者，甚至形成宗教性哲學，但我卻嚮往一種哲理加美感式「獨抒性靈」的信仰，而非帶有倫理規範性質的團體制度性宗教；尤其是行禮如儀的規訓馴化作用，更令我望而卻步、敬而遠之。作爲華人生命禮儀的「冠、婚、喪、祭」四者，原本就來自儒家接收初民馴化傳統的作爲，而以「人文化成」教化之；然而一旦用道家思想去解構，立即顯出繁文縟節之荒謬。尤其是喪禮，大智教化通過「向死而生、由死觀生、輕死重生」的一系本體論、認識論、價值論考察，建議今人在生前便清楚交代後事，以海葬、樹葬、灑葬等環保自然葬法處理遺體，莫讓家屬多所操心。這是一種人文自然主義的人生信念，跟被視爲「人文宗教」的佛教中部分禪佛思想或能互通聲息，反倒是跟食古不化的儒家意理有些距離了。

4.教團辦學校

　　我對團體活動的若即若離，跟「無求於人，亦不欲爲人所求」的自了漢性格有關；但我並非無視於宗教團體有能力興辦大事業用以回饋社會，至少對教團辦學校以及設醫院仍有所肯定。像我畢業於天主教輔仁大學並取得三個學位，在基督教東吳大學及佛教華梵大學長期兼課，又曾參與佛教玄奘大學及南華大學的籌設，皆對之心存感激。記得在南華任教時，龔校長再三強調，謂我們是佛教辦大學而非辦佛教大學，於是校內葷素不拘，起初倒也相安無事。後來因爲學生成年禮上阿里山走一回，然後把原住民鄒族的烤乳豬習俗搬進校園師生同樂一番，卻引起捐款興學的茹素信眾強烈反彈，鬧得沸沸揚揚全國皆知，結果以校長下臺了事。近來看見名導蔡明亮去輔大推銷其同志電影門票而被請出校園，可見宗教團體自有其道德底線，外人宜避免犯忌。

　　說起教團辦學校，最有組織體制的天主教始終積極投入且影響深遠；像臺灣生命教育最早便奠基於一所天主教女子中學的宗教與倫理教育之上，起步更早在半個多世紀以前。教育學者徐敏雄著有《臺灣生命教育的發展歷程》一書，指出位於臺中的天主教曉明女中自1963年創辦起，就將教義融入生活指導教學之中，後來逐漸發展成爲集講授與體驗於一爐的倫理課程，編撰有國高中六年十二學期的教材與教師手冊。令人意外的是，1996年臺灣省政府教育廳竟直接將這所天主教學校的倫理教育教材全盤照收，改以「生命教育」之名，於次年向全省國高中積極推動。而我正是在那一年到南華辦生死所，很自然地跟官方生命教育搭上線；然而才不過兩三年，就碰上精省、大地震及改朝換代，生命教育竟因此水漲船高，由地方升級爲全國教育政策，一直施行至今。

　　2000年民進黨首度執政，新任教育部長曾志朗爲心理學者，對生命教育情有所鍾，乃宣布次年爲「生命教育年」，並編列大筆預算以推動四年中程計畫。當他興沖沖地組成「教育部推動生命教育委員會」

不久，就有人投書質疑爲何絕大多數委員皆具深厚宗教背景，是否有意將此一取代傳統德育的政策帶往宗教途徑走去；更見新儒家學者認爲政策揭示生命教育有容乃大，爲何傳統人文學者在其中卻完全缺位。其實我從一開始就嗅出宗教團體物以類聚掌握資源，而將儒家學者排斥在外的趨勢。至於我自己因爲嚮往道家自然境界，也不見得認同儒家人文傳統，乃於深覺吾道頗孤的情況下，獨力撰成近二十萬字《生命教育概論》一書，大力批判官方意識型態，更以「華人應用哲學取向」，標幟出日後開啓大智教化民間途徑的先機。

5.生死學

如今回想起來，我的生命學問事業理當是接下傅偉勳未竟之業，1997年在南華辦起生死學研究所開始的；於此之前，我只是一個以科學哲學寫升等論文、在通識課上講授應用倫理學的平常學者而已。傅老雖爲佛學專家，但是替佛教辦的大學籌設生死所純屬偶然，那只是龔校長受到佛光山星雲法師邀請興辦南華的因緣，緣起後來又奇妙地部分流轉至我的手中。傅老壯志未酬不幸往生，我出任首屆所長後，立即面對學科建構的問題。畢竟「生死學之父」只提供了一幅簡略的理想藍圖，我隨同五位老師加十五名研究生只好摸著石子過河，邊走邊學，走一步算一步。四年後我離開嘉義返回臺北，替空中大學開授「生死學」，一年兩學期加起來近萬人選課，也算蔚爲風潮。此刻新興的生死學之於我雛型已具，只是仍停留在西化科學取向階段。

2003年上半年疫病流行期間，我閉門替專門出版醫護教科書的華杏撰寫《醫護生死學》，首度提出「生物─心理─社會─倫理─靈性一體五面向人學模式」，用以建構生死學考察整全的人之五方視角。如此基本上雖足以面面俱顧，無所偏廢，但仍未及於本土關注，直到下半年動筆寫《教育哲學》，始拈出「華人應用哲學」的大纛，從此回歸對於中華文化的認同。傅老晚年曾明確表示，其生死學乃係西方死亡學與中國

生命學之整合，並撰有《學問的生命與生命的學問》一書，以示對新儒家牟宗三所提「生命的學問」與劉述先「生命情調的抉擇」之認同。牟宗三更點出生命學問要以「生命中心」而非「知識中心」爲治學途徑，這的確是生死學的學科建構不二法門。生死學一如人生哲學，用以樹立生死觀或人生觀，並躬行實踐。

　　放大來看，生死學、人生哲學等學科，如今都已列入高中生命教育類課程，指引即將邁入成年的青少年安身立命、了生脫死。臺灣各級學校的生命教育大多具有一份使命感，相關課程在各家教團的加持下，更類似宗教教誨。像佛教福智基金會便傾全力自辦學校，從幼兒園到高中一應俱全，用以推動佛法生命教育。我站在大智教化立場，原則上樂見教團認同支持此一教育政策，也將宗教信仰視爲人生中充滿喜樂的美感體驗，並提出大智教化共襄盛舉。但我心目中的大智教化跟各家各派宗教相異之處，即在於除開放的教義外，完全排除教主、經典、儀式、皈依等條件；也因此大智教化雖同樣在社會上宣揚，卻不是團體制度宗教，而屬個人自我教化。它本於「文理並重、東西兼治；物我齊觀、天人合一」的旨趣，用以自度度人。

三、道與隱

1.林語堂

　　臺灣官方生命教育圍繞著「天、人、物、我」四者的互動關係而開展，大智教化認同此點並予深化，乃有上述四句教之實踐方向。但是人生諸多作爲中，其實蘊涵著無爲的種子，無爲又辯證地走向無不爲，從而爲而不有。大智教化想表達的並非神秘教義，而係世間常識。我是波普式常識實在論者，確認人終不免一死，而且人死如燈滅，是非成敗轉

頭空；但人又是清醒地活著才想到這些道理，卻不能就此懷憂喪志，反而應該置之死地而後生，走向爲而不有之途。爲而不有反映出道家式處世態度，它是對儒家式積極作爲的一種收斂機制，一旦儒道融通，則傳統文人的「仕與隱」兩難抉擇，就得以迎刃而解。古代官場可以類比於今日職場，但古人的出路較爲封閉，選擇退隱不做官有可能餓飯，莊子和陶淵明都有此遭遇。

　　一般多將隱居不仕歸於道家情懷，但這終究還是得放在儒家的社會背景中看，方才顯出其意義。換言之，道家的出世或避世，是與儒家的入世及用世呈現一定的相對性質，不見得互斥，更好視之爲互補的可能。我對此點有所領悟，多少是受到林語堂名著《生活的藝術》的影響。此書寫於抗戰初期，乃係《吾國與吾民》一書接著講；二者先後以英文在美國出版，向西方人引介中華文化與傳統思想。當時林語堂正值不惑之年，對道家生命情調情有獨鍾，秉持晚明公安派「獨抒性靈」的寫作風格，勾勒出幽默對於性靈生活的不可或缺，遂被國人貼上「幽默大師」的封號。幽默來自退一步想的自我調侃，對人生不如意時的自我解套頗有助益。我初識此書時正面臨考大學前夕的心情七上八下，一朝讀畢頓有醍醐灌頂的清涼效果。

　　林語堂受的是語言學訓練，當過大學教授及校長，爲二十世紀舉世聞名的華人作家，晚年則以編纂漢英大辭典著稱。幾乎沒有人會把他視爲哲學家，但他的確曾有意將《生活的藝術》命名爲《抒情哲學》，以示對中華文化的情意結晶進行整理，然後有系統地介紹給西方世界。也因此他在書中鋪陳出一些名不見經傳的小品文章，予以發揚光大，呈現令人驚豔的文學佳作，例如《老殘遊記》、《浮生六記》等等。林語堂去世後歸葬臺北陽明山故居，距離我家不遠，已開闢成紀念館，偶爾上去喝杯咖啡憑弔一番，仍覺十分親切。想我高中時代雖曾涉獵「存在主義—道家—禪宗」三位一體的思想，卻不見得領略箇中三味，直到聯考前夕在林語堂的字裡行間尋找慰藉，才眞正得以海闊天空、豁然開朗。這就是我初次對自己所進行的大智教化。

2.莊子

在興辦都江堰國學院時，曾聽說有十幾歲的小娃兒能記誦三十萬言古文，不禁大感吃驚。想我年輕時背《四書》，見《論語》的格言式章節尚能應付，至《孟子》長篇對話論辯便覺苦不堪言；如今有人能將莊子怪誕寓言字字深植腦海中，可謂後生可畏。猶記大學讀老莊哲學，總覺得二人寫作風格大異其趣，思想上卻歸於一家，頗覺新鮮。後來走進生死學及生命教育，發現人人都推崇莊子卻不論老子，果然二者仍有出入。傅偉勳指出，老子除以「各歸其根」比喻死亡外，未見多所發揮，而是對焦於政治社會之「道」；相反地，莊子則不言群性，而專注於個人精神解脫，遂成「中國生死學的開創者」。莊子好講故事，篇篇發人深省；尤其是他對死生之事的豁達，更令我覺得雖不能至心嚮往之。不過更有意思的是，後來有人拿他來說故事。

明代馮夢龍寫了一篇「莊周戲妻」的故事，後來改編成京劇「大劈棺」，為哲學家的婚姻生活添增一份傳奇。話說莊子路見有新寡婦人搧墳，以求土乾而盡快改嫁，告知老妻田氏而為其所不齒，便決定一試己妻之貞節。他先詐死再請學生來家守靈，藉機勾引田氏，謂有病需以人腦醫治，田氏遂欲劈棺取莊周腦髓為之治病，莊子立即現身，田氏乃羞愧自盡。此戲後來引起女性主義者的批判，但純屬虛構。然孔子休妻及蘇格拉底畏懼河東獅吼倒是真有其事。蘇婦凶悍，令他不敢回家而在外流連，竟成街頭智者受人崇拜，卻也引來殺身之禍。孔子在家正襟危坐，連吃肉都須切得方正否則不動筷，如此挑剔不管那個太太都吃不消，在未休妻前恐怕早已為妻所休。當然這一切都是花絮，卻可為哲學家的不朽思想，呈現出生命景深。

莊子真正為人傳頌的，實為妻死鼓盆而歌的故事。另一位大哲學家惠施來弔喪，見狀不解乃責之，莊子便提出他那有名的氣聚氣散「齊物」之說，謂人生在世實為天地之氣的凝聚，死時吐出最後一口氣又

回歸天地，如此一切自然而然，實無需悲傷。這種過人的豁達，在另外一篇故事中更見發揮。某日莊子對學生謂自己死後便就地掩埋，不必厚葬；學生不捨老師遺體恐遭野獸啃食，莊子表示即使厚葬亦有腐敗之日，屆時仍為蟲蟻所噬，何以厚此薄彼。光是這一點，就足以與佛家的「臭皮囊」之說，以及藉「白骨觀」證道相輝映，更為今日提倡環保自然葬奠定了思想基礎。人死如燈滅，復歸返自然，看似唯物其實更唯心。也難怪後來馮友蘭用階級鬥爭觀點重寫中國哲學史時，要把莊周打進唯心主義陣營裡去而加以批判。

3.陶淵明

搞階級鬥爭出身的中國共產黨，口中講著為人民服務，建國六十多年後卻儼然成為新階級，難怪黨中央要積極打貪腐倡廉潔，以免到頭來亡黨亡國。同樣是在政治腐敗及改朝換代時期載沉載浮的陶淵明，竟然能夠憑著僅有的幾百首詩文而名垂千古，立言以不朽，可謂真正擁有大智慧之人。陶潛身處東晉與南朝交替之際，為官三進三出，終因不願為五斗米折腰而成自耕農，自食其力以終老。他所在的四、五世紀早已獨尊儒術，而佛教則傳入未久，但這些都不致影響他崇尚道家的靈性生活；辭官歸隱即由儒轉道，寫詩藉「形、影、神」對話以自我表白，則不啻為其現世主義作出最佳註腳。其詩以「縱浪大化中，不喜亦不懼；應盡便須盡，無復獨多慮」收尾，化生活常識為生死智慧；而於〈自祭文〉中要求「不封不樹」，更屬自然葬之表率。

在歷史的漫漫長河中，陶淵明的田園詩人隱士形象顯得清高傲人，但是他最引人入勝之處乃是其率真的天性，如是隱逸之姿又轉為平易近人了。淵明之真性情無所不在，年輕時為愛欲驅使寫出〈閒情賦〉，頗具情色想像，被其後編纂文集的蕭統視為白璧瑕疵，其實這才是文人形象真正躍然紙上。至於他當官時拿公有地不種莊稼而改植釀酒原料，顯示貪杯之志理直氣壯。入老後對五個兒子不成材雖無可奈何，卻又訓勉

待人之道應有同理心，畢竟「此亦人子也」。這樣的生命形象容或不符
儒家所期，更難令佛家所喜，卻是道家的典型人物。他之所以為後世所
欽羨景仰，部分是因其人格可親，部分也反映為亂世中明哲保身的大智
慧。莊子早就看見官場之險惡，淵明之前的竹林七賢更是深受其害；因
此他雖曾有「猛志逸四海」之願，終究仍為生不逢時而歸守園田。

　　陶淵明與下面要談的白居易和蘇東坡，都是儒道融通最為成功的
傳統文人；白居易曾模仿陶淵明的〈五柳先生傳〉而寫成〈醉吟先生
傳〉，蘇東坡更是寫了百餘首「和陶詩」，無論在音韻和內涵上，都有
意效法七百年前的人格典範。從大智教化的觀點考察，陶淵明對死生之
事的反思格外敏銳深刻。他雖身處亂世，也曾接觸佛教思想，卻堅持擁
抱順乎自然的現世主義，不對死後生命寄予任何希望。這種「硬心腸」
的務實人生觀，可說是中華文化一大特色，值得在現今積極提倡。人死
如燈滅，惜福度一生，此即大智教化的終極關注。每個人無論如何就只
有這一生一世，如何善自珍惜就看各人運用之妙。但重點是要真情流
露，而非矯揉造作。陶淵明詩如其人，平凡中見真章。白居易和蘇東坡
同樣平易近人，他們都是你我尚友古人的最好對象。

4.蘇東坡

　　「陶、白、蘇」三位先賢是我心目中傳統文人的典型，我敬佩淵
明的率真，羨慕東坡的才情，卻認同居易的務實。大智教化主要設計為
二十一世紀成年華人的生命教育，如今已是商業當道、科技掛帥的時
代，人人都應追求中產生活，在安定中求進步。這個時代學陶淵明的不
為五斗米折腰而自討苦吃，或是像蘇東坡的禍從口出而得罪當道，二者
皆屬過與不及；唯有白居易於中年後見有志難伸，乃由兼濟轉向獨善，
拈出「中隱」之道以安身，識時務者為俊傑，最值得今人效法。中隱之
道容後再談，現在先看看蘇東坡的人生智慧對於大智教化有何啟發。我
認為他最了不起之處，就在於宅心仁厚地不計較。正是這種開闊的胸

懷，助其在一次又一次的困頓中逆來順受；雖然「一肚子不合時宜」，還是在歷史上彰顯出獨特的行事風格，從而永垂不朽。

蘇東坡也許是北宋時期最有名的詩人，連皇帝及太后都喜歡讀他的作品，甚至因此而躲過一劫。其實宋代對文士頗為禮遇，「刑不上大夫」，為官者很少被處死，頂多是貶謫流放。有回東坡為小人陷害下獄，憂心忡忡以為必死無疑，到頭來還是皇上愛才得以輕判獲釋。北宋京城汴梁就是今日河南開封，我曾三度前往該地的河南大學演講或授課，嘗尋索「清明上河圖」之遺跡。無奈開封近黃河，千百年來發過多次大水，早已將宋代京城淹到四層以下地底去了，令人不免悵然。不過更令我這個愛智弟子遺憾的是，文學家蘇軾、蘇轍二兄弟，與哲學家程頤、程顥二兄弟同朝為官，各代表當時的「蜀派」與「洛派」學問路線，彼此卻因政治立場不同而互相攻訐，無法發揮讀書人心智靈明的激盪效果，在千年以後回顧不免可惜。

古代文士多以儒家信徒自居，要想兼濟天下唯有為官一途，而任官的科舉考試卻是作文比賽。蘇氏家族人才濟濟，父子三人皆列名「唐宋八大家」，且均為進士。古代自秦以後便廢封建行郡縣，全國約有一千五百個大大小小的縣治，進士入仕都有機會下派地方當縣令而為父母官。想想看今天一個大學生或研究生高考及格，一旦派去當縣長是何光景，恐怕大多眼高手低無能為力。但是當我們走在杭州西湖，看見「蘇堤」、「白堤」佇立其間，便不由得敬佩這兩位大詩人果真文治武功都在行。此外像王陽明還帶過兵打仗，可見儒家教育的確不容小覷。大智教化對於以兼濟作為生涯發展的方向基本肯定，但仍希望人人勿忘獨善之可能與必要。太多人想要兼善天下，容易導致天下大亂；獨善其身的工夫就像一道安全閥，讓人有為有守，無過與不及。

5.白居易

對兼濟與獨善反思再三，並提出一套理念基礎且具體可行的傳統

文人，大概只有白居易。白氏生於八、九世紀間的中唐後期，當時朋黨對立加上宦官干政，政治情勢險惡到宰相被暗殺及皇帝被架空，年輕時尚有一番作為的詩人，至中年遇貶見有志難伸，思緒為之一變，開始實踐他獨創的「中隱」之道，從而躲過殺機並安度晚年。在白居易之前有「大隱隱於朝，小隱隱於林」的傳統，前者係身為高官但不問政事，可遇不可求；後者則道不同不相為謀，卻可能三餐不繼。一介文人既然學而優則仕，則不應輕言放棄，最好是官照做，但更尋思改善個人的物質與精神生活，從而「中隱隱於市」，這便是白居易的獨到發明。他初次被貶為閒官精神鬱悶，只好到處遊山玩水；漸老後則主動找閒官做，從而充分享受獨處之樂。當時制度上設計得有閒官可做，中隱便水到渠成。

時至今日，生存競爭激烈，不可能有閒差事任人挑選，但經過轉化的中隱之道，仍是令人得以獨善其身的方便法門。所謂「中隱」，可解釋為「不積極作為」，但非「積極不作為」；後者乃「打混摸魚」不足取法，前者卻是照表操課「做一天和尚撞一天鐘」。倘若和尚的職責只是準時撞鐘，那麼時候到了就去撞，其餘閒事都少管。這點乍看之下似乎沒有責任心，其實卻是最負責的態度。它可視為道家思想尤其是楊朱一派的忠實體現，亦即「拔一毛而利天下不為也」。此種「貴己」精神推而廣之，則人人得以「獨善」，又何須勞駕「兼濟」。當白居易一旦決定走向中隱，就選擇自我邊緣化，盡量靠邊站，而把更多關注落在自己身上，以精進文學事業，同時力行養生之道。白居易與陶淵明及蘇東坡一樣愛酒，自號「醉吟先生」；中隱使他成為三人中最長壽者，活至七十有五。

作為一套人生信念的大智教化，鼓勵中年華人追求中產生活，進而實踐中隱之道；這是中華文化裡儒道融通的遺產瑰寶，只有身為東方人的我們才懂得欣賞。西方也有隱士，但跟宗教信仰與神秘主義脫不了關係；相形之下，中土隱士卻走向「靈性即性靈」的精神生活，不必然要遺世獨立。需要再三提醒的是，大智教化主要針對中年以上成人而發，

尤其年過半百之後，自當反身而誠，無向外馳求之誤。個人存在乃係向死而生，一旦由死觀生，便知輕死重生；死生有命，大限之前唯有愛生惜福方為正道。我手寫我心，本書講述個人體證之所得，說與有緣人聽。有容乃大，無欲則剛，在現今這個目迷五色、顛倒夢想的時代與社會中，學做一個平實、平淡、平凡的自己，不與人爭，自行其道，自求多福，自得其樂，不亦快哉！

下篇：生活

壹、生存競爭：人生第一齡

　　《學死生》以上篇談死，屬人生的應用哲理；下篇論生，歸人生哲理的應用。此一哲理之應用乃係依據人生三階段次第開展，即從出生至謀得穩定職業的「生存競爭」第一齡、自就業至退休的「生涯發展」第二齡，以及退休以後的「生趣閒賞」第三齡。一個人的生存競爭是從不自覺到自覺，一旦自覺則有可能奮發圖強；但在懵懂的孩提及少年時代，許多決策都來自父母和老師，因此我將從父母的決策說起，而整個人生的起點就在於生與不生。父母決定生兒育女才有後續的故事，包括家庭教養及學校教育等。人們會生不必然會養，親職教育遂成大學問；尤其當科學家發現「三歲看一生」，學齡前教養更具有關鍵性。不過話說回來，我們這一代所受的幾乎完全是傳統教養，卻也不見得比現在的孩子差，西式養育也不一定獨好。

　　西方人好講「愛的教育」，不能打不能罵，養得孩子個個坐地稱王。偏偏有華人母親在西方社會以「虎媽」姿態管教小孩，雖然產生令人驚異的效果，卻也引起一陣譁然。這固然牽涉到東西文化對人性與教育的假定有所出入，更重要的恐怕是孩子本身的個別差異。俗話說「一種米養百樣人」，生性溫馴的羊兒再怎麼也不會變成吃人老虎，反之亦然；因此古代「有教無類」加上「因材施教」的理想與方法，在今天看來仍有一定道理。說來慚愧，我因為沒有生養小孩，所以對於親職教育之種種，純屬個人想像下的紙上談兵，頂多包含一些對別人養孩子的觀感。不過對於學齡後的正式教育，倒是頗有自身體驗的看法。這一方面是我從小學念到大學，多少有些印象記憶；另一方面則是曾任教於教育研究所十餘年，教到不少中小學教師。

　　依我的常識區分，個體「生存競爭」階段大抵是從出生到就業。其中十二年國民基本教育由國家提供受教資源，從而降低部分競爭風險；至於有些幸運兒靠著雙親供養念完大學，不啻另外的風險分擔。然而無論如何，身處資本主義商品經濟運作的社會中，每一個體均無逃於成為「人力資源」而遭流動分派的命運，此即走向「生涯發展」階段前的職場競爭。這番競爭有可能速戰速決得以安身立命，例如通過某些實習或

考試順利擁有正式職位；也有可能長期載沉載浮不斷嘗試錯誤，到頭來終於修成正果。前者像是過去的中小學教師，師院或師大畢業便能分發教職，前途清楚預見；後者如我退伍後無以為繼到處打工，然後回頭讀博士，當上老師已比別人遲了五至十年。好在如今已屆年退休，想來恍若隔世，唯藉書寫以話說從頭。

一、生育

1.生兒或育女

　　大智教化在理念建構上採由死觀生途徑，但於考察日常生活時，仍秉持常識而順著生老病死次第鋪陳。事實上本書下篇前兩章所討論有關生存競爭與生涯發展之內容，皆涵蓋於「生」的方面，其餘「老、病、死」則主要發生在人生後期，有必要用生趣閒賞的心態去自我調適與安頓，此即輕死重生的真諦。依常識看，「生」既指始點又表歷程；人雖為向死而生，但鮮有人真正將此一歷程視為「向死」，而無寧是假定持續地「存活」。至於存活的源頭乃是出生，而每個人的出生皆身不由己，因為此屬父母之決定。華人社會長久流行「男大當婚，女大當嫁；不孝有三，無後為大」的觀念，雖然現今出現少子化逆流，但此等儒家式觀念仍深植人們腦海中，為人父母者還是不時會對子女碎碎念，畢竟他們正是如此一路走來。夫妻一旦決定生育，即有可能為人父母。

　　我結婚至今三十一載，二人自始便選擇不生養子女，因此不曾為人父母。但根據我的常識之見，要生就應該生兩個，未來子女成長、父母凋零，人口並未增長。此一簡單道理大陸當局最近終於想通了，於執行三十多年「計劃生育」後，決定全面「開放二胎」；請注意是「二胎」而非「多胎」。還記得小時候臺灣也在推廣「家庭計畫」，喊出「兩個

恰恰好,一個也不少」的口號,但盡量防止超生多胎。我成家去戶政單位辦理結婚登記時,還得先前往家庭計畫櫃檯報到,在一大堆琳瑯滿目的避孕器材中擇一二攜回使用,並留下聯絡地址和電話。他們連續三年來電詢問是否已生育,告知尚未「做人」成功,對方竟再三稱謝,而結束此一長期追蹤調查。事過境遷,到如今政府還要編列預算,以鼓勵並補助生第三胎的家庭,果真是「十年河東,十年河西」啊!

我雖然自己不想生且堅持到底,但見人只生一個就忍不住想勸進續生,因為獨生子女著實孤單,而我就是如此成長的。父母在我出生未久便離異,我跟著母親生活至八歲她再婚,又過了五年生父把我接過去住,生命裡才有了兄弟。在我有限的經驗中發現,具備手足之親,等於在學校之外的家庭生活裡,擁有著類似教室同窗的小社會,對訓練合群有所助益。話說回來,生太多雖熱鬧也累人,一家四口恰恰好;最好是一男一女,不過兄弟或姐妹也不差,將來只要都找得到配偶就好。大陸由於長期出現城鄉差距,加上務農人口始終占大多數,傳統重男輕女的偏見揮之不去,使計劃生育下的男女比例嚴重失衡,至今可能有千萬以上適婚男性討不著老婆,從而形成社會問題。我相信生兒育女係受演化機制調控,人為干預有可能出現災難,不可不慎。

2.非婚或無後

結婚生子或為傳統華人典型生活樣態,但是時至後現代,選項至少有四而非唯一:結婚生子、成婚無後、不婚無後、非婚生子。以我和太太而言,選擇的是第二種情況,俗稱「頂客族」,即夫妻雙方都有收入,但自願無後,這或許正是近年少子化的嚆矢。少子乃指不生,但並未意味不婚,畢竟不婚在原則上就談不上生或不生。相較之下西歐北歐一些先進國家,有些人不信任婚姻卻喜愛子女,於是選擇非婚生子。由於人家民風成熟,政府又有配套措施,讓非婚生子女無憂無慮地成長,換到咱們這兒就行不通了;像報戶口從母姓,上學就可能惹來閒言閒

語，恐非單親所樂見。大智教化雖然宣揚的是大智慧，其實很多是從小常識中提煉而得。小常識告訴我們，結婚生子兩個恰恰好，非婚生子可能面臨千夫所指，至於無後或不婚，於今尚無不妥。

猶記早年有位女作家黃明堅寫書提倡「單身貴族」一炮而紅，此一標籤立即引起人人稱羨。她十三歲便立志單身，四十出頭著書立說猶不改其志；但其擁有企管專業及高學位，在國內外數家公司當顧問月領高薪，堪稱「貴族」而無愧，其餘大多數人便不可同日而語了。在我看來，單身容易貴族難；想當貴族不但要有錢有閒，還得具備心理建設和精神武裝，以單身為貴為榮才是。尤其是有些人因擇偶未遂不得已而單身，那便距離貴族境界更遠了。由於婚姻不止於床上多一人、桌上多雙筷那般單純，而是二人生活史甚至生命史的交織；以平均餘命八十上下的你我而言，年過不惑尚未及婚嫁，就可以考慮單身終老的可能了。不婚非婚的單身狀況並無不妥，「一人吃飽，全家不餓」，反而更形自由自在，但於入老前必須未雨綢繆妥善安頓。

單身人士要先行安頓的是養老和壽終之事，例如入住養生村及購買生前契約等，這些在無後的夫妻間也應列入考慮。無後有自願與不育之分，後者尚可以領養補償之。而一旦只有二人過活，則「年少夫妻老來伴」便非虛言而應予以正視。其實在少子化流行或「久病床頭無孝子」的現實中，有後無後的情況也許差不多；至於「養兒防老」之說，則萬萬不可深信，以免後悔莫及。我當然不是說現今年輕人都不會善盡孝道，但也要替他們著想是否「行有餘力」？畢竟目前社會上大多為只有上下兩代的核心家庭，為人父母的基本責任就是養育未成年子女，至於反向「厚養」自己的上一代，則得看情況允許與否，旁人實不宜以不孝苛責之。而老一輩對此也應有經濟與心理雙重準備，求人不如求己；像是生死學所許諾的「厚養薄葬」，不如自行處理來得好。

3.少子女化

　　我和太太結婚前就決定不生養子女，可謂今日少子女化的始作俑者或是先驅。其實我的母親亦有此遠見，她跟父親生我未久便仳離，後來嫁給繼父近四十六載，卻決定不再生育，於是我成為他們唯一的後人，也只有我先後為二老送終。母親係長壽有福之人，活至九十有二壽終內寢；繼父較母親年輕十歲但早十六個月辭世，唯僅因癌末住院三週，且亦年逾八十，仍堪稱福氣。繼父罹病由母親照應，待其走後母親則歸我養；我將她遷居至附近，用其年金僱一外勞全天伺候，有空就過去陪她。在最後一年多的短暫相處期間，我學會了如何妥善使用輪椅，從而幾乎每天早晨推她逛公園，並曾搭上捷運遠至淡水及新店遊走。那是一段難得的快樂時光，如今倏忽七載，在寫作本節時，偶然發現五天後竟是她老人家百秩冥誕，可堪誌慶也。

　　深受存在主義思潮影響，我自年少即嚮往特立獨行的生活，彷彿不如此難以彰顯自我，事後想來不免覺得刻意與稚氣，卻已習以為常，就這麼一路走來。原本我不認為自己會結婚，因此成婚那天感覺很奇妙，似乎真的就跟單身歲月一刀兩斷，走向人生新旅程。我選擇婚姻的原因之一，正是遇見一個跟我同樣不想生小孩的女人，這種際遇在當年可是打著燈籠都找不著啊！不怕別人罵，我曾經花了一番工夫為自己的無後主義找尋「存在的」理由，後來讀到叔本華的書才恍然大悟；他曾說「一個人的智力與其忍受噪音的程度呈反比」，於害怕小孩吵鬧的我可謂正中下懷。我喜歡小貓小狗甚於小孩，在太太眼中我始終是個長不大的孩子；或許這也是另外一個理由，自幼獨生卻已習慣孤單的我，長大後不希望生命裡出現其他小孩。至於太太的理由比較偉大，因為她不忍將來跟孩子分離。

　　記得李敖的老師殷海光形容自己是「頭腦複雜、心思單純」，我對此心嚮往之，卻自認二者皆不到位，以致顯現出一副什麼都不在行的

拙態。最近讀到村上春樹寫的《身爲職業小說家》，很羨慕他寫道，早晨沖杯咖啡坐於案前，攤開四百字稿紙連寫四、五小時，一天只寫十張紙便告一段落。他後來寫成全球知名的暢銷小說家，而我也曾經每日晨起攤開稿紙書寫，無奈寫出來不是論文集便是教科書，根本沒有銷路。以前當老師時還可以向學生推薦自己寫的書；花甲後自願離退，有許多空閒時間在家裡發展大智教化奧義，寫成書卻無奈地發現讀者群不知何在？臺灣少子女化的直接結果，是大學即將於今後數年關門三分之一。不少同道都選擇提早退休，以免被迫走路；但沒有小孩及學生的生活，於我卻意味著海闊天空、自由自在。

二、養育

1.虎媽

我不信教，並無妨於我認爲信教本身屬於美感體驗；同樣道理，我不生養小孩，卻不否認別人生兒育女得以享受天倫之樂。人生一如小說家昆德拉所言，乃是「不能承受之輕」，基本上就像單行道與不歸路，沒有重來的可能。如今我已堅持無後三十一年，套句京戲臺辭：「別說沒有兒子，連孫子都給耽誤了。」偶然想起，的確不知道究竟有何利弊得失。不過話說回來，我的家族非但沒有傳宗接代的問題，而且人丁興旺，同父異母兄弟所生下一代共有九個子姪輩；最有名氣的叫艾力克斯，是電視上常見的藝人，經常看見他們一家爲保健品「善存」所做的廣告。他有一個小女兒，號稱我們家八十年來唯一的女生。其實家族觀念放大來看，沒有女兒有媳婦，沒有兒子有女婿，一切便皆大歡喜。至於像我什麼都沒有，則欣賞空靈亦是美。

現代人慶生學西方講究辦派對大吃大喝，我小時候每逢過生日，就

被母親念到這天是「母難節」，應該粗茶淡飯以報養育之恩。這似乎是典型的儒家說法，不過我們倒沒有真正地粗食，因為母親也想帶我外出慶祝一番。印象裡她不怎麼管我，而在那個惡補年代，嚴厲管我們的是學校和老師。尤其我念的是私立小學，在強力補習之下，班上三十八人考初中全員上榜，我還名列第一志願。八歲以前我是跟母親同住的獨生子，後來有了繼父待我也不差；倒是初二起歸生父養，開始感受到較嚴格的家教。好在我這個人雖然思想異常，行為卻不叛逆，反而在高度自覺下相當自律，除了功課差兩度重考外，不曾給學校和家庭添過麻煩。因此以個人經驗來看，我並不認為自己需要一個「虎媽」來鞭策，一切順乎自然終會恰到好處。

「虎媽」之說來自一位華裔美國法律教授，她出書力陳自己的鐵血教育，得以讓兩個女兒力爭上游，從而出人頭地。新書一出版立即引來正反兩極的意見，支持者認為將東方文化的威權傳統帶入家庭養育及教育之中，足以讓身為少數民族的下一代，更易於在美國自由開放的環境中掙得出頭天；反對者則信誓旦旦，不允許外來移民用異文化陋規，破壞美國先民所建立的尊重個體傳統價值。舉例說明也許更清楚：「不打不成器」的華人教養方式，在洋人社會是會被判虐待子女而坐牢的。東西方文化差異尚且不止這一端，人家在善待子女之外，可是沒有孝順父母的要求；換言之，親情愛心主要對下不對上。當然不能說洋人不敬重父母，然而自己一旦成家立業、生兒育女，父母便自然不算是一家人，必須自求多福。其實臺灣也已步入「核心家庭」社會，此事同樣必須正視。

2.羊子

以「羊子」對「虎媽」只是取其相對性，後者實代表嚴管勤教的父母，而前者可指有待馴化的下一代。「嚴管勤教」四字是我以前任教的銘傳商專老校長包德明口頭禪，但她老人家可不只是說說而已，而是身

體力行貫徹到底，並形成爲悠久傳統。結果銘傳上課堂堂要點名，且考試作弊被逮必定退學，二者至今猶然。學校過的是團體生活，適當的嚴管勤教理所當然；家庭教養面對的則爲極少數個體，尤其在少子化衝擊下，恐怕就只是一個寶貝兒子或女兒，似乎不必太講原則，而以因材施教爲佳。再說家庭教養主要集中施行於學齡前，但現今有些父母將子女送至幼兒園甚至托兒所，雖然取代了部分家庭教養的功能，卻也在無形中減少親子相處的機會。尤其當科學家提出「三歲看一生」的論點，家長更應該珍惜自行教養的機會才是。

「三歲看一生」反映出「學習關鍵期」理論，這是1973年諾貝爾醫學獎得主勞倫茲的貢獻。他根據數十年的動物行爲觀察歸納，發現各種動物都有其學習關鍵期，必須在此前予以有效刺激，以免學習能力受阻。像小雞小鴨小鵝破卵出生一張開眼睛，就跟隨會移動的物體認作父母開始學習，而人類則必須在三歲前盡可能接受大量刺激，以利日後學習。倘若生活所需的刺激或訊息經常被剝奪，則日後要補救十分困難。這點已通過猴群實驗被證實，即在一群小猴內將其中一隻取出，予以長期隔離獨處，待其長大後完全無法融入原有猴群而被孤立，甚至喪失交配能力。記得數十年前有一幼兒因過動被父親囚於籠中，至學齡前始被救出，測得其一般智力正常，卻完全難以學習，後來雖被送至中原大學心理系加以訓練，上國中年齡仍只有初小心智。

「三歲看一生」的知性作用由此可見，但於情意面的影響可能更形深遠，不可不慎。記得有一老同事，購屋後爲付高房貸逼得夫妻倆拚命工作，而將剛學會走路的女兒交給住外埠祖父母撫養，半月一月才過去匆匆看上一眼，幾年下來有天孩子竟然拒認父母，才知道茲事體大，非同小可，令人後悔莫及。由此可見親職教育當從親子關係的培養做起，有沒有關係其實很有關係。上下兩代是否爲虎媽或羊子並不重要，要緊的是得找出孩子的本眞存在，亦即自然天性，此乃爲人父母重大責任。兒童是未曾琢磨的天生素材，臺灣行之有年的教育改革強調「適性揚才」，這點必須從更小的學前期做起，方能產生事半功倍之效。何況學

校教育以外的家庭養育，其實不止限於學齡前兒童，而是一直延續至正式成年前的大學生。父母養育子女的目的，正是讓他們有朝一日也可以善養子女。

3.後生

想到這裡，我就難免對自己的無後主義稍有一絲愧疚；然而發現本身雖無一兒半女，但投身杏壇三十餘載，為調教別人的子女而努力，卻又感到欣慰了。另外還有一項令我慚愧的事情，那便是我有資格教大學和專科，卻不夠格教中小學，結果卻教了十幾年中小學教師，這筆帳也不知如何算才好。任教於師資培育中心與教育研究所以後，我才知道中小學老師是「專業」人士，相形之下，大專教師只算是「專門」人員；這是因為中小學教師要修習教育專業學分，而大專教師則拿到相關系所碩博士學位便可擔任。其實一個滿腹經綸的人只配稱學者專家，卻不必然會教書；我忝列大專教師多年，只能說不斷在困而學之，從試誤歷程中自我修正。如今既已走到離退之後，反身而誠，自忖不曾誤人子弟，亦未辜負所學，近年所拈出的大智教化正是生命結晶。

教師最先決的要求就是不得誤人子弟，我估計三十年下來起碼教過上萬學生，另有萬人以上選修過我在空中大學開授的哲學、生死及教育相關課程。就我所知，學生中後來逐漸培養出幾位大學教授、副教授及助理教授，偶爾讀到他們的學術著作，只能感慨後生可畏，自嘆不如。前文曾提及，我的哲學根柢淺、思辨能力差，自認僅適合也只樂意教通識課。而當我看見生徒輩以學者專家之姿出現在眼前揮灑自如，就只能以「聞道有先後，術業有專攻」自我調侃一番。這其中夾雜著後生可畏與後來居上的複雜心理，以作學問的研究工具與方法而言，看來我就差上一大截。不過積三十載之經驗也並非一無是處，至少理解和表達能力已較過去大為改進，但也難以避免記憶力的消褪；不說過目即忘，更容易出現恍神，此刻只好顧左右而言他。所以今後最多考慮演講，不再授

課獻醜了。

　　人生諸階段也可以從別人的稱呼中得出，除了外面流行不分大小拉交情攀關係而喚「大哥」、「大姐」無需認真外，我正是從「叔叔」、「伯伯」一路被叫到「爺爺」，終於心平氣和地上車樂就博愛座。此外「教授」一辭除被譏諷為「會叫的野獸」外，倒也名符其實。然而不知從那一年起，竟被後生晚輩聲聲喚作「大老」，不免驚覺是否該讓位以免引人嫌。不過事後冷靜地想，江山代有才人出，各領風騷數十載，原本就是人生部分寫照，終能釋然以對了。為人父母養育未成年子女二十載，無不期待他們在各行各業出人頭地各領風騷。在這漫長歲月中，父母不能在子女學齡後，就將教養責任全推給老師。勿忘生育以後的養育與教育，乃是交織發展、相輔相成的；大智教化一向強調從有識之日起的存在抉擇，正是在二者交織中逐漸浮現。

三、小學

1.孩子王

　　我自2003年起連續十年任教於教育研究所碩士在職專班，連同先上車後補票的學分班，前後大約教過五百名以上在職研究生，其中最大宗生員為小學教師，尤其是女老師。想起這群「孩子王」我就打心底敬佩，她們不但個個修過小學教師專業教育學程四十學分，每週授課十幾二十小時，而且幾乎天天朝七晚五，簡直就是超人。十年看下來，她們主要為前中年期族群，多在三、四十歲之間，生涯穩定後乃決定以進修提升競爭力，辛苦兩年取得學位可換來四年資歷。想當「孩子王」並不簡單，除了需有童心外，基本功至少要會帶動唱，專業術語叫「班級經營」。光是這一點，就讓身為大學教師的我自嘆不如且深感慚愧，因為

這正是我當老師的最大弱項。大概跟個人自了漢性格有關，我不善與人互動，上課常自說自話；雖表達無礙，卻無形中拒學生於千里之外。

面臨少子化趨勢衝擊，「孩子王」的生涯發展受到不小限制和壓縮；學校為因應減班乃遇缺不補，寧以代理或代課老師上場，造成教學品質不穩定。在我看來，不管外在環境變得如何困頓險惡，小學教育無論如何也馬虎不得。如今學齡兒童受的是九年一貫義務教育，而十二年國教亦已起步，這一切的始點正是小一入學日。我小時候曾進過幼兒園，但那是玩耍的天堂，沒有壓力。等待真正上小學，頭一天開學日，制服、書包、鉛筆盒、墊板，還有擦得光亮的皮鞋等一應俱全；詳細情況已記不清楚，但走進校門那股無形壓力，五十七年後的今天，似乎仍然能夠感受到。也因此我對電視上報導的，有國小校長於開學當天扮演卡通人物站在校門口迎接新生的新聞，覺得倍感親切溫馨。這是正式當學生的開始，不管以後要念九年、十二年或是十六年，好的開始總是成功的一半。

我所教過的「孩子王」表現都不差，多少改善一些我對小學老師的成見和畏懼。說畏懼並非誇張，因為我們那個年代不但流行惡補，還輔之以體罰。體罰最初包括打屁股和打手心，後來因為前者不適用於女生，有人又穿上厚重衣褲，施行效果不彰，乃以打手心為主。刑具則是籐條和板凳的板條，結結實實打在皮肉之上，才算真正的體罰。我對此雖非家常便飯，卻已能忍則忍，沉默體會那手心紅腫的熱痛，完全不動聲色。但有些同學就不行了，猶記班上最柔弱嬌羞的女生，難得一次考不好，排列在挨罰的隊伍中，聲聲抽搐著舉步維艱，行至老師跟前竟嚎啕大哭。結果呢？老師心軟啦！只見板條高高舉起卻輕輕落下，可謂從輕發落，但下不為例。這一幕是我小學生活中永遠的定格，偶然拿起小學畢業紀念冊，翻到那捱打女同學的清秀相片，想起老師的偏心，不禁莞爾一笑。

2.校園

又不禁想起「小燈泡」事件了，一名四歲女娃兒隨母親快樂出門，卻被隨機殺人犯當街砍殺，斷首慘死，事後立即引起全民對兒童保護和校園安全的呼聲。小朋友還來不及上小學，悼念她的鮮花祭品擺滿了遇害附近學校旁的人行道，孩子母親理性與感性並陳的表白，凝聚了社會的共識，也呼籲要寬恕勿仇恨。當然隨機殺人正因其隨機而難以預防，但凶手的人格特質早就多見端倪，大家警覺心強一些，活絡對心理與行為異常之人的通報及轉介系統，悲劇也許可以避免。今日社會的多元紛雜現象，在我念小學的半個多世紀前是不曾出現的。那時候雖然保守封閉，但人們大多奉公守法，極少見到暴力案件，更別提傷害兒童。不過有一點可謂五十年不變，那便是小學生上下課的接送大陣仗。這點我在美國也見過，奇怪的是臺北市長卻認為此乃多餘之舉，應予加強訓練孩子獨立行動。

目前在我居住的都會區公立小學操場，於下課後已開放給社區居民從事運動；中學校園則有社區大學進駐，提供終身學習的機會；至於大學更因幅員廣大，幾乎成為外人駐足留連的公園。那校園安全怎麼辦？這其實牽涉到校園定位的問題：究竟為特定場所，還是應該資源共享？我覺得公立學校理當有限度對外開放，私立學校亦不妨從善如流。但中小學校園畢竟是未成年人受教場所，有必要加強監視，不能任人如入無人之境。另一方面，校園安全除了外部維護外，內部管控同樣重要；要形成和諧與友善校園，體罰和霸凌事件都必須盡量防範杜絕。這使我想起自己小學六年，竟然從未跟同學及外人打過架，亦未曾遭受霸凌。當時中年級以上就開始拚課業，進入惡補填鴨的黑暗時期；大家只怕挨老師打，根本沒有心情和能力去惹事生非。

身為獨生子，我的社會化與人際關係幾乎完全是在小學裡面薰習的。當年制式教育多見打罵與填鴨，但也未聞叛逆衝突，這或許是威權

年代逆來順受的縮影吧！重點是爭一時也爭千秋，所謂「四年級生」的同齡人，大多能夠成為中產階級，順利挺到今天。相形之下，五、六、七、八年級一路數下來，究竟後來居上，還是一代不如一代，目前尚無定論。不過看民國八十年代前期出生的社會新血輪，現在正在先後步入職場；像我教過的大學生，語文和資訊運用的能力就比我強多了，「22K」的逆流根本影響不了他們，力爭上游的機會多得是。不過話說回來，主觀條件雖可以操之在我，客觀情勢卻難免成之於人。臺灣的大環境一旦在兩岸關係形成過多負面因素後，就有可能從量變到質變；屆時年輕人有再多本事，都要承受事倍功半的風險。

3.課業

　　想到孩子的課業便激起我心頭之痛，當學生作功課雖說是天經地義，但我上學時好吃懶做，功課拖拖拉拉，有時趕不出來，便覺壓力沉重。尤其是寒暑假作業，到了快開學才匆忙急就章，又怕混不過關，簡直如坐針氈。這種來自課業的陰影，直到上了大學才一掃而空。猶記大一暑假一口氣足足放了十二週近三個月，竟然完全不要交作業，當下真正感受到自由的滋味。但是念大學功課雖少卻仍然有考試，像我這樣臨時抱佛腳的人，碰上難以應付的考試還是會焦慮。當學生必須面對的大小考試，直到我通過博士學位論文口試，總算功德圓滿告一段落。半年後我當上正式教師，邁入生涯發展階段，就開始以考學生維生了。因為不愛考試而產生同理心，我一向慈悲為懷，卻似乎未善盡師道。2012年迎來人生難得的考試，年近花甲去考普通重機駕照，順利通過後竟高興得為文誌慶。

　　一種米養百樣人，我的經驗既局部又有限，不能一概而論。畢竟我學的是抽象的哲學，坐而言多於起而行，加上學成後順利謀得教職，且未生兒育女，沒有太大謀生糊口的壓力，除了長期背負沉重房貸外，多少也算躋身中產階級。因此近年我所提倡的大智教化，主要在於標榜

「中年中產中隱」的價值觀，希望國人行至中年，能夠通過以大智慧自我教化的工夫反身而誠，達到安身立命、了生脫死的效果。由於不少人的安身立命包括生養子女在內，我遂於本書下篇以「生活」為題話說從頭，將生存競爭階段回溯至生育，畢竟有人方才有競爭。不過我的敘事觀點在討論未成年對象時，仍以「大人」視角為之。換言之，筆下有關生存競爭的論述，我直到談大學生活以前，都是以客觀抽離的立場在講述，當下探討孩子課業情況也是一樣。

曾在電影及電視上看見，美國小孩是不帶功課回家的；他們在學校按部就班快樂學習，回到家中就盡情玩耍輕鬆愉快。生存於寶島的孩子或許沒有這份福氣，因為我們要學習的材料的確太多。九年一貫將國民中小學從各別學科教學改以學習領域統整教學，問題是授課教師大多缺乏統整能力，理想遂與現實糾纏，學習領域難以打破學科壁壘，學生反而受到雙重要求的壓力，此實非教育改革及學童學習之幸。記得我在講授「教育哲學」時提及夏山學校，這是1920年代在英國興起的實驗性教學，要學生通過批判性思考，從而自行決定在校學習的內容，頗有存在主義的味道。夏山學校歷經近百年至今猶存，臺灣也有人起而效尤，興辦森林小學；學費雖貴，卻仍有家長樂於共襄盛舉，想必是不希望孩子在制式教育中，被當作教改白老鼠而受苦受難。

四、中學

1.國中

我沒念過國中，當時進的是初中，必須通過聯考按志願分發入學；我以第一志願考取臺北市立大安初中，於1968年畢業，國民中學則自該學年度起始正式實施。長期以來我都對國中很隔閡，直至2001年開始教

到修習教育學程的同學，才有機會涉足。當時學校開辦的是中等教育學程，學生未來將任教於國中或高中職；我除了授課外，還得負責部分學生的實習指導，上下學期各需至每名學生實習學校進行一回訪視。當時銘傳跟一些中學建立起持續性的合作關係，伙伴學校每年都很樂於接受我們所培育尚未出道的準老師去實習，讓我有機會深入各地國高中職從事指導活動，從而對於實施三十多年的國中制度有了較為全面的瞭解。不過更讓我意外的是，大學畢業後三十年開同學會，居然發現班上有些女生已從國中教師崗位上退休，樂享無所匱乏的餘年。

恕我孤陋寡聞，當初還真不知道有此出路。其實我大學畢業距國中設立僅有九年，那時需要大量教師，無奈三所師範大學一時培育不出所需人才，遂讓非師範系統的相關科系畢業生有機會先任教，待補齊教育學分便可轉為正式教師。老同學有意此道者大多而立之前便已安身，授課滿二十五載就選擇屆年退休，也不過五十出頭而已。國中教師有公務員身分，領月退俸尚外帶十八趴，讓我這個後知後覺的私校教師好生羨慕，只能以大智教化自我安慰一番了。不過話說回來，在我的直覺裡，國中生處於叛逆前期，大概不好帶。而根據銘傳畢業到國中任教的校友返校分享心得時，也部分印證了我的疑慮。我可以想像在不准打罵、不能留級的國中校園內，已經不是「孩子王」可以應付得了，要當上「少年王」方能立於不敗之地，這份差事絕非我能勝任。

現今中學除了幾所明星高中還保持單一性別外，大多已是男女合校，國中更要求常態教學而男女合班，這是我念中學時難以想像卻也夢寐以求的事情。小學時班上有女同學，只嫌她們很凶悍；初高中時對異性益發好奇想親近，卻都無奈考上和尚學校；大學進入陰盛陽衰的哲學系，開始時竟不知如何跟女同學用平常心相處。結果悲劇發生了，我很沒出息地迅速愛上了坐在旁邊的女生，而來得快去得更快，一個月後初戀成為夢幻泡影，不過好歹有所體驗啦！回頭看國中問題，再過兩年「十二年國民基本教育」將要全面啟動，國中畢業想繼續上學不怕沒去處，但升學主義的暗潮依然存在。父母寄望子女成龍成鳳的心態雖無可

厚非，卻也造成明星學校的光環無法褪去，仍為大家嚮往追求的目標。但我一向主張爭一時也爭千秋，進明星高中上頂尖大學固然好，生涯永續發展才是正道。

2.高中

高中時期屬於叛逆後期，號稱「小大人」，實為青少年。我自己上成功高中時便很叛逆，但非在外混跡作惡，而是故意特立獨行，一如卡繆所言：「我反抗，所以我存在。」反抗什麼呢？威權時代的言論箝制、經濟起飛的價值俗化等等，所以我選擇加入校刊社寫文章說三道四，並隨學校對面的臺大法學院學生上街頭遊行，到頭來更棄法商而堅持報考哲學系。往深一層看，一個人生涯發展的大方向，以及人生存在的價值感，幾乎都是在此一時期開始型塑；當孔子說「吾十有五而志於學」，以及臺灣教育政策將生命教育列為高中正式課程，都是頗為明智的說法與作法。大概正是它太有決定性了，所以我在存在抉擇方面相當慎重其事，以致別人花三年就可以念完的高中，我則磨蹭了五年才考取大學。這當然是自圓其說之辭，事實多為我的懶散不專心，生活及課業都呈現一團糟。

當年初中畢業可以考高中、高職及五專；包括軍校的高職我不曾考慮，五專裡的師專則不敢高攀，但是高中和五專聯考各征戰兩回，最終選擇「三省中」之一的成功安身。成功中學是日治時代的臺北二中，一中則為建中；其校舍位於市中心，鄰近中央政府機構如行政院、立法院、監察院，交通便捷，唯一缺點是腹地狹小且無從擴充。前文曾提及，我因外務繁多，不安於室，功課一落千丈，高二時很自然地被分發至社會組受教，從此告別科學家之夢。那年頭中學生人人都夢想當科學家，因為距離楊振寧、李政道二人榮獲諾貝爾物理獎僅有十二年，考大學第一志願年年都是臺大物理系。我倒不想念物理，而是受到成功一位生物老師陳維壽的影響想去學生物。陳老師是國際聞名的蝴蝶專家，學

校還爲他的標本收藏專門設立一座小型博物館。

　　生物學之夢後來令我選擇生物系當輔系，勉強算是部分實現；更促使我走向科學哲學研究途徑，潛心二十載終於升爲正教授。於今反思，發覺自己後來投身生死學及生命教育其來有自。因爲我對哲學與生物學感興趣的理由，分別爲「瞭解生命意義」及「發現生命奧秘」；後者屬於「事實現象的說明」，前者則歸「價值本質的闡釋」，這是科學與人文的不同功能取向。當然一名高中生尚無此等認識，只是一味跟著感覺走，反正生命終究會找到自己的出路。我選擇上高中到後來當然只有考大學一途，無奈功課太差而落榜，只好去補習班拚重考。但我實在受不了補習班的塡鴨，毅然決定擺脫惡補採行自學方案，放棄主科只拚三門社會科，亦即歷史、地理和三民主義。此招果然奏效，三科皆超過八十五分，國文則靠作文支撐差強人意，但英文跟數學連加起來都不及格。

3.職校

　　那年乙組文科的錄取率最低，僅有百分之十五，能上榜已經謝天謝地。以男生最低分搭掛上輔大哲學系只覺海闊天空，絕對不會想到四十三年後的今天還跟它若即若離，但已屬強弩之末。寫作此段初稿前後，我還在母系兼課，同一群幾乎可以做兒孫輩的學弟妹大談宇宙與人生；不過本書出版時，就將要邁入全面退休的自由自在。遙想自己教學生涯，非正式起步於二十七歲擔任軍校文史教官，八年後拿到博士學位正式任教，前後教學對象都屬於職校生；包括高職程度的士官班，以及五專前期生。職校列爲「技術與職業教育」，其範圍甚大，涵蓋高級職校、專科學校、技術學院、科技大學，後者甚至設有博士班。這其中我教過高職、五專、三專、二專及四技，後二者用的是念了三年半企業管理研究所僅有的一點本事，講授行銷管理、企業倫理等專業課程。

　　臺灣之所以長期躋身「亞洲四小龍」而有今日成就，實拜工商業統

合發展之賜；光有商業還不足以打天下，必須靠先進工業支撐。日本一向以工業先進聞名，然而其家電業第一品牌夏普竟然被臺灣的鴻海集團併購，同一時期大陸則吃下東芝，可謂「十年河東，十年河西」。我任教後三年因職務需要在職進修，就到政大企管所學科技管理，同學皆為科技界主管不說，連老師都有不少具備工科背景；全班三十人僅有我出身文科，難怪老師及同學都喜戲稱我為哲學家。信不信由人，我這哲學家一輩子考試最輝煌的記錄，居然是考取五專最優學校臺北工專，只不過錄取至六科之末的礦冶工程科，因為疑懼學成要下礦坑幹活兒而放棄入學。後來才知道該科人才最佳出路，竟然是全國獲利最高的中國石油公司，一度不禁有些悵然若失。

　　職校主要為培養學生一技之長以利就業而設計，故以技術性的專門及專業課程為主，其餘修養課程大多聊備一格。像我教軍校常備士官班，跟學生兵講正規國文課皆昏昏欲睡，一旦扯些另類的傳統文化課題，例如算命看相之說，則個個興味盎然。商專國文課情況也好不到那兒去，女娃兒在下面振筆疾書演算會計習題，當我偶爾講兩句閒話時，她們才會抬頭報以青春的微笑。好在對此我已習以為常，視為傳授通識類課程中「必然之惡」。畢竟設計通識的目的乃是補專業的不足，不可能喧賓奪主、本末倒置。了悉此點，我當了三十多年通識教師，遂得以知足常樂。尤其在生存競爭激烈的現今，年輕一代要有出息才是王道，否則說得再多也屬徒然。當我走過生涯階段後，不得不承認「在安定中求進步」的重要與必要，於是回頭為自己的教育事業定位：立竿見影之外的潛移默化。

五、大學

1.專門或專業

　　過去在臺灣雖然二十歲方能投票，但十八歲就已視為法定成年，一旦犯法必須負起全責，不像少年犯可以減刑。另有一點令我更覺有趣，那便是醫學分科主要針對成人，照理未成年都得看兒科；果真如此，就需再細分小兒科與中大兒科了。說起大學生，縱使法定成年，連婚都可以結，但終究一直在當學生，相對涉世未深。這無疑是大學生的可愛處，然而拿四十年前的我們跟今日年輕人相較，又更顯得單純許多，主要是因為後者所涉之「世」起了大變化。我們上學時沒有3C產物，電視也只有三臺；社會上缺少打工機會，想廣結善緣只有參加學校社團。算算大學四年我總共涉足了九個社團，其中有兩種類型直接影響及日後謀生糊口，那便是出版與戲劇社團。課業外我學會編輯採訪，也曾經粉墨登場，竟然於退伍後以二者為業三載，在電視臺編雜誌及作節目。

　　在電視臺任職需要一定的專業能力，其實這來自專門訓練。當初我以輔大哲學碩士身分，在臺視轄下的文化公司當編輯和編劇，同事們多出身世新編採科及廣電科，個個比我專精斯道，我也樂得不恥下問，因而逐漸學得二技之長。只是傳播界尤其是電視圈的風花雪月，通過我的存在眼光觀察，不啻媚俗之下的鏡花水月，自忖非此中人也，想玩也玩不久，乃知難而退，回返校園重當老學生。進博士班時三十有一，老師體恤我勇於吃回頭草，讓我在夜間部兼課當講師；夜校規定男生得退伍方能報考，於是我戰戰兢兢地站在一群年紀相仿的弟兄們前，開始傳道授業解惑起來。最初我教哲學概論，學生感興趣的則是企業概論；後者可以幫助他們安身立命，前者呢？現在我會說哲學足以助人了生脫死，

當年卻未有此參悟，一切只好走著瞧。

當上講師教的頭一班是企管系，學生學的是各種管理專門知識，未來可以「五管」之一為謀生專業，此即生產、行銷、人事、財務、研發。七年後當我踏入企管所進修，終於跟「五管」一一謀面。較有心得的是行銷及人事管理，因為它們都跟心理學有所交集，而我曾於退伍後一年去美國讀了一學期心理系。一般而言，管理人才到處可用，連殯葬業都派得上用場，這是「專門」用於「專業」的例證之一。相形之下，同樣屬於專門知識的哲學可用於何處？過去的出路無疑極窄，除了教書外幾無他途；且一旦未進入哲學系所任教，就只有去外系「花果飄零」，我就這麼消磨掉半輩子。難得的是，近年哲學居然發展出自己的專業，亦即「哲學諮商」。此一新興行業在國內外皆方興未艾，市場雖難以跟心理諮商相較，卻極具發展潛能，讓我們拭目以待吧！

2.研究所

大學四年雜書讀得多，修課也不少；除了念生物輔系外，還曾經有系統地涉足心理學，畢竟心理學源出於哲學。畢業時其實已考取預官，原本準備服完役出國留學，但是當年哲學系留學風氣不盛，考研的興趣卻甚高；班上五分之一的同學報名各種碩士班，我也心癢而去湊熱鬧，沒想到竟考取兩所，最終決定留在熟悉的母校繼續深造。此一決定讓自己跟哲學不斷結緣，一步一腳印念完博士，當到教授，至今已經退休。回首來時路，進研究所尤其是博士班，便意味著要跟本行長期抗戰了。一開始心裡面著實沒有譜，畢竟當時還在傳播界任職，工作能勝任，待遇也不差。但就像上文提及，存在抉擇告訴我，自己非此中人也，乃毅然辭職返校，省吃儉用，全力以赴，結果以三年半的時間取得學位，從此展開正式教師生涯。事在人為，一旦哲學選擇了我，就唯有盡力而為。

以前的社會較封閉，流動性不大，碩士班除了助教外沒有在職生，

在職博士生也多以講師為主，不像現在各行各業齊聚一堂。我教研究所帶碩士生主要是當上教授以後的事，不久各校紛紛設立碩士在職專班，專門提供有志之士在職進修。印象裡教育所專班以中小學教師居多，生死所專班則有機會進行跨學科甚至跨領域對話，因為生員包括律師、醫師、護理師、美容師、各級教師，甚至各宗教的出家人。大家都關心生老病死，即使各陳己見，亦是大好相互學習的契機。感謝他們，令我得以教學相長，終身受用。專班是1999年開始的新興學制，希望讓社會人士回流在職進修，以提升個人及組織的競爭力。它依附於正規班而設置，利用既有人力開創新局面，沒想到辦起來竟然生意興隆，頗有喧賓奪主之勢。尤其少子化今年已衝擊至大學，研究所招生實宜未雨綢繆才好。

正規碩士班主要招收大學畢業生，利用平日全時上課，如果班上應屆生多，不免被視為大五大六。專班情況則大異其趣，首先是上課利用晚間或週末假日，學生平均年齡要比前者大上十歲左右。通常專班招生人數至少為碩士班一倍以上，最多可達五倍；而僅有的專任教師要指導如此大量研究生寫論文，絕對是艱鉅任務，令有些自己還要作研究準備升等的老師視為畏途。不過事情也不見得一概而論，一些科技方面的教師特別喜歡帶研究生，因為可以將自己申請到的各種研究專案發包給學生分頭作實驗，到時候彙整研究成果，老師拿去交差結案，學生則順利寫成論文取得學位，既互利又共榮。但是這種模式一不小心就會擦槍走火，因為老師有可能拿學生作的研究自己寫成論文發表，結果觸犯智慧財產權而挨學生告；一旦對簿公堂，嚴重的可能會丟掉教職，實不可不慎。

3.終身學習

在我的構想中，大智教化正是終身學習的自學方案；從踏出校門開始，通過反身而誠的工夫，不斷自我精進，用以安身立命、了生脫

死。從生路歷程來看，安身立命主要作用於生涯發展階段，大約二十五至六十五歲之間；了生脫死則指向退休後的生趣閒賞階段，死而後已。終身學習雖然是近年才流行的觀念，但早就被常識性的口吻提及：「活到老，學到老。」當然終身學習不止是大智教化，後者多歸於德育及美育；但一般人離開學校後，還是可以繼續追求新知識與技能，例如資訊工具應用及緊急救難術等。無論如何，終身學習容或不像在校般系統學習，但其資源豐富且不拘形式，對於社會大眾更為適用。不過想學還是得有意願動機，大家首先要打破生活的慣性與惰性，認清「不進則退」、「學然後知不足」的道理，盡力而為。

過去科舉取士的時代，人們多認為「萬般皆下品，唯有讀書高」，讀書人的社會地位總是高人一等，居於四民之首。這種觀念其實至今猶存，沒有一個家長不想鼓勵孩子好好向學，然後出人頭地；只是對「讀書」的要求已有所不同，不再是四書五經，而屬一技之長。我很慚愧自己沒有時下人們心目中的一技之長，尤其看見最近報載，教育部長希望以後人文科系的學生，至少要修一門電腦程式設計的課，以利進入職場謀生糊口，令我更是汗顏。曾幾何時，我因不斷力爭上游，讀到博士，當上教授，竟然成為別人口中的「學者專家」，但我仍困惑己身一技之長何在？當老師應為一技之長，因為從幼兒園到大學的教師，都領有國家頒授的證書，所以算得上專業人士，教書亦可視為一技之長。然教學內容仍可能引來有用無用的質疑，這又使我不禁反思再三。

「此念是煩惱，轉念即菩提」，一念之間可以改變許多事情。三年前退休之際，我逐漸萌生「大智教化」的意念和旨趣，頓時覺得海闊天空，困擾迎刃而解。「爭一時，也爭千秋」，同屬大學教授，專門及專業教師教的內容或有立竿見影之效，但通識教師一樣可以開創潛移默化之功。我相信自己為師三十三載，加上隔空教學，生徒說不定有兩萬多人，接近臺灣人口千分之一；倘若談生論死的隻字片語，能夠栽種在部分有緣人的腦海心田之中，令其有機會拿出來反芻而終身學習，便足以稱之功德無量。想到這兒，我就覺得沒有白活，亦未曾誤人子弟，可堪

告慰矣。今夏之前教完最後一課，決定日後除當志工外，把大部分時間都留給家庭和老友，開始安度晚年去了。大智教化就是我的終身學習方案，寫出來給朋友們分享，接下去談論生涯發展之種種。

貳、生涯發展：人生第二齡

　　大智教化係以安身立命、了生脫死的大智慧爲內涵與外延、爲理念與實踐，所進行的自我教化修行工夫；它是我身爲哲學學者與生命教師的生涯發展階段時，經驗積累和心智反思所得，勢必有其視角盲點與覆蓋局限性，但終究屬於「我手寫我心」的忠實記錄，視爲一偏之見亦無妨。哲學家我最欣賞叔本華，文學家則認同白居易，二者共通點在於皆爲會盤算的「中人」，於今可體現爲「中年中產中隱」。近日讀到日本人寫的《下流老人》，謂其國家政策錯估養兒防老之可能，以致令退休中產人士年金不足實際所需，結果活得越久變得越窮，陷入向下流動沉淪的孤苦困境。我想這種情形誰也不樂見，而求人又不如求己，因此每個人在其人生階段由生存競爭朝向生涯發展移動之際，務必得未雨綢繆地預作安排。我的建議是「取法乎上，得之其中」，如是方能先苦後甜。

　　在後現代的晚近資本主義文化邏輯思維下，生存競爭與生涯發展的基本預設，不就是向上提升的中產社會嗎？連堅持社會主義的大陸都不再提「無產階級」四字，何況其他。臺灣過去擁抱三民主義卻未予落實，走向民主開放後雖見政黨輪替，卻從未出現活躍的左派勢力，不向大財團低頭已屬難能可貴。由此可見，國內的現況是小老百姓默默地接受中產生活前提，從而辛勤工作，希望換得安定中之進步；倘若連標榜進步的執政黨都無法有效地維繫安定，其施政便值得商榷。人既無逃於天地之間，就應學會如何頂天立地；作爲人生信念選項，大智教化不能也不應抽離現實時空環境思考。中華民國較人民共和國年祚長久並持續存在，且從未被後者統治過，政治處境類似歷史上的東晉、南宋、北元或南明，因此沒有獨立與否問題。今後以凝聚共識、培養實力、以靜制動，方爲治理上策。

　　我於大智教化發展之初，將之視爲生命教育的民間版、成人版、擴充版與升級版。生命教育屬於臺灣官方所推動的新興德育，宗教色彩濃厚，目前以政策形式施行於各級學校；相形之下，大智教化則歸民間發聲，著眼於已踏出校門的成年人，盡量擺脫宗教氛圍，代之以一套「物

我齊觀、天人合一」的「天然論哲理學」人生信念。由於主要作用於成年人，大智教化的重點便在於第二年齡的生涯發展與第三年齡的生趣閒賞；前者涵蓋成家立業至耳順前後的退休，後者則從離退至死而後已。必須說明的是，從第一齡至第三齡的人生三階段並非一刀切，而是漸近演變、漸層過渡的。有些人專科或是大學畢業後，立即安定下來；也有人成為博士後流浪教師，到處打工糊口。本章所列五節討論的乃是國人一般狀況，用以宣揚「中年中產中隱」人生觀。

一、成家

1.愛情

　　傳統觀念比較看重男孩的發展，兒子長大後理當「成家立業、娶妻生子」；時至現代，對立業成功的標準，多少仍殘存為傳統式的「五子登科」：妻子、兒子、車子、房子、銀子。那麼對女兒的期望呢？嫁給一個已經擁有後三「子」的男人便是。這當然具有歧視女性的刻板印象，但如今丈母娘相準女婿仍難脫此一要求，兩岸都一樣。總不能讓女兒嫁出去受苦，看看大陸的相親新聞便知此言不虛。但是現代婚姻早已非說媒買辦，大多走向先友後婚途徑，而交異性朋友就意味談戀愛。不過連一種米都可以養出百樣人，愛情的種類亦可能有千百種，從追求極端的性快感，到上篇所論的柏拉圖式純愛，不一而足。何況現在有人只想沉緬於愛情的浪漫中，卻不願踏入婚姻的墳墓，等於把談戀愛只當成享受。不過這必須雙方均有此意才行，否則一方老等不到結果，只好勞燕分飛了。

　　老實說，我是個對愛情後知後覺的魯鈍之人，卻因緣際會開授了幾年「愛情學」通識課。當時每週固定跟講臺下俊男美女「談情說愛」，

非但臉不紅心不跳，而且還能夠侃侃而談，暢所欲言，因為我已逐漸發展出一套常識性論述。我對愛情產生興趣主要歸於佛洛伊德，因為他的宏偉理論將古希臘愛神與死神並舉，予我在建構生死學時帶來莫大啓發。剛好學校通識課想找人教兩性課程，我便嘗試披掛上場，同時開授「生死學」與「愛情學」。「愛情學」之說來自新儒家學者曾昭旭，但我不欲效法其溫柔敦厚、婉約道來，而是通過概念分析直指人心、明心見性。少數是經驗積累，大多爲觀察所得，我於課堂上拈出「友愛融合論」、「恩愛消長論」以及「六情論」等有關愛與情的論述，讓年輕男女反身而誠，期能產生豁然開朗之效。

美國有心理學家於四十多年前設計出一份問卷，用以分辨愛情與友情，題目不多，但是一針見血。通常愛情占有欲極強，經常朝思暮想，卻也可能日久情疏，總之多爲極端反應，而友情則處於中間狀態；若將二者融會貫通，則愛情或易於長長久久。長久的愛情會演成婚姻，但弔詭的是長久的婚姻又可能使愛情褪色；不過雖說愛情消褪，恩情卻會滋長，夫妻在恩愛消長的情況下，彼此採取感恩的心情相處度日，期能終生廝守。而無論是情人或夫妻，生活要有愛情滋潤實不可或缺，但愛情的內容還是可以加以細分。我的六分法從過到不及一網打盡，而且一目了然：濫情、激情；熱情、溫情；寡情、無情。其中前後二組分別代表過度與不足，唯有中間項方能常保愛情永駐。不可否認地，情欲總是在不斷流動，將多樣感受用理性稍加調適，執中道而行，便無過與不及。

2.婚姻

我的愛情論述不是深厚知識，僅屬生活常識，背後卻有著大智慧支撐，那便是中庸之道。我心目裡的中道不全然爲傳統儒家所言，而是東西兼治、儒道融通的後現代思想；將之用於婚姻生活，首重理性與感性的協調。哲學上我認同叔本華的意志主義，卻走向波普的批判理性論；它們在我的學問生命中圓融無礙，從而形成生命學問。這在表面看來似

乎有所衝突，骨子裡卻能夠融會貫通。以叔本華為例，他寫了一大部講述意志主義的鉅著《意志與表象的世界》，使用的卻是嚴謹的理性推論書寫，所以後人要取笑他是在為自己的偏見找理由。然而放眼看去，那一個哲學家不是如此呢？連好辯的孟子都認為自己乃是不得已而為之。換句話說，每個人要表述自己的意見，其背後都有著支撐他的意理，或稱為「意識型態」；於我所提倡推廣的大智教化，其意理即為天然論哲理學。

天然論哲理學意理下的婚姻論述如何？首先要包括非婚，亦即肯定人不一定要結婚；其次若要成婚，最好是順乎自然的人文化成。傳統上結婚屬於「冠、婚、喪、祭」四大「生命禮儀」之一，必須扣緊禮俗而發，不能率性而為。「禮者，理也」，行禮要合乎倫理，夫妻關係便列入「五倫」；華人社會漢人的這一整套活動歸於儒家意理，其他民族則各有其宗教依托。時至今日，在臺灣大家依結婚進行曲辦現代西式婚禮，然後吃中式酒席荣，中西合璧，皆大歡喜。這比起傳統三拜九叩、送入洞房改進多多，但是後現代婚禮其實有著更多可能性。「只要我們喜歡，又有什麼不可以？」過去結婚是兩家人的事，今後可能僅屬兩個人的事，只要無傷大雅，一切都被允許。相形之下，喪禮便顯得保守嚴肅許多。依大智教化之見，婚姻生活可視為高度美感的倫常關係，當施以「德美育」才好。

講「德美育」而非「美德育」，是因為夫妻以愛情結合，合則聚不合則散；其中的凝聚力與其被倫理道德框架牽制，不如讓美感體驗氛圍維繫。大智教化一向主張以個體審美為核心價值，群體倫理為外圍背景，不宜本末倒置。有人不免懷疑，合則聚不合則散，要婚姻做什麼？說的正是重點。在共同生活之外加上一道法律契約關係，權利和財產固然受到保障，但並不代表因愛情而結合的真諦。婚姻是一種許諾，亦即信諾關係，理當「盡人事，聽天命」；情了則緣盡，無怨無悔矣。夫妻分合不是誰對誰錯的問題，而是對感情的主觀判斷，一念之間可以改變許多事。一如前述，感情可以是感恩的心情，感念多年前你選擇了我、

我選擇了你。因此除非關係已惡質化到不可收拾，否則轉念即菩提。至於作為第三者介入，當自己一旦轉正，則類似問題立刻降臨，仍須深思熟慮。

3.家庭

現代人成家，成立的大多為小型核心家庭，愛情婚姻家庭一線牽，沒有家族其他成員介入的空間，雙方父母均屬局外人。這是洋人的家庭觀，原本與華人大異其趣。1972年美國總統尼克森破冰式訪問大陸，曾事先閱讀華裔美國人類學家許烺光的大作《中國人與美國人》，以盡量瞭解這個東方古老神秘國度。許烺光發現中國人際關係的主幹為垂直的「親子軸」，父母子女的關係高於一切；而美國人則看重水平的「夫妻軸」，兩個人所組成的家庭最神聖偉大。我曾聽聞一名歸國學人講述她在美國醫院生產之事，當嬰兒降臨未久，準備頭一回跟家人打照面，遠從臺灣過去的外婆興沖沖想進產房看娃娃，卻被護士拒於門外。原來洋人僅允許新生兒父親入內跟母子團聚，其餘皆被視為外人，只有留步祝福的份兒。此事若發生在臺灣，肯定會被視為不孝。

西潮東漸後，現代人生活越發向西方型態轉進，已無回頭餘地；其中尤以養兒防老一事，註定要帶來失望。不種因不結果，轉念即菩提；為人父母若不寄望子女回饋，唯其善盡養育之責，則親子關係因為無涉利害，反而顯得彌足珍貴。那麼父母能夠期望子女何事呢？當期待其能同樣善養「繼起之生命」，將「生生不息」的奧義，單向地朝後代體現，不求回報，也就沒有怨尤。這種情況無疑意味孝道的式微，現代人對此應知命而非認命，困境自然迎刃而解。試想世上有幾個民族像我們一樣標榜並執著於孝道？當然像猶太人也注重孝行，其他多數民族則如此這般地在過日子，何缺之有？而即使以孝道作為華人特有的德行，也應修正為雙向的「孝敬」，而非單向的「孝順」。親子雙方互相尊重敬愛，始有孝道可言；只想要子女無條件順從，只怕已成緣木求魚了。

　　我說這話並非空穴來風，因為傳統孝道的最高要求乃是「無違」，亦即絕對不違反父母的意旨。但此一要求的前提必須「天下無不是之父母」，然而現實中則為天下不是之父母比比皆是，家暴虐童事件便是明證。大智教作為小常識，秉持天然論哲理學意理主張儒道融通，將傳統上長期被獨尊的儒家道德規範，朝向道家反璞歸真的自然之道移動，或許更符合人性本真。回顧千百年來華人社會型態，由於始終以農立國，莊稼人安土重遷，與其說是過著相對獨立的家庭生活，不如視為遠近親戚息息相關的家族生活。如此久之不免出現魯迅筆下的「禮教吃人」，以及柏楊口中的「醬缸文化」，到如今亟待去蕪存菁、推陳出新。何況在無後及非婚的趨勢下，應考慮兩口甚至一人，也能夠從寬認定得以組成家庭。雖然修身齊家集於一體看似極端，但身處後現代又有何事不可能呢？

二、立業

1.工作

　　雖說「成家立業」或得以趨近自我實現，但現實恐怕是必須先立業方得成家；對大多數人而言，無恆產與定業，就不敢也不能成家。大智教化對第二齡成年人的生涯發展提出安身立命的建議，即是在二十五至六十五歲這四十年間，在天然論哲理學人生信念的支撐下，個人生涯從工作、職業發展至事業、志業的同時，勿忘實踐「中年中產中隱」之「中確幸」，以順利過渡至第三齡老年人的生趣閒賞階段，從而得以了生脫死。大智教化施之於華人社會，主張後現代儒道家，此乃東西兼治下的儒道融通處世態度，鼓勵人們不時以閒雲野鶴之姿去解構憂患意識。傳統兼濟天下、內聖外王的理想，放在後現代資本主義全球化的背

景中，益顯西齊弗式之荒謬。與其如此，不如與時俱進，修正理想，調整步調，通過反身而誠的修養工夫，明哲保身以自求多福。

這點看似自私消極，卻正是道家避世貴生思想的眞諦。如今當然不可能再回到春秋戰國時代，去追求小國寡民的桃花源境界；但是如何在晚近資本主義全球化崇物拜金的風潮中，盡可能避免心爲形役，而有機會從事存在抉擇，才是難能可貴的事情。年輕人立業之事，理當順此思路遂行，以免陷入「人在江湖，身不由己」的困境。一般而言，大學畢業踏出校門，謀職之初首先找到的只是「工作」。工作也許有固定薪資甚至保障，但常予人不穩定之感。不穩定來自理想與現實內外雙方，一方面跟自己所嚮往的預期情況不符，亟思改弦更張；另一方面也可能出現外在條件的不穩定，容易導致失業。這也就是找工作的人經常換工作之原因，一旦不想換了或換不動了，大致就算進入持久性的「職業」生涯，可以安身卻不見得眞正立命，除非理想有機會實現。

穩定的職業和理想的事業容後再談，現在先回到工作上來看。必須說明的是，我所使用的「工作」一辭，是相對於「職業」與「事業」而言，並非意指某些專業性或服務性活動，例如社會工作或志願工作等。「工作」於此雖爲一般性常識用法，卻是成年人初入職場前後的重要體驗。「不經一事，不長一智」，學生時代容或有機會打打工，賺點零用錢花用，但並不易知獨立謀生之苦。一旦踏出校門，除非待在家中當啃老族，否則捉襟見肘，勢必得上網或翻報紙找工作謀生糊口。有一技之長且運氣好的人，也許一下子便謀得穩定職業，直接跳過工作試煉，展開生涯發展。然而大多數情況下，還是得通過換工作以漸入佳境，此時「書到用時方恨少」恐爲切身寫照。因此大學絕非「由你玩四年」的樂園，至少要能爲職業鋪路才好。

2.職業

我選擇念哲學，出路原本就不甚寬廣，到頭來只有教書一途，卻

稱不上一技之長，困而學之而已。不過當年想謀得一職似乎不太困難，我拿到碩士去當預官，退伍後三週便進入雜誌社幹記者，且一待就是三年，算是穩定職業而非流動工作了。只是說來慚愧，擁有六年哲學訓練投身傳播界，非但派不上用場反而礙事；因為學校要求引經據典寫艱澀論文，雜誌讀者卻只希望讀輕薄短小的流行八卦，一開始還真的難以適應。尤其我一入行先後被派往女性月刊及電視周刊從事採訪，跑去紡拓會跟專家請教印染設計，在咖啡廳訪問演員歌星為其寫起居註；最初不免產生挫折感，好在接觸過張艾嘉、楊德昌、鄧麗君等大咖後，又覺不虛此行。尤其任職的雜誌社屬於電視臺關係企業，讓我還有機會上電視，在兒童節目中充當開心果圓桌武士，為生涯起點平添了幾分笑果。

雖然我將自己真正的生涯起點，定於三十五歲正式任教時，認為此乃教育事業之始；其實早在之前九年就已具備發展條件，只是缺乏強烈動機使我擇善固執地走下去，於是仍然決定另起爐灶。話說兩年預官役的後半是在軍校當教官，不似帶兵出操演習，生活極其悠閒安定；眼前退伍尚不知何去何從，竟一度產生自願留營繼續幹教官的念頭。我出身行伍家庭，父兄皆為職業軍人，若留在軍中並不令人意外。但那一陣看見同僚個個都在準備出國深造，讓我也心癢而蠢蠢欲動，最終還是選擇回歸老百姓生活。結果退伍後在準備留學之際意外進入傳播界，靠著大學社團經驗，竟然也能夠在陌生領域中逐漸如魚得水，悠游自得。雖然一年後的確出去放洋了一學期，但是為了修習心理學專門學分，又回來邊補課邊幹編採，如此一晃又是兩年。

離開傳播界是因為考取哲學博士班，連帶把出國改念心理學之夢亦一併捨去，老老實實重操舊業，一方面更上層樓攻讀博士學位，另一方面則以兼任講師身分步上大學杏壇。回想起當講師的慘淡歲月，還真的是退到找工作謀生糊口的窘困地步。辭去傳播界專職是為全心念書，速戰速決拿學位。但是博士班的助學金只有職場薪資的十分之一，連自己都養不起；偏偏博二時又結婚成家，只好到處打工，賺取微薄的鐘點費。記憶中至少一度同時在三所大專兼課，騎部破摩托車穿梭奔波，但

也僅能量力而爲，以寫論文爲重，到頭來還是得靠太太養家。所幸我下了重大決心要衝出重圍，結果意志集中力量亦集中，眞的以三年半時間順利取得學位。此較修業下限僅多花半年，比起有些同學辛苦拚上七、八年方修成正果，的確超前許多。

3.事業與志業

在大學正式任教屆滿下限的二十五年後，我選擇自願提早退休，離開體制，走自己的路。雖然過去一年又嘗試性地回到體制內兼課，希望給自己及同學機會以推廣大智理念，最終仍覺有志難伸，乃決定澈底割捨一切，恢復自由身。爲何我如此在意置身體制內外的差別？答案就在於志業與事業的高下。我待在學校從事教育事業，雖有一定成就感，卻又不時覺得局限，一旦確認日後衣食無缺，便欲去之而後快。往深處看，這就涉及上篇所提，個體在群體中所從事的存在抉擇。我越老越覺得社會只是活動背景，個人方爲言行主體；當體制內所呈現的集體意識不符己意，即以道不同不相爲謀而自行其是。總結近二十年我在教育事業中最難以適應者，便是「軟心腸的」生命教育所散播出那份溫情主義式的氣氛與印象，遂決定發展「硬心腸的」大智教化作爲個人志業加以推廣。

大智教化與生命教育最大差別，正是擁抱「向死而生、由死觀生、輕死重生」視角，置之死地而後生；而生命教育則不免爲西方「正向思考」風潮所誤，不願正視更諱言死亡。當年臺灣官方選擇「生命教育」一辭，而捨「生死教育」及「死亡教育」，正是此一心態的反映。表面上看，生命教育也談生死關懷，卻僅止於自殺防治、臨終關懷等，對醫助自殺、安樂死、墮胎、複製之類爭議性問題，大多表示反對或不予深究，理性自殺則更不用提了。偏偏這些正是大智教化有意深化的議題，在人死如燈滅的非宗教前提下，理當盡量愼重做出每一刻的存在抉擇。大智教化傳播以天然論哲理學爲意理及核心價值的大智教，屬於硬心腸

的孤高自決人生態度，不像宗教團體中信眾藉著信仰相濡以沫。馬克思認為宗教是人民的鴉片，尼采輕視信徒的弱者行徑，在在值得深思其中的大智大慧。

　　花甲耳順之年我毅然離開學校後，就不斷在構思心目中的大智教化，用以作為生命教育的民間版、成人版、擴充版與升級版。然而書寫至此，突然靈光乍現，乃覺今是而昨非。這正是女性主義者所言的「意識覺醒」，必須進行心智上的「典範轉移」，方能修成正果。前文提及女性主義曾出現兩大轉化，一是追求女男平等，另一則為強調女男有別；前者尚意味不脫男性標準的考量，後者則將男性觀點的殘存宰制澈底根除。多年來我一直媚俗地向生命教育「靠攏」，進而妄想「修正」之；如今漸覺夏蟲不可以語冰，道不同不相為謀，遂將軟心腸的溫情主義式生命教育視為準宗教信仰，再秉持蔡元培「以美育代宗教」的建言，將之歸入道不同的他者生命美感體驗，跟我的人生信念有著本質上的不可共量性，乃存而不論。今後我的志業就是向有緣人推廣大智教化，擇善固執，死而後已。

三、不惑

1.兼濟

　　本章論及生涯發展，或有回憶錄性質，大多以己為例，一併抒發己見，不見得盡如人意，讀者可批判參閱，或棄而不顧。前述成家立業，一般人多寄望安居樂業，但更重要的是安身立命。「安身立命」為禪宗語，依常識看，即指安頓身形，樹立理想。成人大約在中年以前得以成家立業，算是走到安身這一步；至於立命的工作，最遲得在四十不惑之年排上時辰，否則蹉跎之下便時不我予了。我因為出道晚，加上任教不

久便購屋，卻碰上貸款利率最高點，達於百分之十二，每月薪水幾乎近半送給銀行，一開始根本談不上理想抱負。不知是幸或不幸，像我這樣無一技之長的文科教師，到商專去教書，竟然被要求擔任小主管，過起朝八晚五的職員生活，從此逐漸累積行政經歷。任教二十五年間，共「為官」十一年半，最高出任大學教務長及院長，勉強算得上「兼濟」了。

事後回想，以我天生自了漢性格，擺在高階主管位置，究竟會有多少能耐。事實證明我是守成有餘，創新不足，但終究得以全身而退。具體來看，四十四歲南下嘉義，先後在南華大學和大同商專創立生死學研究所及籌設生命事業管理科，希望於生死與殯葬領域走出屬於自己的路，但是到頭來卻帶著一身挫折和疲憊返回臺北，重做馮婦教通識課。有志難伸多少因為時機未到，畢竟生死與殯葬科系皆為前所未見，社會上驚奇有餘，接受度卻不高。像生死學始終未列入教育部學門學科分類之中，而國內設立殯葬科系則遲至十年後才真正實現。不過身為學者專家有兩條路可走，起而行若是一時走不通，還能夠坐在書房內盡量立言以發揮影響力。十數年來我努力著書立說，近年更積極建構大智教化論述，正是坐而言的心血結晶。大智教化的進路符應本書主題：學死生，精義亦集中於此。

民主時代人人平等，沒有誰必然成為天縱之聖；大家盡可能修身齊家並參與社會，但不必妄想治國平天下。傳統儒家嚮往內聖外王，從修身齊家一下子跳到治國平天下，乃是學而優則仕的官場進路；現今為官只是公務員，大家都在為人民服務，這或許就是兼濟天下的最高境界了。那麼身為人民百姓能夠做什麼呢？我想不妨多關心與參與社會吧！社會即群體，社會學乃群學，因此我建議在「齊家」與「治國」之間加入「合群」一目，以利現代人投身其中。不過我要在此慎重提醒，個體自我必須隨時扣緊存在抉擇，僅將群體社會視為生活背景，不應目迷五色，忘了我是誰，而遭社會吞噬。追逐流行時髦、吶喊民粹口號、迷信怪力亂神等，都是明顯惡質例證，必須敬而遠之，方得保有主體性及生

命本眞。參與社會若能行公益、講公德，也算是實踐兼濟之心了。

2.理想

有兼濟之心固然好，但這需要靠著持續不懈的理想來支撐。年輕時立志做這做那，一旦踏入社會經歷職場試煉，待三十而立逐漸安頓下來，眞正可行的理想才得以浮現。我的社會經驗不算豐富，三年傳播界加三十年教育界而已；當軟性雜誌記者難以爲民喉舌，教大學通識課亦不足作育英才，直到涉足殯葬才萌生一絲理想性。殯葬是人人都要面對的禮俗活動，也是一門朝向專業發展的行業；相對於「虛」的生死議論，殯葬無疑爲「實」的切身事物。我長期在社會上推廣殯葬教育，至今已近二十年；此中更有三年投身業內，擔任上市公司董事；這些都是理想可以施展之處。1999年夏秋之際，我和一些志同道合的伙伴，在兩個月內先後創辦中華生死學會與中華殯葬教育學會，如今二者都由我們的學生輩當家，已算是理想的部分實現。

究竟我的理想爲何？說穿了其實很單純，大智教化是也。但單純並不意味簡單，其內涵多少有其複雜性，我才以本書的十萬字篇幅予以闡述。大智教化是我在花甲耳順前後，逐漸領悟出來的一套人生大智慧、大道理，目前我正在努力把它們轉化成平易近人的小常識、小文章傳播出去。本書以百帖小品呈現便是例證，將來還打算開闢網站，以網誌貼文廣爲宣揚。我手寫我心，但心實易隨境轉、爲形所役，宜學得自我覺察之道，後設地予以貞定。不惑之後我的確有心兼濟以造福社會，當然最好是將理想上升至影響國家政策。自忖在生涯階段長期批判官方生命教育，卻未見有所改善；倒是同時去從事殯葬改革，竟產生意外的成果，那便是促成殯葬專業化，走向證照制度，包括勞動部的丙級喪禮服務技術士考試，以及內政部的禮儀師授證。

2005年春天我在內政部一次會議上，提出一套殯葬專業課程架構，獲得與會官員及學者專家一致認同通過，遂成爲日後頒授禮儀師證書

要求條件之一，修習二十學分大專程度專業課程。三年後的丙級技術士證，也是在我和一群同道手中所促成。此外我還寫成華人世界第一部《殯葬學概論》，以及隨後的《殯葬倫理學》、《殯葬生命教育》等專書，可視為推動殯葬改革理想的次第實現。有人也許會覺得，殯葬是令人害怕而且忌諱談論的事情，能夠當成個人理想嗎？從大智教化觀點看，正因為它一方面得不到世人的正視青睞，另一方面又是人生中難以避免之重，所以亟待推動改革創新以正視聽。不瞞大家說，大智教化的第一要務，就從推展環保自然葬開始。大智教化強調由死觀生，一個人連自己的後事都參不透、放不下，其餘可想而知。最近沈富雄所拈出的「準遺言」，值得咀嚼再三。

3.巔峰

人類發展學家根據研究歸納發現，一般人的事業生涯發展，最晚於四十至五十歲之間臻於巔峰，而且會延續一段高原時期，然後向下滑落；倘若當時未曾出現高峰，則日後亦難有起色。這當然是就通常情況而論，且肯定會有不少例外。但回顧自己的過去，倒也沒有例外，也不令人意外；四十五至五十五歲的十年間，的確是我的人生事業巔峰。此一巔峰時期以年屆半百分為外爍與內斂兩橛，前期走向個人職場生涯之頂，成為大學高階主管；後期則開啟創作之源，五年內出版了十八種著述。二者在我心目中有著高下之分，且大異其趣。如今講究校園民主化，誰也管不了誰，在學校當主管充其量只是會議召集人，頭銜則不過印上名片響亮好看，到後來是非成敗轉頭空。寫書出版則有可能列入三不朽，倘若一旦被載入網路搜尋引擎，的確會千古保存。

正因為網路流傳有此潛在作用，我曾再三奉勸自己的研究生，寫論文千萬不可抄襲，以免事後被人揪出，你丟掉學位不說，我這個指導教授也跟著遺臭……百年以上，也許！嘗聽說人生就像登山，唯有登峰造極方得目窮千里；這樣固然不虛此行，但終究還是得面臨必須回頭下

山的事實。好在人生起落再怎麼說也就此一遭，若是像卡繆筆下的西齊弗，被天神處罰不停推石頭上山，那才眞是生命中難以承受之重！大智教化堅信人死如燈滅，即使像不幸遇害的女孩小燈泡，也只能在爸爸要爲她辦婚禮的聲聲喚下，以及市民擺滿一地的悼念祭品中，化作人間永遠的美感體驗定格，成爲文化保存的一部分。波普的睿見正是拈出「文化世界三」，作爲「身體世界一」與「心靈世界二」刹那消失後的永恆存在樣態。果眞如此，則生涯發展樹立理想登上高峰，便有一定的意義與價值了。

我再三表示，自己生性魯鈍不文，嚮往哲學的天馬行空，勉強念到碩士，卻進入跟哲學幾乎完全不相關的傳播界，一度還想在八卦雜誌當記者混完大半輩子，但看見碩士班同學大多進入博士班，又不甘哲學山峰只爬到一半，於是三十出頭決定吃回頭草，從此走上學術教育不歸路。三十多年過去了，似乎曾經絢爛過，但一切終歸恢復平淡。唯有在這條不歸路上醞釀積累的一點一滴人生大道理、小常識，伴我到如今，涓滴匯成河流，形成一道漸次朗現的大智教化生命靈泉。這雖係耳順之際方才浮現，其活水源頭卻早於不惑之年就已俱在，而至知命時逐漸發揚光大。半百之於我無疑是一個轉捩點、一道里程碑，它體現爲向中土文化思想的認同回歸；此時所需要的深度意識覺醒，以形成思想典範轉移，則是在前此十年間逐步達至。

四、知命

1.獨善

孔子曾對其生涯發展細數從頭，由志於學一路走向而立、不惑、知命、耳順以至不逾矩，其中五十知天命在我看來，正是人生一大轉折

之處；尤其從兼濟走向獨善，更需要一定自知之明。此外知命可以指知止與知足，天命在此不必然要扣著儒家的人文旨趣，道家的自由之道同樣可以說得通。何為知止？有為有守，無過與不及；知止又繫於知足，亦即傾聽內在的本真之聲，而對言行有所拿捏收斂。人生貴在知足，因為人生極其有限，且不免一死，無論榮華富貴或是治國平天下，對於時空中的渺小個體終成過眼雲煙。倘若儒家式的兼濟要人們有所作為，則道家式的獨善便走向無所為而為、為而不有。當然孔子也有「道不行」或成為「喪家之狗」的獨處時刻，但這畢竟跟道家那種自願為之的情況不同。傳統儒者一旦落入獨善，卻又跟兼濟之心藕斷絲連，著實無可厚非。

平心而論，道家式獨善之所以有意義，或許正在於它足以作為儒家式兼濟的互補選項，從而使人生臻於儒道融通的出入自如、收放自如境地，而避免陷入憂患意識與閒雲野鶴的極端兩難。看看我所心儀的陶淵明、白居易、蘇東坡三人之存在抉擇，便知此言不虛。這三位傳統文人於其一生中雖都有退隱之志，卻始終仍以儒者之姿面世。更有意思的是，三人的靈性開顯竟然呈現先後呼應的關係，亦即白仰慕陶，蘇則同時仰慕白與陶，予後人會心一笑。想想陶淵明身處亂世而成為隱士之典範，白居易發明了「中隱」之道，至於蘇東坡則終其一生受貶卻不曾隱逸，但他們都算是充分體現了獨善其身的工夫。獨善不必然要隱退，隱逸亦不妨以中隱；尤其是年過知命，減少但不致完全割捨社會關係，多分配一些時間給自己，為迎接老之將至預作準備。

獨善其身不應該被視為自私自利，頂多只是自求多福；它不止要求「獨」，更要精進「善」。何況「獨」也不必然要獨處，卻必須講求公私分明；不耽誤公事，但只求安份守己，而把時空條件多一些留給自己。這其中的分寸拿捏著實不易，這就要求對「善」的考量。「善」在此作動詞解，亦即改善、圓滿之意；要「獨」得恰到好處，執中道而行，無過與不及。大智教化所追求的「中年中產中隱」，大致反映出此種獨善其身的意境。知命乃標準中年，中產理應視為大多數人的最大

利益，至於中隱則歸獨善之具體實踐。中隱之道容後再論，重點是要瞭解獨善工夫始終不是獨立修持而成，而係與兼濟理想相互消長、相輔相成、相得益彰的。這也是儒道融通的真諦，大智教化對此倡議一套秉持「後現代儒道家」的「知識分子生活家」處世態度。

2.中隱

　　隱逸之風在中國具有悠久的歷史，古代即有「大隱隱於朝，小隱隱於林」之說；及至中古，白居易發明了中隱之道，遂出現「中隱隱於市」的方便法門。他是如此定義中隱的：「似出復似處，非忙亦非閒；不勞心與力，又免饑與寒。……人生處一世，其道難兩全；賤即苦凍餒，貴則多憂患。唯此中隱士，致身吉且安；窮通與豐約，正在四者間。」這明顯是折中方案，以個人處境為考量，而且跟經濟收益緊密關聯，遂為後世所詬病，其中尤以朱熹最鄙之。宋明理學家道貌岸然無可厚非，到了二十一世紀後現代再隨聲附和，就真的不知今夕是何夕了。中隱的現實考量從表面上看，似有錙銖必較之嫌；但以現今情況來對照，薪水階段誰又不斤斤計較自己的收入呢？只是不像大詩人那麼愛現而已。但他又並非炫富，不過欣慰常保「中年中產中隱」的「中確幸」罷了。

　　「中確幸」係相對於「小確幸」而言，可視為後者的延伸。「小確幸」一辭來自日本小說家村上春樹，用以指生涯發展伊始的小資產階級，對自己身邊那些觸手可及的幸福感之肯定與把握，這明顯是以資本主義社會為背景。根據馬克思的觀察，工業革命後，機械逐漸取代部分人力，將貴族和地主轉化為資本家，原本無依的佃農則淪為受剝削的勞工；但商品生產後又需要銷售通路，遂造就出一批中間商人，以及靠著工商業社會運作而存活的文書人員，這些便屬於中小資產階級。小資又稱小布爾喬亞，而布爾喬亞即代表資產或中產階級；《資本論》出版一百六十八年後的今天，放眼看去，臺灣、港澳甚至大陸，幾乎都是

高度資本化的華人社會，通過大智教化提倡「中年中產中隱」的人生信念，以及「後科學人文自然主義」的核心價值觀，絕對有其合理性與正當性。

中隱之道在白居易身處的中晚唐社會，面對朋黨相爭與宦官干政的惡劣政局下，自願靠邊站找閒官做，乃是兼濟之志不可行的明哲保身途徑，無疑有其特定時空背景，不可也不能複製。但自從中隱之道被提出後，長期受到後世為官者的認同歡迎，有明代官員甚至將自己的居室命名為「中隱堂」，足見人同此心、心同此理。西學東漸導致科舉盡廢，民主革命造成帝制崩解，民國建立至今百餘年，政治經濟社會法律文化科技等等，率皆效法西方，於今更與全球化接軌，真正步入後現代狀況，充分體現晚近資本主義的文化邏輯。這已不是好壞對錯的問題，而是全民一致的現實生活處境；除非發生革命，否則只有走向波普所稱「漸進社會工程」，一步一腳印地從事微調，期待明天會更好。但是中年中產的明日已無多，尋求中隱以反璞歸真並無不妥。

3.興趣

我曾經表示，中隱之道不能孤立地看，而必須放在一個人生涯發展的後期來考量；從前期的兼濟到後期的獨善，可視為生活態度自覺地漸層轉化。漸層原指色彩或光譜的漸次變化，用以形容生活從量變到質變，其計量標準正是年齡。如今臺灣人的平均餘命已超過八十，當六十五歲屆齡退休後，還有十幾年得以享清福。但是陽壽並非歲歲等值，五、六十跟七、八十的生命品質絕對難以同日而語。下章要討論的生趣閒賞階段，雖然設定從退休開始，但其與生涯發展階段並非一刀切，也需要漸層轉化始得調適。退休生活需要一段時期適應，何況並非人人有機會像電影「高年級實習生」那般可以吃回頭草，倒是偶爾會聽說有人一旦退休，竟然鬱鬱以終不久於人世。這些都是受到過度社會化牽連之累，而其改善良方，正是大智教化所認可的中隱之道。

　　中隱之道是指在年過半百衣食無缺的情況下，主動選擇「不積極作為」，但非「積極不作為」。二者差別在於後者屬於投機混世，而前者僅止於和尚撞鐘；時候到了就去撞，其餘閒事少管，多留些時間以培養個人興趣。當然職場生活情形千百種，不能一概而論；像服務業就不可能擁抱像撞鐘般而被人譏為不做不錯的「公務員心態」。不過朝這方面去聯想恐怕會失焦。其實中隱之道要人們「抓大放小」，亦即把握大原則即可，小地方不必太計較。它的具體實踐之一包括「老二哲學」，凡事退一步不與人爭，這多少反映出某種道家的健康心態。不計較並不表示一定無所作為，深層中隱還包括不追求大有為，但卻無所為而為。舉例來說，服務業要求主動積極有所表現，有人遂喜強出頭廣邀功；中隱則相對地採取默默行善，類似志工的志願服務不求回報。

　　總而言之，中隱之道的精髓就在於無所為而為、為而不有，而非遇事逃避責任。像白居易四十三歲被貶為閒官江州司馬，起初心情極度鬱悶，後來在遊山玩水間漸悟中隱之道。不過這時他才剛過不惑，不可能真正中隱；而〈中隱〉一詩則是在五十八歲寫成，才澈底反映出主動靠邊站的心態。話雖如此，樂天七十致仕退休定居洛陽，好酒如他乃效法陶淵明的「五柳先生」，自號「醉吟先生」，卻並未從此沉淪醉鄉，反而積極行善鄉里；譬如親自領工修治洛水，讓行舟順暢。這種無所為而為的社區志工行徑，對照於他在杭州當刺史修築「白堤」之功業，其意義可昭然大白。興趣取向的「中年中產中隱」，不妨視為從生涯向生趣階段過渡的標竿，自半百以後理當列入人生旨趣考量，漸次轉化。像我提早離退以全心建構並實踐大智教化，便是中隱思想發酵的結果。

五、耳順

1.無為

　　中隱是隱於職場或官場，一旦退休當然就無所謂隱或不隱了。傳統上「隱」、「逸」二字經常連用，二者分指躲避及逃離；如今天涯若比鄰，早已無處可躲，只能逃向生活。尤其是過了耳順之年，時不我予，的確要懂得於生涯告終前，以半仕半隱、半出半處的姿態自我安頓。白居易七十退休，早於五十八歲便寫中隱詩以明志，從此遠離京城，退處二線，定居在東都洛陽當閒官，竟然真的在六四之年躲掉一場殺身之禍，那便是「甘露寺之變」。這是大臣高官有意藉藩鎮勢力一舉殲滅宦官，連皇帝都樂見其成，卻不幸事機敗露，眾臣反被宦官全面屠殺，在京者無一倖免，倒是遠方的詩人未受牽連。當他見到皇帝從此受到宦官控制，一方面慶幸自己作出有生以來最正確的抉擇，另一方面也更加強了他有意遠離政治核心的決定，避於東都終老。

　　白居易的經歷雖然是一千三百年前的故事，卻給後人留下彌足珍貴的教訓，可惜性情中人蘇東坡未能向先賢學得明哲保身之道，從而吃了不少苦頭。不過兩位相互輝映的大詩人卻有著一項共同特點，那便是逆來順受；越是處逆境越有創作力，終於為華夏文明留下不朽的文學遺產。現在將古代官場轉向今日職場，看看有何值得參考之處。先看公部門的善處之道，據聞民選的素人首都市長上任一年多，下屬流失兩千人，原因竟然是政令紊亂，不知為何而戰。公家有任官保障，請調至他處尚能因應；私部門一旦難以令人如願，又如何自處？首先在初入職場之際，就需要多察言觀色，且謹言慎行，儘快摸索體認組織文化，莫要輕易選邊靠，保持一絲「難得糊塗」，或能在人事動盪中全身而退。尤

其是上了年紀後，無所爲而爲才是最佳保護傘。

　　無爲而治是老子思想的精華，多用於王者施政治道，以柔性力量收編臣下之心。如今治道在政治公部門稱政府治理，於經濟私部門爲企業管理，但二者著實當部分效法社會第三部門的公益精神，無所爲而爲，爲而不有。宏觀如此，微觀亦然；個人生涯到了後期必然要向退休生活過渡，從前的兼濟或獨善至此已無關宏旨，要緊的是能否把握無爲卻有守的分寸拿捏。花甲耳順以後逐漸入老，在職場上要識時務地把位置讓給後生晚輩去發揮，自己懂得中隱靠邊站，萬物靜觀皆自得。江山代有才人出，各領風騷數十載，然後呢？是非成敗轉頭空，也無風雨也無晴。凡人必有死，死後盡歸零，對此人們聞之不免失落。但大智教化發現更深刻的觀點，此即每個人的生命公分母皆爲零。如此一切都虛無，凡事皆荒謬，此刻無爲有守反而益顯其光輝了。

2.有守

　　人生的荒謬性被卡繆的《西齊弗神話》刻劃得最傳神。西齊弗被罰推石頭上山，到頂後石頭自動滾落，只得下山再推；他認罪便輸，繼續推雖非贏卻維持不輸。想想人生又何嘗不是如此，「鞠躬盡瘁，死而後已」；問題是累死了也無人理會，那又何必活得太累？在商業當道、科技掛帥的後現代，任何宏大敘事都顯得不合時宜地荒謬，而人們卻又不甘寂寞，只有拚命進行造神運動，但見媒體偶像此起彼落。造神之際也不忘自我膨脹，或是自我迷戀一番，手機自拍便爲此平添最佳註腳。不過從大智教化看來，這些流行時髦著實無傷大雅，頂多消磨時間而已。而齊克果的存在哲學便顯示出，個體在時間之流中不斷變化以至死亡。現在流行這個、明天沉迷那個，此謂之變化。一個人目迷五色，忘了我是誰，行將就木前才想起自己曾經活過，這正是齊克果著名的極短篇寓言。

　　許多作品都稱人生是一趟大旅行，果眞如此，則生存期是爲找方

向，生涯期盡量向前衝，生趣期逐終點在望；大智教化進一步補充說：人死如燈滅，存在即自知。平均餘命若以八十陽壽計，六十開外再怎樣說也是生住異滅、成住壞空，正面迎向老病死了。此刻言行及身心上的無為與有守，就顯得舉足輕重，格外重要。無為不是什麼都不做的偷懶打混，而是不刻意為什麼去做。年輕時有理想、有目標，是有意有為地做，還要求大有為，這是兼濟的表現。中年漸老後，看破看透看開，感受雲淡風輕，無所為而為，為而不有，則屬獨善的大智大慧。有人或許會以為，這麼想未免太悲觀消極、杞人憂天。大智教化對此不置可否，畢竟夏蟲不可以語冰，沒有走到那一步，說什麼也是枉然。大智教化標榜「向死而生」，這正是「人生勝利組」李開復罹癌後，覺今是而昨非的血淚書名，值得一讀。

　　既然無為那就一切順乎自然，為何還要主張有守呢？這是因為並非人人都有能力對人生本然進行理性思考，尤其是涉及生老病死的存在抉擇，往往容易情緒用事，造成令人遺憾的結果。例如歧視老人、對於長期臥床不可逆惡化病人的延長生命、鋪張浪費的厚葬等等，都有必要移風易俗、推陳出新，用以維繫每個人的生命品質。倘若「無為」是「為而不有」，「有守」則指「有所不為」。手伸出去表示要，收回來雖意味不要，卻無妨於再伸手。這種出入自如、收放自如的能耐，多少繫於一個人的修養。上篇曾論及社會學家葉啟政所倡議的「修養社會學」，他通過東西兼治的學理論述，在西方結構功能論與衝突論的社會學之外，提供一條東方式第三途徑的選擇，其內涵體現出「愛與關懷」的真諦。理性作為高度與深度的感性，足以令人間的愛與關懷永續發展。

3.轉化

　　西方社會思想的根源乃是基督宗教，將天人關係判成兩橛，在無限神性的創造下，渺小人類只能屈居為有限的受造物，難以「與天地合其道」，而後者正是中土思想的擅場。大智教化雖主張社會作為個人存在

的背景，但並非無視於來自社會的影響力。只是我既不認同結構功能論的馴化取向，亦不贊成衝突論的鬥爭觀點，而希望另闢蹊徑走本土化路線，向儒道融通的「愛與關懷」人格修養求緣。此一修養與其說是倫理的，不如視爲美感的；即使講倫理也歸於陰性的關懷倫理，而非陽性的義務倫理、效益倫理，或是無性的德行倫理。是的，作用於人的倫理活動也有陰陽之分，正因爲人有男女之別。女性主義科學家對男女學童進行研究，竟然發現他們的「道德思考與抉擇」具有明顯性別差異，此乃前所未見。關懷倫理學興起於1980年代，從此人類的「意識覺醒」遂更上層樓。

女性主義是人類文明進步的一大里程碑，她伴隨著社會主義與民權主義，在十九至二十世紀的百年間，推倒了人類偏見三座大山：性別歧視、階級歧視，以及種族歧視，使得受到遮蔽的人心得以啓蒙轉化，這些都屬於人心的「意識覺醒」。我曾爲文表示感恩，自己於中年前後治學之際，受到女性主義啓蒙，得以順利完成教授升等論文的寫作，也讓生涯發展走向嶄新境地，開創了生死學與生命教育的理念建構與實踐方向，最終轉化提升爲大智教化。升爲教授使我有機會以外行之身任教於教育研究所，發展自己的教育哲學理念，此即「後科學人文自然主義華人應用哲學」，簡稱「天然論哲理學」。其最終核心部分乃歸於道家式自然主義，也唯有通過自然而然的愛與關懷，人世間方能眞正擁有眞、善、美。在這方面，儒家與西方思想仍有所不足。

我的老同事、生命教育哲學學者方志華著有《關懷倫理學與教育》一書，將女性主義關懷倫理聯結上儒家的德行倫理，在我看來似有所不足。德行倫理或德性倫理在西方歷史悠久，可上溯至亞里斯多德，它主要是歸納出一些基本德目令人遵循，以形成道德操守；正好儒家也好談三綱八目，以及現代的四維八德，遂被類比歸入德行倫理。但無論是儒家或亞里斯多德哲學，多少都具有重男輕女的性別歧視之嫌，只能歸入陽剛陣營，或勉強視爲缺乏性別意識，跟陰柔的關懷倫理不可共量，亦不能同日而語。中土思想眞正具有陰柔成分的只有道家自然主義，其貴

生愛生的哲理實踐，方足以讓愛與關懷的修養社會學，在二十一世紀不斷發揚光大。從不惑至耳順的二十年間，我正是通過一連串的自學方案反身而誠，藉由意識覺醒自我轉化貞定，終於悟出大智教化生命旨趣。

參、生趣閒賞：人生第三齡

　　此為本書上、下篇末章，樂與有緣人分享我對老病死的知情意行之種種，當然最好方式是站出來現身說法。寫作本書時我六十有三，距離法定入老尚有兩年，但已實際離退三載，雲遊四海，寓教於樂，在兩岸邊休憩邊推廣大智教化，同時心裡盤算著，就把這五年當作從生涯到生趣階段的過渡吧！每個人在生涯發展伊始，總會懷抱著遠大的理想夢境，我也不例外。三十五歲時放棄去香港的小書院任哲學研究所所長，選擇留在臺灣當專科學校通識教師，自認是雜家性格使然。這種性情至今非但未曾稍減，且益演益烈，終於醞釀出大智教化。大智教化通過小常識傳播大智慧，本書以小品文形式呈現，正是我的最新性靈開顯。初嘗小品是十六年前為《人間福報》寫〈心靈會客室〉專欄，其後被慈濟文化志業結集為同名善書出版，廣結善緣，令我決心從此以文會友，眼前即為第六種同類型書籍。

　　我粗魯不文，但有寫作之志，唯缺乏想像力故難以寫小說，詩意火花則在三十年前熄滅至今未曾重燃，唯一的電影劇本又找不著投資人，剩下選項只有自由發揮的散文小品。我手寫我心，但一心之發用不可能總是天馬行空，不免要受到身處時空環境的羈絆；既然擺脫不掉，就學著慢慢欣賞它們吧！宋儒程顥有詩〈秋日偶成〉云：「閒來無事不從容，睡覺東窗日已紅；萬物靜觀皆自得，四時佳興與人同。道通天地有形外，思入風雲變態中；富貴不移貧賤樂，男兒到此是豪雄。」這位座上有妓心中無妓的夫子，雖然被供入孔廟祭祀，依然是位性情豪雄，令我讀來頗覺受用。平心而論，一個人入老尚能靜觀自得乃是福氣，表示少被疾病疼痛所侵擾，可以悠遊地活著。不過悠遊總有告終的一日，培養適然與釋然的心境以作因應方為上策，本章遂順著入老、受病、臨終、善後一路寫去。

　　西方社會學者將人生分列第一、第二、第三年齡，大智教化則以生存競爭、生涯發展、生趣閒賞三階段與之呼應。觀念上第三年齡或生趣階段始於入老退休，但臺灣人平均退休年紀為五十七、八歲，跟法定老年尚有一段距離，不應就此甘於認老服老。再說老年及老化的概念實

大異其趣，有人七、八十仍不服老，而科學則定義老化始於死亡率最低的年齡層，亦即十至十四歲。科學或醫學的定義有時看似違反常識，卻又不無道理；像醫學認為十八歲以下的未成年人就診應看小兒科，高中生恐怕要頭一批跳出來抗議了。總之，到了第三年齡再怎麼樣也應該懂得放下、捨得。有捨才有得，得到的正是心靈的寧靜，一如《心經》所云，「遠離顛倒夢想，究竟涅槃」。不過在我看來，且就我而言，這種境界仍是「雖不能至，心嚮往之」的妙諦吧！

一、入老

1.離退

雖然還不夠資格領取老人優待票，但我乘捷運、搭公車時，已經自發地博愛就座。一如有個滿頭白髮的老同學，最初每回上車立即面壁，以免被人誤認為蒼老而讓位；後來他心念一轉，認為給年輕人日行一善的機會也不錯，乃欣然坐下。這種感覺其實很微妙，也很纖細。記得五十出頭時有回去超商繳費，妙齡小妹在電腦上用心操作，我則左顧右盼瀏覽附近商品；一聲「伯伯，好了！」剛開始竟然沒讓我回過神來，她又親切地喚了一聲，終於正式宣告我已成為人們眼中的「長者」。一時不習慣的理由包括未生養子女，因為從未聞叫「爸爸」。一旦沒有兒子，連孫子也耽誤了。前一陣下樓搭電梯，半途進來一對年輕母女，到底層後我禮貌地讓她們先行，媽媽立即要小娃兒說聲「謝謝爺爺」，感情這輩分上又升了一級，聞之不免有些悲喜交集。

長期以來，我最習慣的稱呼，是被人家喚作「老師」，前後已有三十多年歷史；此前一年吃回頭草在兩校兼課，一口氣多了四百名學生，到如今又成過去式。過去歸過去，雖然現今不再流行「一日為師，

終生爲父」的觀念，但多年下來起碼教過上萬名學生，走在路上偶爾還是會被人認出。尤其擔任專職教師的最後幾年，教了不少教育所專班生，他們的身分幾乎都是中小學老師，而我就算是老師的老師。還好我不曾去其任教學校拜訪，否則一旦被稱爲「太師」，可就太那個了。猶記有個資深小學老師碩士論文寫的是有關退休金的議題，當時這群中年教師十分關心「七五制」何時會修法改爲「八五制」。這是以服務滿二十五年爲屆年退休標準，前者加上五十歲便可言退，後者則延至六十，或五十五歲加三十年，二者高下立判。

他們關心自身權益是有相當理由的，因爲國民中小學教師同時身兼公務員，退休可以請領豐厚的年金，早領晚領其實差很大。而我作爲私校教師，原本什麼好康也沒有，結果幸運碰上幾年前的修法，勉強也有年金可領。只是身爲臺北市民，我每個月的年金只比市民低收入下限多三千元而已，算是聊勝於無。不過說來可嘆，即使就領這點月退俸，偶爾還會有些節餘；因爲物質與精神的需求都已大大降低，令過去嗜書如命的我頗感意外。少買書並不意味不讀書，手邊藏書重新展讀依舊興味無窮，一如我逐漸喜愛重看同一部電影，莫非不喜嘗鮮正代表老之已至？離退三載除了入川辦學及回頭兼課外，幾乎等於天天星期天，但是衝擊並沒有想像中來得大。因爲過去每週也只有八堂課，已接近所謂「富貴閒人」了；此處採取乃是白居易的定義：「心足即爲富，身閒乃當貴。」

2.運動與休閒

社會學家指出，休閒概念乃是伴隨中產階級而來；工業革命後逐漸崛起的新興階層，雖非大富大貴，卻已有錢有閒，於是乃有休閒之所需。今日休閒方式千般百種，但我於退休前並不曾關注於此。縱使自認爲中產階級，但專任教職有課時在身，雖非朝九晚五，每週至少仍需以四天安排授課及「留校時間」，以待學生上門討教。另外再加上大

小會議及校內外服務性活動，也占去不少時間，感覺上就像是上班族，於是一有空閒只會休息，這便是最基本的休閒。後來發現自己血糖出現異樣，逼使我必須正視此後可能落得下場悲慘，乃發憤做運動以改善現狀。那是六年前的事，意志集中力量也集中，竟然神奇似地於四個月內甩肉十三公斤；卻又因為減重過速，出現膀胱結石的後遺症，必須住院動手術。然而一旦鬆懈，體重又重攀高點矣。

一般多將運動與休閒連用，大學甚至設有運動與休閒學系，彷彿運動就等於或接近休閒，但我認為二者仍有實質的不同。在我看來運動主要為健身，而休閒多屬散心；當然彼此可能有所重疊，如此或能達致身心兩全也說不定。大家當學生時都上過體育課，通過運動以強化體能，對我這個不愛運動的人唯恐避之不及。不運動的人若要找樂子會做些什麼呢？吃喝玩樂而已。我很慚愧地承認，在南華辦生死所那三年，是一生中最為醉生夢死的日子，理由很簡單，離家二百五十公里路，每週四天深居於大山腳下的鄉野中，對一個從小到大都住在都市的文人而言，焉有比這更浪漫的時期。結果呢？樂極生悲痴肥二十公斤不說，弄得三高齊至，身形提早折舊，幾乎看見老病死在招手了。所幸後來生涯出現巨大轉變，重返北部討生活，一切遂復歸從前。

我在嘉義縣市總共住了四年，前後於兩所學校任教，為推動生死與殯葬教育而盡心盡力，因此不時深入雲林、嘉義、臺南甚至高雄鄉間，此際國語大多派不上用場。記得當年有人推薦我去應徵高雄一所專科的校長，面談時一句「你會講閩南語嗎？」頓時掃地出門。不過我的回答也曾令對方為之一愣，繼而莞爾：「我不太會講，但是會唱！」事實上那些日子為了和鄉親搏感情，硬是學會十二首閩南語經典歌曲，於酒酣耳熱之際朗朗上口，而且字正腔圓，保證曲驚四座。最值得一提的是，有回去嘉義縣政府拜會，我的一曲「春夏秋冬」讓縣長李雅景驚豔，起身將千元大鈔壓在中杯白酒之下，置於不遠處，當我曲罷取酒一飲而盡，並收起賞金，全場立即報以熱烈掌聲哨音。這就是我以前的休閒活動，一點也不健康，卻是此生最為愜意的黃金歲月。

3.志工

我知道社會上有「志工」這回事大約近二十年，一是隨處可見的刻板印象，像是醫院、學校、博物館、旅遊景點，甚至我居住的社區里鄰，都有他們的身影，感覺上以年長者居多；另一則是從管理學家彼得杜拉克的大作中讀到，他指出1970年代逐漸興起的第三部門非營利組織，其主要人力資源便是志工。志工在臺灣的正式名稱為「志願服務者」，本世紀初《志願服務法》頒布施行，人們的奉獻行為於法有據，更激勵了社會大眾的參與投入。大陸稱其為「志願工作者」，於舉辦奧運期間一下子遍地開花，也跟全國各地車站的安全檢查一樣，於奧運結束後一直沿用至今，未曾稍減。印象裡早年臺灣不叫「志工」而是「義工」，「志工」似乎是跟著慈濟教團使用而流行的，而「義工」雖已少有人用，「義警」、「義消」、「義交」等仍不時耳聞。

我以為不再稱「義工」而喚作「志工」，似有「志願」較「義務」聽起來更順耳之意；其實它指的乃是以義行為善，而「義務」也不是非做不可，更多是指不領酬支薪，幾乎完全奉獻。至於「志願」除了「有志一同」的共識，還包含「自願」的意向，就像慈濟人常講的：「歡喜做，甘願受。」雖說歡喜做，但我投身其中僅有一年光景，然而卻相當慎重其事。理由無他，因為這可能是我此生最後也是唯一的社會角色。為此我不但借書回來閱讀，更對《志願服務法》的精義反思再三，這些無非都是希望能夠在暮年時期，保持一份既獨立又優美的存在姿態。其實我對自己於六十二歲生日前夕，毅然決定投身醫院志工，多少有些意外。以我的自了漢性格而言，退休還不如待在家中沉思默想來得愜意；但那一陣既跑去當志工，又接下幾堂兼課，其動機正來自大智教化。

大智教化傳播大智教，它就是我所遵奉的主義；「主義是一種思想、一種信仰，和一種力量」，當年三民主義如是說，沒想到耳順之年自己竟然創造出一套主義。大智教化的意理即「後科學人文自然主

義」，它是「吾十有五而志於學」至今，近半世紀的思想言行不斷醞釀積累之結晶；對內用以自我教化，對外則推己及人而爲社會教化。依此觀之，兼課及志工皆屬社會性實驗。經過一年的實驗與實踐，我決定結束固定兼課，僅保留演講、座談、會議等活動，以利更爲自由彈性善用有生之年。至於志工服務，因爲一年最多可以請假四個月，尚稱無妨。只是目前每週在醫院一角站立三小時發檢驗號碼單，工作相對靜態，而有意增加一時段去急診室待命，太太卻擔心我會挨粗暴病患的揍。其實我原本有意投身安寧病房，卻因年紀太老無法受訓而見拒，不免有些遺憾。

二、受病

1.四高

我選擇去醫院當志工，當然跟長期接觸生死學與生命教育有直接關聯，事實上我還另外準備去養老院和殯儀館服務呢！這些投身社會參與的想法並非一時興起，而是深思熟慮下的必然結果。自從三年前發展出大智教化後，一方面慶幸自己終於「悟道」，一方面又覺得似乎有些時不我予，乃毅然提前離退，用以縱橫四海去推廣最新理念。說四海其實僅止於對岸，但中國幅員遼闊，對我這個久居海島的人而言，深感舟車勞頓甚至力不從心。當時我以北京爲據點，足跡向外覆蓋至河南、甘肅、四川、上海、浙江、廣東、海南諸省市，盡量到處宣揚大智教化。但是最近一趟赴陸，竟然忘記將藥包放入行李，結果在嚴冬之中血壓居高不下，返臺後又因免疫力下降而罹患帶狀疱疹，長期疼痛不已。此番遭遇令我痛定思痛，從而決定改弦更張，回返臺灣以靜制動，逐漸展開生趣閒賞。

　　大家都聽說大陸有三難：孩子就學難，家長跟臺灣一樣想擠明星學校；搭車行車難，其擁堵現象已成全球之最；看病就醫難，難到掛名醫號需要通宵排隊且黃牛猖獗。我未曾在對岸求醫，原本不以為意；後來身體有恙，竟然發現那兒居然沒有臺灣隨處可見的小診所，只好買中藥吃，因為西藥也需要醫師處方箋。寫作本書時，我的疱疹後神經痛已經超過兩個月，彷彿體內有隻怪手如影隨形要對我割上幾刀，那種不時發生的刺痛簡直難以想像。不經一事不長一智，所以有句話叫做「久病成良醫」，如今聽來的確不無道理。很慚愧過去持續講授生死學，卻不曾深入探討生病這件事。後來讀到心理學者余德慧的《生死學十四講》，方對他所指的「受病」稍有領略，此外更得以複習海德格「向死而生」的大智慧。可惜余教授已於四年前因遺傳慢性病辭世，享年六十一歲。

　　現代華人生活環境好，飲食條件佳，雖然活出了陽壽應有的水準，卻也容易讓後天慢性病悄然上身。慢性病以癌症及中風最可怕，但是俗稱的「三高」或「四高」也不容掉以輕心。「三高」乃指高血壓、高血脂、高血糖，若加上高尿酸便成「四高」；我有一陣四高齊至，如今仍在服用控制血壓及血糖的藥物。這些雖是老人通病，但我還是發現身邊有些朋友毫無異樣，什麼慢性病都不曾上身，詢問之下才知道是運動加養生之功。數年前我曾靠運動成功快速減重，後來因為出現後遺症，自己又缺乏常性與長性，終於功虧一簣，故態復萌。當然老病纏身可能是常態，而且越老機率越高；但我才六十好幾，健康便一落千丈，只能說是咎由自取。不過看看古代與近代一些名人，例如韓愈、陸九淵、王陽明、袁世凱、梁啟超、魯迅等，在我這歲數前早已作古，又不知有何感想。

2.養生

　　俗話說「人比人，氣死人」，拿故人跟自己比，只有自我安慰的迷思，其實更應該效法的，是那些活至一定水準的典範人物，例如孔

子、白居易、叔本華、沙特等，都活至七十以上，值得對照。但我不敢想像海德格、波普，以及我從前的老闆包德明女士，他們竟然享年八、九十甚至上百，著實不可思議。最近看見英國女王歡慶九秩華誕，讓我想起老母以九十有二壽終內寢，而目前岳母亦達此齡仍健在，又彷彿提醒我養生的重要。太太問我想活至何時，過去大多含糊以對，如今總算找到標準答案，那便是我的〈公教人員保險養老年金給付核定書〉所載「平均餘命月數」，自退休時的六十歲三月起算二百七十六個月，亦即二十三年，至八十有三餘。算一算還有二十年「餘命」，可以做的事就是夫子所言：「盡人事，聽天命。」聽天由命之前，問問自己善盡人事了沒有？

儒家經典《中庸》首章開宗明義便寫道：「天命之謂性，率性之謂道，修道之謂教。」我秉持後現代儒道家的立場，樂於順此推廣大智教化。古今中外大智慧教我們要自覺修道，其中無疑包括養生之道。「留得青山在，不怕沒柴燒」，健康的身心為全部生活之本，這已屬常識之見，卻多為人所忽視；或眼高手低、視而不見、不見實踐。不用說我就是這樣的人，道至用時方恨少，不見有難不留心；但再怎麼不愛運動，今後也得每天動一動。過去道教的養生之道是教人長生久視，老而不死；但我常在課堂上講：「人死不可怕，不死才可怕；一旦不死或長生，則如今社會所承載的所有意義與價值，都將被稀釋得無影無蹤。」試想你能活到兩百歲，那麼六十五歲退休後，還有一百三十五年要做什麼？而若是活至一百六十五再退休，又將是何等沉重！

細心觀察，市面上賣的豆腐豆漿有基因改造與非基改之分，但茫茫人海芸芸眾生，若是也能夠藉著基因改造而延年益壽，在我看來肯定不是幸福之路，反而只會度日如年。我有一位姻親長輩現年九十有七，出生於五四運動當年，如今就住在運動高潮「火燒趙家樓」不遠處。他原任軍醫院主任醫師，離退後成為解放軍老幹部，共產黨對之照料有加，領的月退金相當於我過去當教授的薪水，這在大陸簡直就是高薪人士。他知我曾為教授，故喜找我談心；有回語出驚人地表示不想再活了，問

其所以,原來是老伴、老友無一在世,倍感失落。但是當我看見他每日三餐定時定量,服藥時小心謹慎;報紙從頭讀到尾,並寫日誌以記心得,就知道他老人家肯定有機會長命百歲,因為太符合養生之道了。大智教化主張順乎自然少事造作,養生若是盡在自然中,則延年益壽並不令人意外。

3.厚養

說社會走向現代化,公共衛生改善,加上醫療科技進步,讓人們活出應有水準,應該不是虛言。像我的父母、岳父母、繼父,都活過八、九十;尤其是遠居美國的繼母,更以近百高齡仍健在,唯因失智而住在養老院中,只能視為返老還童矣。當年我先後涉足生死及殯葬教育,就曾喊出「輕死重生、厚養薄葬」的口號,用以推動生命教育。提倡「輕死重生」,是因為人們多怕死且諱言死亡,而以傳授生死學助其由死觀生,進而輕死重生;至於呼籲「厚養薄葬」,更是配合國家政策而改善養生送死,一方面重視老人福祉,另一方面則大力促進環保自然葬。厚養與薄葬其實包括兩方面或兩部分,最好能夠相輔相成地實踐,方得創造出可觀的綜效。對此我至少在老母身上大幅實現:她晚年最後十六個月受我撫養,死後依其指示海葬,縱浪大化中。

母親跟繼父結縭四十六載,未曾生養子女,我是他們唯一後代,二人皆由我和太太送終。繼父為革命軍人,不苟言笑,十四歲便虛報年齡離鄉背井加入抗戰行列;後來就像許多老兵一樣,於剿共諸役中撤守來臺,靠著自學的無線電情報技術,一路升至少校軍官。在他的行伍生涯中最為傳奇的,莫過於兩度外派協助美軍打越戰;聽說因此賺了兩倍甚至三倍薪水,對改善家計大有助益。他老人家個性獨立自主,不喜麻煩人,因此到老始終不同意跟我們夫妻同住,我只好定時去探望他們。好在雙親身體硬朗,繼父直到七十八歲罹癌動手術才稍顯虛弱,卻仍完成數回出國旅遊壯舉。他最終因惡疾轉移擴散,住院三週而辭世,年近

八十一歲，未曾受太多苦痛。我遵其遺志將大體捐贈，其後成爲北醫大牙醫系二十五名大二生的大體老師，也算是功德無量。

繼父跟老母相依爲命至其去世前三週，而老母在繼父辭世後又自理了兩個多月，才在我們的安排下遷至不遠處就近照應，並僱請外勞協助其起居。我們一起和樂共處了十四個月，那時我剛出任學校院長一職，必須每日到班，但還是早晨六時左右便陪她外出吃早餐、逛公園，以盡最後善養之道。印象至今猶存的是，我一開始不會推輪椅，折騰了好一陣才駕輕就熟、運用自如。後來回想起，原因竟是在無後的情況下，從未推過嬰兒車，一時不禁悵然若失。善養即厚養，但不見得要動用厚重的財力，重點在於盡可能地陪伴與關心。常聞言「久病床頭無孝子」，道盡人情冷暖。也許是我們雙方的福氣，老母雖有心臟宿疾，甚至出入加護病房，但到頭來仍能壽終內寢，不免令人稱羨。不過在家中過世，有可能碰上搬運遺體造成鄰居困擾的問題，幸好也都迎刃而解。

三、臨終

1.善終

西方死亡學由諾貝爾級科學家於1903年所發明，至今已有一百一十多年歷史，依然具備充分科學精神，像對於瀕死與臨終的區分便是一例。一般人對「臨終」的常識性認知便是「不久於人世」，但「不久」到底有多久，卻很難說清楚；而以「瀕死」指涉「即將斷氣」，則大致上沒有爭議。西方還有一門確有爭議的新興學科，稱爲「瀕死研究」，佛學家萬金川將之譯爲「還陽學」，可說相當傳神地標幟出它專注在「死去活來」現象的探討。瀕死研究著眼於瀕死體驗，主要指有些病人訴說自己昏迷被急救時，靈魂出竅後穿過一道黑洞，達到一片大放光明

之境，頓時充滿喜樂；但好景不常，未久又被聲聲喚回，而於病床上清醒過來，完成一趟還陽之旅。此一現象之妙處就在於跟目睹飛碟一樣，唯有美國出現極多例證，其他國家和地區則寥寥無幾。

　　二十多年前有位臺大護理研究所碩士生對此甚感興趣，乃決定從事研究以撰寫論文。當她得知兩億多人口的美國有兩百萬報告案例，遂推論兩千多萬人的臺灣理當有二十萬例證，結果跑遍各大醫院急診室想搜集第一手資料，卻連兩百個案都尋不得，只好就手邊僅有的調查報告「實證」一番交差。此事的教訓也許是，「還陽學」其實跟「飛碟學」類似，均爲社會大眾在媒體捕風捉影報導下，逐漸潛移默化所產生的集體意識。撰有《死亡的臉》與《生命的臉》二書的著名外科醫師努蘭，即堅持認爲這只不過是病人於瀕死之際，在神經化學作用下所形成的幻象而已。然而只有活過來的人方能表達所見，還是引起許多人對於死前究竟有何感受覺得好奇。這大概是一道留給每個人自己去體驗的永遠之謎，也意味死亡始終爲人心保存一塊餘地。

　　相對於瀕死時期極短，臨終在醫學判準中可長達六個月，西方國家的安寧院也同意收留剩下半年性命的患者入住。相形之下，臺灣因爲醫療資源有限，入住條件縮短至三個月，但大部分患者恐怕連三個星期都等不到，能住上三天至一週已屬難能可貴。安寧院或安寧病房設立的理念是臨終關懷，藉緩和療護予患者以好死善終；不過這首先要面對並克服家屬與專科醫師「共犯結構」的認知偏差，因爲醫師會影響家屬相信安寧療護就是去等死。其實末期病人在短時間內終不免一死，此際延長壽命並無法同時改善生命品質，反而造成求生不得、求死不能的苟延殘喘困境；病患活著受罪，家屬看見更不好受。早知如此，何必當初；留給心愛的人一條好死善終光明途徑，何樂而不爲？大智教化秉持抓大放小原則，認同臨終過程應盡量遂行善終手段；至於如何操作，仍需進一步商榷。

2.安寧

　　臨終關懷是一種人道措施，希望醫療不要只想「扮演上帝」，而是回到它那協助患者減緩痛苦的初衷，盡人事聽天命。「臨終關懷」原屬大陸用語，臺灣的正式名稱爲「安寧緩和醫療」，見諸於同名的條例法規。但是最早時它叫做「安寧照顧」，由於只有照顧未見醫療，遂爲醫界所不喜，乃修正爲上述法定名稱，卻又引起護理界反彈；無奈法規已定難以修改，終以「安寧與緩和療護」之名定調通行，簡稱「安寧療護」。但是平心而論，安寧療護的作用的確是照護多於醫療；因爲服務的是癌末病患，無藥可救，只限於緩解疼痛的療程，眞正管用的乃是「幽谷伴行」關心照護措施。現代安寧的構想於1948年始自一位英國護士桑德絲，她有意恢復傳統護病的宗教精神與作爲，卻因人微言輕未受重視；直到她努力取得醫師資格，並於1967年創立世界第一所安寧院，安寧運動才應運而生。

　　擁有六十一床的倫敦聖克理斯多福安寧院，是全球各地同類型新興照護機構的嚆矢。公醫制的英國對此施以社會福利遂運作無礙，然而一旦移植美國，卻被歸爲非醫療行爲，面臨私人保險不予給付的窘況，只好轉型納入既有醫療體制內，在各級醫院設立安寧部門或病房。臺灣亦採行此一模式，目前更涵蓋八種非癌末病患，並納入健保給付範圍。國內對此保持高度熱忱的多爲宗教團體，天主教、基督教、佛教各擁有一家基金會積極推廣。其中被尊爲「臺灣安寧之母」的趙可式教授，年輕時爲出家修女護士，爲赴美學習安寧照顧毅然還俗脫離教會，終於達成理想願望。而由基督教會創辦的馬偕醫院則設有相關教育示範中心，病床多達六十五席，較英國元祖更後來居上。至於佛教蓮花基金會目前持續開設相關教育訓練課程，已具有一定公信力，其授證已爲全國各醫院所認可。

　　赴蓮花受訓年齡上限爲六十，我已超過只好知難而退，只是想當

年我還去擔任過部分授課呢！這種情況類似我可以當「老師的老師」，卻沒資格教中小學；以及爲推行殯葬教育到處演講，甚至替政府規劃課程，自己卻當不成禮儀師；只能以「聞道有先後，術業有專攻」之說，自我解嘲一番。不過無論如何，雖然安寧理念我既認同也支持，卻發現其中仍存在某些難以克服的盲點與不足之處，有待思索其他助人措施的可能。其盲點多來自專科醫師的輕視和抵制，以至其於醫院內只能列入非專科的家庭醫學科，結果推行起來十分吃力不討好。至於不足之處乃指其覆蓋面，因爲主要用於臨終患者，必須盡可能預估其存活期限，以利資源分配，這便使得長期臥床的慢性病人及植物人被排除在外。但是這些病患的遭遇，恐怕比癌末病人還要來得悲慘。

3.安樂

安寧療護雖然人道，卻力有所不逮，於是真正嚴肅且不可迴避的問題，乃不時橫亙在人們眼前，也就是能否同步實施安樂死。「安樂死」一辭取材自《孟子》「生於憂患，死於安樂」之句，用以翻譯西文所謂「容易的速死」；因其速死，所以少有痛苦。安樂死無疑要提早結束生命，類似自殺，爲天主教所不容，卻無妨於其他非公教人士的認同，英國哲學家培根就是其中最著名的擁護者。十九、二十世紀間，許多無神的人文主義者，也相當欣賞並提倡安樂死的人道精神，無奈當希特勒藉安樂死之名，大肆屠殺猶太人及其他非阿利安民族，遂令其背上萬劫不復的黑鍋。此一污名化直至半世紀後才略見緩和，部分國家或是地區陸續通過相關法案，造福病患速死以免活受罪。最近立法的國家是加拿大，但它們特別要求只限本國公民，以免美國人越界去尋死。

美國爲聯邦國家，州法亦見效力；過去曾有數州投票自決安樂死，皆以些微差距功虧一簣。但有些州並不反對「醫師協助自殺」，只是執行的要求相當嚴格。這主要用於末期患者，在醫師協助下撤除維生器材，或注射藥物以結束生命；其中前者歸自然死而爭議不大，後者則需

慎重行事。如果未經機構或制度性的評估便冒然執行，最終不免吃上官司而受牢獄之災，「死亡醫生」卡福肯就是一例。他游走於法律邊緣，成功協助過一百二十九人自殺；但為爭取立法，主動又替一人加工安樂死，並錄下全部過程送交電視臺播出，引起全國譁然，被判刑二十五年，而於八年後假釋，但被要求不能重蹈覆轍，不久便抑鬱以終。其傳奇故事於2010年被HBO拍成電視電影，還請當事人擔任顧問，由艾爾帕西諾主演，得到艾美獎影帝。這是我近年在生死學課堂上，所播放的最佳教學影片之一。

卡福肯的出發點正是人文主義和人道主義，卻被各派宗教信徒視為洪水猛獸，擔心納粹式民族滅絕的復辟。反對者最常引用的理由，乃是邏輯上的「滑坡論證」；此指倘若大開方便之門，便有可能向下滑坡，而由量變到質變，最終導致不樂見的結果，因此必須嚴格把關絕不動搖。該論證無視於人類理性之收斂作用，但邏輯論證卻是最基本的推理活動；一旦失去理性支持，論證即歸無效。回到安樂死問題核心來看，現今所討論者並非漫無邊際，而是特別針對受盡病痛折磨的人所發，例如臺灣所保持世界記錄之一的植物人存活期。前文曾指出，高中時出車禍的王曉民，前後臥床四十七年，其父母不斷上書總統請求安樂死，但礙於法令不夠周全，直到二老先後辭世仍未見改善，當事人終於在被人遺忘中，走完令人遺憾的一生，享年六十四歲。

四、善後

1.交代

王曉民的案例固然為人間悲劇，但並非單一事件，反而到處充斥。許多不可逆昏迷臥病多年的患者，消耗掉大量醫療資源，生命品質卻完

全不可能獲得改善；受折磨不止為病患本人，還包括眾多不忍放手的家屬，可謂雙重傷害。雖然目前世界各國大多不允許安樂死或醫助自殺，但基於安寧療護的作用著實有限，替代方案又不知何在，於是擁有悠久歷史的安樂死論述非但不曾稍減，反而引來越來越多國家立法通過或有條件實施，這才真正是值得大家正視的現象。我所構思的大智教化相信人死如燈滅、存在即被知，在此前提下，生命的意義與價值在精不在多；一旦病入膏肓不可救藥，則歹活不如好死。當然求個好死還是以自然死為上策，如果難以達成，則退一步追求安樂死並無不妥。但為避免誤觸法網，生前清楚交代後事，就顯得十分重要。

我講授生死學二十一載，不太在意學生考試成績，卻始終鄭重要求每名同學，用最真誠的態度自撰遺囑一份。這並非觸人霉頭，而是教導反身而誠的工夫；此一要求在頭一回上課即公告，不願接受或害怕受傷者可立即退選。正式授課後我會說明，當今寫遺囑其實有兩種，分別交代前事與後事。所謂「前事」即指「預立指示」或「生前預囑」，乃交代入院治療到底要進行至那一步驟方告一段落，不再從事無謂的急救措施。有此交代的需要，是因為現代醫療相當發達卻並非萬能，乃有可能讓病患陷入求生不得、求死不能的苟延殘喘困境。其關鍵點就在讓患者於治療前留下明確指示，以避免遭受預後不佳的治療，維繫住盡人事聽天命的有尊嚴自然死。為順應此一趨勢發展，立法院最近已通過《病人自主權利法》，預定2018年全面施行，讓交代前事更有法源依據。

不過一般人心目中要寫的遺囑，主要還是用作交代「後事」；至少包括財產分配、後事料理、家人照顧、告別親友等項，涵蓋從理性到感性的各種訴求。年輕人多無恆產，此項可量力而寫。而我最看重的乃是第二項，亦即要安排何種葬式葬法。我相信可以從一般個人對自己遺體處理的態度上，看出他是否有能力了生脫死。妙的是大學生雖涉世未深，卻有不少同學抱著浪漫情懷，交代要把遺體燒成灰撒入大海。有此遺願者每班平均近半，二十多年來大致未變，其終極嚮往比政策提倡環保自然葬還要悠久，可說反映出人心可愛與可貴之處。至於遺囑的第

三、四項，是想看看孩子們是否在走到人生五分之一或四分之一處，就懂得感恩父母、信任他人。年輕朋友寫來也的確刻骨銘心，讓我這個做老師的分享他們的生命書寫與心情故事，不時促成教學相長。

2.五不

本書寫作已近尾聲，是該讓大智教化大聲疾呼了。在撰寫下篇有關生存競爭和生涯發展兩階段諸議題時，我的觀點及立場與一般人大同小異；因為我自認是典型的中年中產者，除了力行無後和提倡中隱與眾不同外，大致都接近世俗看法。然而一旦來到涉及死亡的討論，就要拿出大智教化以推動改革創新。我長期從事殯葬改革，且對此扮演過一定的社會角色，所以格外關注此一議題。由於老、病、死經常連袂而來，大智教化論述會不時由死觀生往回看，套句管理學說法，「向後整合」也，亦即向中上游尋求改善。我的改善之道，基本上呼應著沈富雄所拈出的八項「準遺言」，以及早先奇美集團老闆許文龍對後事所列出的「五不」；尤其沈醫師一句「無魂無魄」，更是擲地有聲！人死如燈滅，有無魂魄或靈魂滅不滅，其實已無關宏旨。

大智教化希望在華人社會度化出的典型人格，乃是執持「後科學人文自然主義」的「後現代儒道家」；他們擁有「東西兼治、儒道融通」的能力，用以妥善待人處事。一旦面對自己或別人老病死的存在抉擇，必須擇善固執堅守立場，也就是傅偉勳所指儒道二家的「硬心腸」非宗教立場，將超性之事存而不論，僅視為世間的美感體驗，這又呼應著蔡元培「以美育代宗教」之說。基於此一思路，我必須明確表示，大智教化所宣揚的「大智教」，正是各家各派「宗教信仰」以外的另類「人生信念」選項。一如許多無神的西方高等知識分子，在七十年間先後提出三份〈人文主義者宣言〉，用以跟基督宗教劃清界線，我也希望倡言「天然論哲理學」，作為大智教所蘊涵大智慧的根本意理。有關大智教的本體論、認識論、價值論，可見於本書上篇，那便是我與諸有緣人的

道路、真理和生命。

　　吾乃大智教化主，但並非創教之主，而是古今中外大智大慧的宣講者和代言人。大智慧並非高不可攀，有時候它就表現爲身邊的小常識，和藹可親，唾手可得。身後事「五不」正是最佳例證：不治喪、不豎靈、不設牌、不立碑、不占地，澈底豁達灑脫，其精神已達於莊子的高度。仔細觀之，「五不」可分爲兩方面，亦即對臺灣民間的殯與葬諸措施全盤顛覆，此乃殯葬改革最高理想境界。許多人都心知肚明，死後治喪是做給活人看的面子工程，繁文縟節勞民傷財，完全失去愼終追遠的眞情實義。其實愼終應扣緊厚養，長輩一旦作古則予以薄葬，立下好榜樣令後代緬懷追隨。我的繼父和母親皆參加由政府主辦的聯合奠祭，火化後分別樹葬及海葬，省下喪葬費化作小額捐款長期行善，換了我也要如法炮製，眞正「道喜充滿」。這些作法都繫於每個人的一念之間，有爲者亦若是。

3.自然葬

　　生父於二十年前去世於美國洛杉磯，家人予以火化土葬。其葬區類似一座大公園，墓碑平躺於地，四周覆以整齊修葺的草皮，不少洋人舉家於親人墓前野餐兼祭掃，如此景象亦可勉強視爲自然葬。但這般幅員廣闊的「紀念公園」在臺灣可謂奢求，然而小而美的自然葬區並非不可能，眞正要突破的乃是潛在使用者之心理障礙。話說我們家有八十以上的三老，去世間隔恰巧都是十六個月，先後爲繼父、母親及太太姐夫；除了母親交代海葬外，其餘二老基於對京劇的共同興趣，選擇以骨灰植存於同一株樹下，以利就近切磋琴藝。我和家人固定每年三趟上山下海，以鮮花追念故人，一轉眼已經過去六載。兩年多前因爲身在都江堰辦學，仍舊於母親祭日備妥花束，自廊橋上拋入岷江，令其順流而下。在我心目中海葬以水相連，樹葬則重返大地，皆屬無所不在，可隨緣就地悼念。

　　戲迷二老入土於臺北市富德公墓樹葬專區，數年前使用者極稀，近來因為宣傳得力，社會大眾的觀念亦有所改善提升，遂呈現快速成長之勢，不斷見到專區的擴充，甚至還在一旁設立寵物花葬園區。我曾經擔任過近十年的北市殯葬評鑑委員，針對市轄四百餘家大中小型業者一一考評。起初評完一輪需時三年，後來有些業者列名績優，遂改為三年一評或自願受評。記得評鑑項目包括是否協助消費者參加聯合奠祭，以及是否配合政府推動環保自然葬，二者皆列為加分考量。老實說，這兩項跟業者的營利目的根本背道而馳，因為政府所提供的相關服務完全免費，業者若接案連規費都列不出，等於公益活動。但評鑑目的是希望業者配合政策推行，讓消費者擁有多元選項的可能，也可趁機向全民推廣縱浪大化、反璞歸真殯葬生命教育。

　　我通過大智教化宣揚環保自然葬，還有一個嚴肅的現實因素。在以核心家庭為主，並且同時走向少子化及高齡化的臺灣社會，上一輩的後事料理真的要未雨綢繆自己顧好，別再讓下一代傷腦筋添麻煩。曾有大型業者表示，如今即使造再大再美的墳頭讓父母風光入住，三十年後就大多將無人祭掃，最終則淪為孤魂野鬼。道理很簡單，核心家庭僅有上下兩代，下一代為上一代料理後事，入土後不忘祭掃；然而一旦輪到再下一代，跟祖父母原本即不親，當然也就談不上年年追思了。尤其像我們這樣自願無後的少子化始作俑者，死後更是孤苦無依，還不如生前想個清楚，以環保自然葬一勞永逸。至於有些人放不下，認為即使不入土也要進塔，因為寶塔業者會定期悼念作功德。但若無後代關注，這種形式化的要求實無甚意義。存在即被知，無人知曉當自知；要善用自知之明，死而後已。

五、不朽

1.三生

　　行至文末來談談不朽。我認為人死如燈滅,建議人們放棄靈魂不滅的宗教性迷思,但並不反對大家追求精神不朽。靈魂是什麼?有人說就是鬼,陰魂不散嘛!還記得多年前有部感人的愛情片叫《第六感生死戀》,講一男士遭人謀財害命而陰魂不散,留在人間希望保護女友免受同樣侵害;但是女友卻無法感知他的遺愛,無奈之下只好藉助一名具有陰陽眼的靈媒代為溝通,引出不少笑點,更賺人熱淚。這部電影的英文原名就直接叫做「鬼」,結局是善鬼制裁了壞人,使之變成惡鬼下地獄,自己則被一道白光接引,冉冉上升臻入天堂。其實有無天堂地獄並非我所在意,真正為之所動的是男主角生前跟女友玩手拉坯,水乳交融樂在其中;但後來他化作亡魂,想撫摸女友的臉以一親芳澤卻不可得,因為沒有了那雙肉身的手。

　　此處便回到上篇所討論的一個嚴肅的哲學形而上問題:身體跟心靈究竟是合一還是二分?我認為在本體論合一,而於認識論二分,且更可發展為「一體五面向人學模式」。對此我追隨自己的精神導師波普而立論,他一方面提出「三元世界觀」,另一方面則強調「自我及其頭腦」,後者明確表示身體是屬於心靈的體現。套用叔本華的觀點看,電影男主角想伸手撫摸女友的臉,才發現沒有手的遺憾,以及身心兩全的重要與必要;換言之,人的存在真諦乃是為了遂行某些意志目的。目的來自心理和靈性的期盼,通過身體在社會中遂行,且必須注重倫理道德規範,這就是「存在先於本質」的人生。人生只此一生一世,屬於不能承受之輕,只能順著生存競爭、生涯發展、生趣閒賞等「三生」途徑一

路行去，無法逆轉。這正是大智教化所要傳達的現世主義理念。

我在臺灣推動殯葬改革多年，希望能夠逐漸做到移風易俗與推陳出新，包括觀念想法的轉變。「此念是煩惱，轉念即菩提」，有時候改變就繫於一念之間。要改變的事情很多，諱言死亡便是一例。坊間人們在非正式情況下並不諱言死，譬如「餓死了」、「氣死了」、「你很死相」等等，但於正式討論卻多以「走了」、「去了」、「往生」等話語取代。其中尤以「往生」一辭最不宜隨處套用，蓋「往生」乃佛教用語，背後預設有三世因果、六道輪迴之說，於佛教徒或民俗信仰尚能通行，對基督徒就不適用了。後者講「信耶穌得永生」，永生即無往生輪迴之需。「三世」為後文主題，倒是常聞「三生有幸」成語，其實就是通過「三世」之說，以彰顯人間極為特殊的緣分。佛教喜言緣起緣滅，華人充分繼承之，我也從善如流，將大智教化說與有緣人聽。

2.三世

在中華文化的土壤之上，儒道佛三家思想融會貫通，遂成「三家會通」之局，甚至進而主張「三教合一」。有人認為「三教」不指宗教而為教化，但如此一來似與三家無異；然而一旦涉及宗教，便無合一之可能。「宗教」顧名思義即指「立宗設教，度化信眾」，宗派或宗教之間只能對話不可能合一。時至今日，全球各地的宗教戰爭仍此起彼落；而由於各教派多由不同民族所執持，遂演成民族間廝殺甚至滅絕。說到這裡，我就很慶幸小而美的臺灣沒有這方面的問題；有的只是藍綠之間的口水戰，倒也無傷大雅。不過問問在地臺灣人，相信因果輪迴的人倒不少。這些人不見得是佛教徒，更多相信民俗信仰；而由於後被官方歸入道教，且信眾多採行儒家生活方式，倒還真有些「三教合一」的影子。如今許多寺院廟宇的神明早已道佛雜糅，頗有些後現代的拼貼情趣。

因果輪迴之說雖來自佛教，卻源於更早的婆羅門教，後者又發展為印度教流傳至今。印度人堅守種姓制度，偶見新聞報導不同種姓通婚

而被私刑處死，深覺不可思議。不可思議的事情在十九世紀英國統治期間更定時發生，原因是諸神明的巨大偶像每年會乘坐牛車到人間巡視，遂見有賤民前仆後繼投身於車輪下令其輾過而開腸破肚。英國統治者見此自殺習俗十分殘忍，欲予禁絕卻不可得；因為死者皆相信輪迴轉世，寧可棄守此生之苦，而追隨守護神升天以求來生之樂。我對此一現象不予置評、存而不論，卻嘗試對輪迴轉世之說提出常識性看法：「假如有來世，那便不是我；倘若那是我，就不算來世。」關鍵在於「我」的性質。我思故我在，存在即自知；一旦輪迴至來世，卻仍保持我之神識，這筆帳到底要怎麼算，就不免令人大傷腦筋了。

　　記得剛當上生死所所長時，有回被請去上電視靈異節目，主持人跟我大談「觀落陰」，我戲稱這種集體遊地府的活動，可視為孝心表現的「陰間懇親團」，頓時引起哄堂大笑。節目結束前，主持人突然問我是否相信因果輪迴，我直覺地立即答以「願意相信」，令其莫名所以。我解釋道，當年四十有四，人生已過半，卻從未見前世現身或託夢，身為學者如何輕言相信？但從情感上想，人生若只有一生一世不免孤單，有了三生三世則可多所寄託，多少有些朦朧浪漫美感繫於其中。最後我下結論說：「對前世要感恩，因為他沒做缺德事方使我投胎為人；對現世要惜福，因為活著覺得比上不足卻比下有餘；對來世要積德，以免令其受苦受難抱怨連連。」其實將前世與來世分別類比於祖先及後代，或許更有意義。如此既袪除掉神秘感又保存住人文性，更顯得平易近人。

3.三不朽

　　佛道二教的三世觀可視為美感體驗而予繼承，儒家的三不朽亦可作如是觀，而貫穿其中的心態正是道家的自然與無為。無為無不為，為而不有，三世觀可於感恩、惜福、積德中靜觀其變，三不朽則不妨盡人事、聽天命。儒家三不朽講立德、立功、立言，現代人想立德只能做守法公民並表現公德心，立功則於職場官場勇於突破創新以造福他人，

至於立言就像我不斷著書立說雖千萬人吾往矣。平心而論，我其實沒有那麼大的願望要立言以不朽，只是從年輕到老，越發不滿於各種社會現象而覺得不吐不快，遂發為文字記錄心得，而有了今日小小成果。不過起初大多述而不作，半百之後逐漸產生一己之想法，日積月累下乃形成大智教化論述。反身而誠，我手寫我心，行行復行行，至於末章最後一帖，不免感觸良多；像這樣不吐不快，究竟所為何來？

這是我所撰寫第二種以「大智教化」為名的著作，前一種為論文集，去年夏天出版問世，我興沖沖地將之分贈諸親友，起初大家亦都歡喜收下。不久有人看見我，便露出神秘笑容和調侃語氣說：「大智教化！」並豎起大拇指。這使我想起以前念政大企管所的老師，後來做到政大副校長的司徒達賢教授，每回在所友會上遇見我，便大聲向別人介紹說：「哲學家！」最初我不免感到窘迫，久之反而想開了；不管是調侃或者貼標籤，不就是一種刻板印象嘛！我既然是外行人眼中的「哲學家」，何不乾脆在這方面幹出一番事業。大智教化也是同樣，因為它又指文殊菩薩，在別人眼中宗教味道濃厚，何不順水推舟將之發展為準宗教，而不讓生命教育專美於前。既然於網路時代書寫有可能立言以不朽，我大可自視為哲學家與教主，或者別出心裁地宣稱新頭銜「哲理家兼教化主」。哈哈！

哲學家也好，教主也好，我所宣揚的哲理學與大智教，皆處於體制外，並誓言絕不進入體制，以擺脫被人宰制，或有機會宰制人。此乃完全自知之明，因為我絕非擁有卡理斯瑪人格特質的領袖人物，亦不願被任何價值系統收編，只希望「無求於人，亦不為人所求」。像我這樣追求隱逸的性格，其實根本不應該在人間留下隻字片語，但我卻極其矛盾地大寫特寫，眼前本書正是我的第三十部著述。倘若以每部十萬字以上計算，起碼已有三、四百萬言傳世，無疑已達立言之標準。好笑的是，魯迅就說過，真正的隱士乃不為人所知；一旦被知曉，就搆不上隱士資格了。我的心血結晶既然已經大幅公諸於世，就只能以「城之隱者、今之古人；思者醒客、智者逸人」自居，繼續過著「中年中產中隱」的生

活，並逐漸步入樂齡老年。有趣的是，去年有位經商致富的老同學，感悟時不我予，遂召集舊日同窗每月定期聚會，召開「樂齡論壇」，倒也跟大智教化不謀而合。

尾聲

學死生
—— 自我大智教化

1.我手寫我心

「我手寫我心」，頭一回看見此句便深表認同，後來聽說為劉半農所言，他還寫出著名藝術歌曲「教我如何不想他」。一句話直指人心，明心見性，正是文字的最大魅力，因其令人之想像力和感染力無限馳騁，絕非圖象得以為功。像李賀的名句「天若有情天亦老」，連毛主席亦曾經引用；而納蘭性德「人生若只如初見」七字，使其在人間的地位，與其皇親康熙帝不相上下。但以我所推廣的大智教化而言，真正能彰顯其妙諦的只有下列兩句：「是非成敗轉頭空」、「也無風雨也無晴」；也許可以在前面加上兩句：「江山代有才人出，各領風騷數十載」，但這並非前提，反而僅為註腳。其實是否才人有無風騷皆無關宏旨，畢竟人生公分母本為零，再怎麼加減乘除，答案還是零。有人若以虛無主義責之，請對比《舊約聖經·傳道書》開宗明義兩句話：「虛空的虛空，凡事都是虛空。」

虛無主義與現世主義相互搓揉激盪，方使得人生的存在抉擇形成「置之死地而後生」的景深。我當然不是那種不可救藥的憤世嫉俗之人，從本書許多常識之見，甚至可以看出我是多麼俗不可耐。但我至少有一件事非但不隨俗，更希望超凡脫俗，那便是後事料理。「輕死重生、厚養薄葬」是我近年推行大智教化的一線主張，其餘則非當務之急。本書上篇顯示，輕死重生乃是大智教化的價值論，包括外爍的倫理與內斂的美感，其實二者為一體之兩面。人死如燈滅，存在即被知，即使不幸如小燈泡的夭折，也有其社會倫理教訓和美感昇華奧義，此亦為某種不朽。不過退一步想，我還是認為波普過於樂觀；他認為即人類滅絕，「文化世界三」遺產仍可為外星物種所解讀。然而從更宏觀的宇宙論來看，一旦連宇宙都滅絕，又何來文化遺產呢？

寫作自有預期的讀者對象，我亦不例外。早先寫論文為拿學位及升等，後來再寫則為維繫自身學術地位，至於出版教科書當然基於授課

需要。但是三十年一覺哲學夢，到頭來我只肯定並珍惜前後六種哲理小品，包括以《觀人生》爲題的六十自述。自述從出生寫至花甲，採編年紀事，共得百帖；眼前《學死生》則爲花甲耳順離退後雲遊四海、縱浪大化三年用心之所得，它們以「大智教化」之名，洋洋灑灑亦得百帖。不同於前書的故事性豐富，新書無疑充滿哲理，但我盡可能用小品而非論文形式表達，令其得以平易近人。我手寫我心，近年縱使寫論文的心情和目的也是一樣，或可說是借題發揮吧！總之本書屬於「接著講」，可視爲對自己生命故事的意義詮釋；副題爲《自我大智教化》，就是期待有緣人也同樣有機會動筆書寫生命故事。

2.存在即自知

我在醫院當志工，放眼看去盡是老病纏身之人，反身而誠，驚覺自己也是其中之一；人生至此的潛藏蘊義，正是提醒我們離死不遠矣。人死如燈滅，越老越有感；存在即被知，不知亦自知。寫罷本書大概也就言盡於此了，餘生則順其自然生趣閒賞去也。我的才華沒有，有的只是過人的自覺，有時竟成一種困擾；但我還是在長期教學生涯中，不斷向學生陳述自覺的重要。人貴自知，更要具備自覺能力。一個人能夠自我覺察，可進一步發展爲自我抉擇，終至凡事得以自我決斷；另一方面，缺乏自覺能力容易走向人云亦云、隨波逐流的逆境而自絕生路，執迷不悟者更可能自掘墳墓，實在不可不愼。回顧既往，我曾經自覺地兩度重考，出國留學未久便自覺地放棄，就業三年後自覺地重拾書本當老學生，任教滿二十五載又自覺地揮手自茲去，終於演成今日之現狀。

本書是自覺存在的心路歷程記錄，所推廣的大智教化不是我的發明而是發現；我發現古今中外許多智者文人，對天人地三才的關係充滿了發明，可視爲有關生命的大智大慧。正巧過去二十年我涉足臺灣官方所推動的生命教育，卻始終覺得道不同不相爲謀，乃亟思自立門戶，大智教化正是我的情意與心智之產物。官方生命教育主要以未成年學生爲對

象，我無心投入，轉而以中小學教師及社會上的成年人爲施教對象。尤其是我所採取「向死而生、由死觀生、輕死重生」的「學死生」途徑，唯有成年甚至中老年人方能「有感」，也因此之前一度標榜大智教化乃是生命教育的民間版、成人版、擴充版與升級版。但是在寫作本書的三個月之間，逐漸萌生「覺今是而昨非」之悟，遂決定進一步落實過去嘗言的「各自表述、各取所需」策略，澈底走自己的路。

存在即自知，本書不止是對我自己說法，也針對有興趣閱讀的有緣朋友論道。能夠讀到這最終一帖，表示各位並不排斥我的滿口荒唐言；果眞如此，則不啻爲你我之榮幸。身爲一名即將入老的中產自由人，我很慶幸今後能夠過著海闊天空、自由自在的生趣閒賞暮年歲月。懷抱著感恩、惜福、積德的三世觀，我將持續傾聽內在發聲，反身而誠、反璞歸眞，期待日日是好日。就像生死學前輩傅偉勳所提示的，作爲一個充滿神經質人格的讀書人，我的爲學與做人無不是在爲自己的存在找理由；理由也許充滿偏見，但終究有理而非無理。這些理由經過近半世紀的醞釀，凝聚爲本書百帖心得；心得、心得乃用心之所得，有心爲之發爲文字，此謂之心得。文章千古事，得失寸心知，本書的書寫過程伴隨著一份志業實踐，存在再度自我開顯矣。

附篇：論述

壹、從通識教育到大智教化：
以生死學為平臺

　　我在大學主修哲學、輔修生物學，任教大學至今2016年已歷三十二載，大多以講授通識教育課程爲主，其中「生死學」一科便長達二十一年，並曾參與生死學研究所的創辦。如今生死學已以「生死關懷」爲名，納入高中生命教育類選修科目。由於現在學生自殺最低年齡已由國中下降至小學中年級，更彰顯出相關課程向下紮根的重要與必要。回顧臺灣在上世紀末教育改革的浪潮中，大力推動九年一貫的課程統整，以學習領域取代教學科目，竟然意外地將五育之首的德育化爲無形。所幸邁入新世紀後，由哲學學者主導的生命教育應運而生，逐漸發展而爲新型態的倫理道德教育。新興的生命教育不止注重哲學中的倫理學，更兼及與現代人息息相關的心理學、宗教學與生死學。這些內容早已反映於大學通識教育課程內，以下即順此進行考察，並反思多元實踐的可能。

　　我主要想考察作爲大學通識教育課程選修科目的生死學之核心價值與教學實踐，通過概念的正本清源、推陳出新，嘗試以生死學爲平臺，將通識教育銜接上另一項重要的教育政策生命教育，以及由此衍生的「大智教化」。大智教化是我在三年前所提出的理念與實踐，可視爲生命教育的民間版、成人版、擴充版與升級版，希望突破學校教育的制式框架，走向反身而誠的自我教化途徑。其目的係推己及人，以哲學的愛智慧見發現「向死而生、由死觀生、輕死重生」的古今中外大智大慧，從而助人「安身立命、了生脫死」。本章首先說明通識教育和生死學的各自緣起，其次將生死學納入應用倫理及生命教育來檢視，再提出大智教化的理念與實踐，用以賦予生死學廣度與深度。修過生死學通識課的成年大學生，可藉此潛移默化，欣然養生送死、厚養薄葬。

　　生死學雖然只是通識課表上一門兩學分的選修課，但是它對大學生人格養成的附加價值，可謂既深且遠。有興趣修習此課的同學，在心有所嚮之餘，必須先行具備反身而誠的能力，用以傾聽內心的聲音。如果生命教育代表傳統德育課，通識教育所提供的就是全人修養課，至於大智教化則可視爲終身學習的自學方案。個人修養可以是智育、體育以外的德育、群育及美育，我特別希望彰顯生死學作爲統整下「群德美育」

的大智教化蘊義。大智教化蘊含了生死學的課程理念、教學目標、課程規劃、上課及評量方式，本章對此有所系統闡述。生死學在臺灣創生至今雖然只有二十三年歷史，但它統整結合了西方死亡學與中國生命學所傳授的生死智慧，屬於古今中外聖賢才智的心血結晶，值得年輕朋友咀嚼再三，躬行實踐，相信能夠終生受用。

一、從通識教育到生死學

1.通識教育

大學通識教育課程林林總總，但於人文領域中絕不乏哲學相關科目，其中又以生死學長期蔚為流行，估計全國一百六十餘所大學校院中，至少有半數曾經開授。通識教育相對於各學系所承擔的專門或專業教育，提供大學生全人格培育的基本知能與修養。哲學家指出人生乃是「向死而生」，有關生老病死的常識或通識遂不可不知，此即生死學通識課之價值。大學通識教育在臺灣正式起步於1984年七十三學年度，前後歷經三十二載，當初十八歲入學的大學生，如今已屆半百，達於對生死大事逐漸「有感」的年齡層。這群社會中堅在其生涯發展中，倘若事先具備一定的生死通識，相信對於接踵而來的老病死之種種，或能未雨綢繆地妥善安頓，而非事到臨頭亡羊補牢或不知所措。光是這一點，藉由通識教育醞釀生死智慧，便有其獨特意義。

現行大學體制完全是西方的產物，其原型來自中世紀由天主教會所創辦的頒授學位之高等學府。當時僅有神學、法學、醫學、哲學四種博士學位，其中除哲學博士代表學者自力從事學術研究受到認可外，其餘皆屬實務導向的專業學位。時至今日，一些歷史悠久的大學仍以此為標竿。由哲學涵蓋一切學問的傳統源於古希臘，如今人們所知曉的各門科

學學科，則是在十七世紀科學革命以後，方自哲學中獨立生成。從此文理兩大知識領域不斷分化，至二十世紀粲然大備。不過分化的結果卻出現彼此溝通不良、雙方學者互相漠視甚至輕視的現象，終於在1957年被英國化學家暨文學家史諾遺憾地標幟為大學內「兩種文化」的割裂。為彌補此一缺失，西方諸大學紛紛在課程設計上改弦更張，令大學生的入門知識涉獵無所偏廢，此即今日通識教育的嚆矢。

東方國家的高教體制全盤西化是西學東漸的結果，日本以明治維新主動吸納，中國則在洋人船堅礮利下被動效法，同時吐出「中學為體，西學為用」的無奈。無奈之際，傳統「大人之學」的「經、史、子、集」四部，讓位給現代大學「文、法、商、理、工、醫、農」七科。而西學代表人物胡適眼中的「國故」，也只能留待文科中的文史哲等系所去講授了。好在歷史終於給了華人一個機遇，百餘年後的今天，「亞洲四小龍」之中星、港、臺始終居三，中國更將躍居全球最大經濟體。於此風起雲湧的時代，重提「中體西用」，非但不再是屈辱之辭，反而有促進自力更生之效。今後若能盡量在大學之中開授「文理並重、東西兼治」的多元通識教育課程，定能讓華人子弟更加擁有全人格的知能與修養，從而在全球競爭中出人頭地。

2.知識領域

不可諱言，現今的知識分類同樣是全盤西化的產物，在臺灣甚至有大幅美國化的傾向，將知識分為自然科學、社會科學、人文學三大領域，各兼及相關實務應用學科，而非歐陸傳統下的自然科學與精神科學二分法。科學的原意為客觀真知，而非僅止於主觀意見。在理性長期受到重視的西方世界，人文思想也應該歸於科學，這便是歐陸精神科學的傳統。不過到了十七世紀科學革命後，自然科學研究走向量化途徑，對於社會現象的探討亦有意模仿，乃於十九世紀形成同樣採行計量的社會科學，而把不能量化的人心精神產物歸為人文學。平心而論，若是將社

會科學與人文學明確分判，倒也各具特色。只是落到國家科技部管轄的研究資源分配上，卻又以「人文社會科學」之名將二者混為一談，無形中壓縮掉人文學術的發展空間與經費預算。

古老西方的哲學無所不包，直到科學革命後始行分化。在當代新儒家學者唐君毅歸結下，傳統哲學所探究者，不外「宇宙與人生」二端。宇宙為自然天地時空，人既無逃於天地之間，就要學會如何頂天立地。孔子說「盡人事，聽天命」，在現代無需指向超越天，而是更世俗地解釋為「發揮個人潛力，瞭解自身限度」。儒道二家都把天人合一視為最高境界，取徑雖不盡相同，卻又殊途而同歸。現今至少在華人世界，希望認識天人之道，亦即人如何與自然和諧相處，除「文理並重、東西兼治」途徑外，更好走向「物我齊觀、天人合一」的境地。依此觀之，大學通識教育除了讓不同知識領域的學生跨界學習外，更應當自覺把握本土文化的景深。通過對相關課題的歷史考察或許得以為功，例如經由文化史以觀照華人的宇宙觀與人生觀。

文化在西方意指「一個民族的生活方式之全部」，於中土則體現為「人文化成」的努力。「人文」與「天文」相對，表示人間的秩序與規範；傳統儒家對此貢獻良多，但是道家卻始終以批判態度作為儒家的最佳諍友。倘若儒家強調維繫人文，道家便力主彰顯自然。後新儒家學者林安梧指出「自然先於人，人先於自然科學」，長期研究中國科技史的英國學者李約瑟，則將中國素樸的自然科學歸於道教，並指出十五世紀前的中土科技遠優於西方。這些天人知識在華人世界一直是彼此通透的，不似到了二十一世紀更見自然、社會、人文「三種文化」各自分立。既然大學通識教育的實施目的，主要為了令三者互通有無，則課程設計就不能劃地自限，而應主動尋求跨學科甚至跨領域對話的可能。創生於上世紀末的生死學，適足以作為一門示範學科。

3.生死學

「生死學」之說係由臺灣旅美哲學暨宗教學者傅偉勳於1993年所創，當年他因爲罹癌而發心用中文著述，於三個月內撰成《死亡的尊嚴與生命的尊嚴——從臨終精神醫學到現代生死學》一書，藉此推廣在美國各級學校普遍施行的死亡教育。死亡教育主要傳授死亡學，而死亡學則伴隨著老年學，由俄國諾貝爾醫學獎得主麥辛尼考夫於1903年同時建立，用以探索人類的生老病死。爲顧及華人諱言死亡，傅偉勳在書中採取較爲中性的「生死學」爲名。無獨有偶地，日本人將死亡學譯爲「死生學」，似乎也有同樣用意。在傅偉勳心目中，從自己生死體驗中應運而生的生死學，絕非純粹書本知識，而屬於當代新儒家學者牟宗三所指的「生命的學問」；他更於次年出版學術自傳《學問的生命與生命的學問》，有系統地紹述走向生命學問的心路歷程。

由生物醫學專家同時創立的老年學與死亡學，無疑具有豐富的科學內涵；但是它們又直指人生後期受苦折磨的身心歷程，必然需要一定的人文關懷。由於近年不少先進及發展中國家，都出現老齡化的社會現象，使得老年學日趨熱門；相形之下，諱言死亡在各民族內仍普遍存在，加上不少人誤認爲死亡學屬於宗教相關論述，使得談生論死的知識推廣，始終面臨一定阻力。平心而論，西方的死亡學對焦清楚，幾乎只談死不論生，或是多談死少論生，卻難免予人一些心理壓力。目前在國外，它跟老年學都是以一門多元關注的社會科學中游學科面世，性質類似教育學及管理學。死亡學正式發展至今約半世紀，其關注議題包括宏觀面之天災人禍所造成的死亡現象，以及微觀面之死亡認知和態度、自殺防治、臨終關懷等，主要以科學方法從事探究。

死亡學在美國自1970年代逐漸成形，先是推動死亡教育，繼之以出版《死亡研究》期刊深化學理。但社會科學雖有量化與質性之分，終究不若人文學問通過情意體驗直指人心。尤其像死亡此一終極議題，不能

光做外緣考察，還是得回歸本原，反身而誠。傅偉勳的經驗正是如此，他於創立生死學之始，仍以死亡學為藍本，僅初步提及儒道融通的「心性體認本位」之特質。但是到了三年後去世前夕，便深刻認清死亡學僅屬狹義生死學，真正立足於心性體認本位的「生命學」，方為「生命的學問」之廣義生死學。我有意探討經由通識教育宣揚「大智教化」的可能；大智教化的內涵，乃是人們用以從事生死關懷必須具備的大智大慧，它涉及古今中外智者哲人文士的心智結晶，但無論如何也要足以達於「心性體認本位」的標準。

二、從生死學到生命教育

1.存在抉擇

　　生死學畢竟是通識教育人文領域裡面的一門課，而非純屬個人生死觀；不過在通識課程中開授生死學的目的，主要還是為培養學生樹立安心適性的生死觀。這種讀書以變化氣質的努力，正是德育及美育而非智育的任務。臺灣的德育已逐漸走向生命教育途徑，政策要求七成授課加三成體驗。而即使授課內容也不乏體驗成分，因此談生論死若從重視主觀體驗的西方存在主義講起，應是很好的起點。存在主義是一派源自歐陸的哲學思潮，在1950、1960年代一度風靡全球，大學生更趨之若鶩。這使得一些藉文藝作品宣揚存在理念的哲學家名滿天下，卡繆和沙特甚至榮獲諾貝爾文學獎。沙特有一名言「存在先於本質」，接續了笛卡兒「我思故我在」的精神，彰顯出標榜個人主體性的真諦，亦即將命運操之在我，勿假手他人，以妥善作出存在抉擇。

　　人們多少都會受到別人影響，年輕人尤其易於活在父母師長、同儕朋友以及時髦流行等觀點的影響下，較少自覺反思人生究竟該當何去何

從。不過雖然自己還是走在別人走過的道路上，但只要經過深思熟慮向前行，而非人云亦云地隨波逐流，就不算是捷克作家昆德拉筆下的「媚俗」。昆德拉看見人生在世只活一次的事實，發現它輕飄飄地幾乎難以捕捉承受，稍縱即逝下似有若無，看多了就不當一回事；即使如戰爭大屠殺，在後人看來也只是一堆死亡數字而已。但問題是別人不在乎的，唯有我能把握，也應該在意，那便是自己的一生。每個人的一生都無與倫比，且只存活於由生到死之間，德國哲學家海德格稱之爲「在世存有」。此一思想根源來自十九世紀丹麥哲學家齊克果，他標幟出人的存在之獨特性，必須在短暫的有生之年，不斷作出妥當的存在抉擇，方才成就其爲眞正的人。

「在世存有」是哲學術語，一般人偶爾也會反思意識到自己的實際存在，傅偉勳遂將存在主義稱作「實存主義」。但無論如何，作爲存在思潮先驅人物的齊克果，確切看見了人的實際存在之四大特徵：個體性、時間、變化、死亡。這意指「個體」人生乃是在「時間」之中不停流轉「變化」並步向「死亡」，海德格形容爲「向死而生」。齊克果、海德格、沙特、卡繆等人都被歸在存在主義旗幟下，他們用心思索人的生死奧義，成就較希臘三傑以後任何一群哲學家都來得多，以之爲學習生死學的起點相當貼切適合。此即「西學」之大用，使其與「中學」的心性體認相互呼應，將有可能開展出眞正適於華人學子安身立命、了生脫死之道。我講授生死學多年，深信這才是滿足全方位、全人格學習的大學之理念，自己亦深深體會到「教學相長」的喜悅。

2.生命倫理

生死學關注人的生老病死等苦痛之種種，佛陀歸納出有情眾生所受之八苦，亦即「生苦、老苦、病苦、死苦、愛別離苦、怨憎會苦、求不得苦、五陰熾盛苦」，其中最常爲世人感受到苦痛難堪的，不外衰老與受病二者。現代人一旦老病纏身就得上醫院，在臺灣占十分之一人口的

老人，使用了全民三分之一的醫療資源。醫療資源分配如今已跟墮胎、安樂死、自殺等議題，同樣列入醫學倫理學或更大範圍的生命倫理學當中進行探討。醫學倫理學始自十九世紀初的英國，原本繼承「醫學之父」希波克拉底的「醫師誓言」傳統，繼續深化探索並提倡醫德學；但是後來醫學越發跟生物學及生命科學結合，逐漸奠定堅實的基礎醫學，以利臨床醫學向上開花結果，醫學倫理學也隨之擴充為生物醫學倫理學。我曾經於2004年跟三位醫護人員合撰《醫學倫理學》一書，系統介紹生命倫理。

西方倫理學試圖揭櫫一些行事原則，用以規範人際關係，它們同時可引申至天人關係。於1970年代出自生命科學家之手的「生命」倫理學，就試圖考察人類如何與自然環境和諧相處。至八○年代這份理想與其他環保思想融會成環境倫理學，生命倫理學轉而結合始自十九世紀初期的醫學倫理學，開啟更為宏觀的視野。醫學倫理學長期以提倡醫師道德為目的，直到醫藥科技發展至足以令人苟延殘喘的地步，才轉移焦點開始正視病患處境。這項進步是殘酷的，它所造成求生不得、求死不能的「活受罪」戲碼，如今正不斷在每所醫院的加護病房中上演。死生有命，自然死才接近善終。無奈醫療主要以治癒為標竿，並不全然關照病患及家屬的最佳狀況。後者是護理專業堅持的崇高價值，亦即對患者提供人性的關懷與適切的照護，以維繫整全的人之尊嚴。

生命倫理學擴充了醫學倫理學的視野與功能，為醫院中生死攸關的臨床決策帶來一股強大的支撐力量，也讓傳統倫理學找到嶄新方向，有哲學家遂以〈醫學如何挽救住倫理學的命脈〉為題，撰寫論文闡述其意義。尤有甚者，扣緊實踐的醫學倫理、環境倫理加上企業倫理，於1980年代中期有機組合成一門新興學科——應用倫理學。雖然如今應用倫理學的位階仍置於倫理學及哲學之下，但其影響力和所受重視程度實不容小覷。大學相關系所紛紛開授倫理課程，且納入專門或專業而非通識課程，足見其地位已走出哲學圈，而跟其他學門積極對話，並且受到一定尊重。如今大型醫院依法皆需設置醫學倫理委員會，我即曾受聘擔任過

三年委員。在國外甚至聘有專職倫理學家，以利諮詢並共謀解決臨床決策以及醫療政策上的倫理難題，例如醫療資源分配等。

3.生命教育

應用倫理學其實不限上述三者，舉凡護理、諮商、社工、傳播、資訊甚至殯葬等專業，都可以開授倫理課。十餘年前我因緣際會地加入官方殯葬改革行列，先後促成喪禮服務技術士和禮儀師的考授證照。有意入行者需修習相關專業課程始能應考，為此我努力建構殯葬專業課程，並成功地將殯葬倫理學列入必修科目，從而撰寫《殯葬倫理學》與《殯葬生命教育》二書，作為授課及考試參考教材。而作為整體的應用倫理學，則適於列入大專通識教育課程。另一方面，目前國內高中生必選的生命教育類課程，進階七科除生死關懷外，跟倫理哲學相關的便有哲學與人生、道德思考與抉擇、生命與科技倫理、性愛與婚姻倫理等四科，足見生命教育正是新式德育。至於另外兩科為宗教與人生、人格統整與靈性發展，也屬於重要的宗教與心理方面生命課題。

在科學技術昌盛起來之前，東西方的教育內容大多係以德育為主。中國長期以儒家倫理思想治國，學而優則仕所受的即屬道德教育。西方則直至十七世紀仍由哲學當家，除大學為培養學者外，一般教育尤其是中小學多傳授具宗教內涵的德育。十八世紀初「教育學之父」赫爾巴特著書立說，即視倫理學為教育主旨。但到了十九世紀末科學當道，將教育分為德育、智育、體育三者的英國哲學家史賓塞，其心目中的教育典型已轉為傳播科學知識的智育。百餘年來風氣既成，德育空列五育之首，卻起不了太多實質作用。正在情勢低迷之際，生命教育竟然應運而生，不但收回德育舊山河，更順勢將心理、宗教、生死等議題納入其中，使之更形豐富。眼前唯一不足之處，便是其始終未觸及美育，尤其是藝術美以外的自然美和人生美，有待大智教化為之補充。

在華人世界裡，一如大陸於1985年獨創較通識教育範圍更廣泛的素

質教育，生命教育亦在1997年首見於臺灣，其理念不久便擴散至大陸及港澳。臺港澳的生命教育皆爲宗教團體所喜，乃大力護持，官方也樂見其成；大陸則極力淡化宗教色彩，而與思想政治和心理健康教育銜接。如今生命教育最明確的參照指標就是高中課綱，大專通識課程可以引爲借鏡。高中列有兩學分「生死關懷」，與大學「生死學」前後呼應，後者的課程設計得以方便參考前者。唯高中課綱西化程度甚深，且宗教色彩濃厚，我於草案甫公布的2004年，即撰成《生命教育概論》一書予以批判，並強調納入華人本土文化論述的重要與必要。我心目中的理想代表，正是儒道融通的「心性體認本位」人文自然思想，它不止可用於生死學，更應及於整個生命教育。

三、從生命教育到大智教化

1.由死觀生

雖然生命教育已在兩岸四地落實生根，但是滋養的土壤成分不同，加之官方對其作爲教育政策的認知亦有所出入，乃出現「各自表述，各取所需」的多元景象。本章對焦於臺灣在地生命教育，以生死學爲平臺，考察其在大學通識教育課程內的理念與實踐之可能發展。我於2013年中開始拈出「大智教化」一系論述，可視爲深化生死關懷的不斷嘗試。個人正式涉足哲學四十三載，雖始終嚮往人生哲學，卻持續專治科學哲學，近年則講授自然哲學與生死學，希望將之融會貫通、推陳出新，以打造一門「生死學哲學」，作爲推廣大智教化的學理基礎。但這並非一蹴可幾，而需循序漸進，當下只能在教化實踐中，一步一腳印累積經驗與動力，努力不懈地走下去。在教學相長的途徑上，首先要把握的大方向便是「由死觀生」的認識論。

孔子表示「未知生，焉知死」，生死學則強調「未知死，焉知生」。先秦儒家擁抱現世主義，希望活在人間時多做些事，少去想像及談論生死與鬼神之說。這無寧是一種健康心態，但人生在世並不見得一帆風順，難免事與願違。此際儒家不免產生憂患意識，若遇環境險阻導致大道不行，甚至擇善固執成仁取義在所不惜。一死以明志若能有助於天下得道倒也值得，無奈從孔子所存活的春秋時期走向戰國，人間更成亂世。戰國雖有孟子的衛道，卻也出現被傅偉勳推崇為「中國生死學的開創者」莊子。莊子所代表的道家思想，在相當程度上發揮了「由死觀生、輕死重生」的大智大慧。這是一種情意取向的思考方式，值得後人參考學習。尤其像生老病死這類涉及個人直接感受與終極關注的事件，的確不能因為理智上的無解就避而不談。

孔孟老莊分別為儒道二家的代表人物；孔子樂於講理，孟子更是好辯；相形之下，老子欲言又止，莊子則喜說故事。這些文明標竿在稟性氣質上，雖有著根本不同，對今人而言，卻各具參照價值。尤其在西方思潮的洗禮影響下，讓人們有著更開闊的視野見識，以及更深刻的反思能力，用以由死觀生，從而輕死重生、了生脫死。莊子的另類觀點無疑充滿慧見，卻難免令人望而卻步；他在兩千多年後終於找到知音，那便是存在主義。存在思想雖由齊克果開其端，卻必須感謝較早的叔本華，以及後來的尼采和佛洛伊德；正是他們細膩揭露了人類的情意世界，談論生死大事方才反映出深邃的背景。生死學銜接上情意取向的存在主義，算是取之有道的「西學為用」；進一步走向儒道融通的生活實踐，始真正體現「中學為體」的境界。

2.愛智慧見

追隨哲學前輩傅偉勳的腳步，我亦將生死學定位為一門以哲學為核心，積極向外尋求跨學科、跨領域統整對話的科際學科。若將之納入通識教育課程，最好是從哲學講起，再以同心圓的形態逐漸向外擴散；如

今它既然被歸為人文學科，不妨先向文學藝術求緣，再跟以哲學為知識淵源的心理學、社會學及教育學互通有無，至於是否要涉入宗教信仰，我的一貫態度是存而不論、見仁見智。平心而論，各家各派的宗教信仰內涵博大精深，信不信由人，且另有諸如佛學或神學等學問進行考察探索，不勞哲學或生死學為之多所費心。至於歸於社會科學的宗教學，研究各種宗教或信仰活動發生於歷史社會時空中的現象，因為不必然要信教，所以可以跟哲學積極對話。哲學的本意是愛好智慧，雖不能至心嚮往之，尤其是切身攸關的生死智慧。

愛好智慧首先不能盲從，進一步要講求方法，佛教禪宗的漸頓二派值得參考。漸修派要求逐漸修行，頓悟派注重當下領悟；這對具備不同根器的人各為方便法門，理當因材施教。通常人心具有感性、理性、悟性三種能力，可分別對應於世間常識、知識、智慧三層境界。人人都可能從感性常識出發，通過理性知識的次第學習，達於悟性智慧的圓融無礙。人間並非沒有早早開悟的天才，但是少之又少，絕大多數還是要循序漸進，方得更上層樓，止於至善。尤其是生死智慧，多少跟身心年齡有關；如何了生脫死，到老才開竅尚且不遲。那麼年輕時能做些什麼？老吾老以及人之老，助人為善便是一途。大學生修生死課，課內外看生命教育影片或可體會生死；若能去醫療或社福機構當志工，不然回家多關照上輩及上上輩，就更接近親身證道了。

哲學不光談理論，也有實踐應用的一面，倫理活動與美感體驗便屬之，通常歸於價值判斷。價值判斷的相對面則是事實認定，雖然二者不見得涇渭分明，但根據常識便可發現，事實多半只檢驗真假，價值卻有是非、善惡、對錯、好壞、美醜之分。生死學的科學面一如死亡學，可以依照醫學標準清楚判定死亡與否，但其人文社會面則傾向生命學，要為亡者「蓋棺論定」，包括上述各項價值判斷。其實放大來看，常人生活作為向死而生的在世存有，又何嘗不是如此？看病對診下藥是根據病情事實檢證，活著安身立命就不脫倫常關係的價值安頓；尤有甚者，人生是否如海德格所言，足以審美地「詩意棲居」，也應列入考慮。大致

而言，知識記錄事實，常識與智慧則體現價值。至於哲學所追求的眞善美崇高意境，更是愛智慧見觀照的極致了。

3.大智教化

作爲臺灣生命教育的民間版、成人版、擴充版與升級版的大智教化，正是一整套愛智慧見，但並非全般原創，大多爲集成繼承。我有緣學習與講授生死學，於由死觀生的取徑上，領略輕死重生的妙諦，爲推己及人，遂發心通過生命教育以建構大智教化。它的核心價值乃是「後西化、非宗教、安生死」的「後科學人文自然主義」生活信念與生死智慧，將德育的生命教育擴充升級爲融德育、群育、美育於一爐的「群德美育」大智教化，以生死學爲名納入通識課程講述與體驗。必須說明的是，後西化或後科學的態度並非拒斥，而爲包容與超越；我雖然主張「文理並重、東西兼治」，但心目中仍有先後高下之分。華人社會歷經百餘年的西化和現代化過程，終於得以跟西方世界平起平坐；洋人始終沒有東方化的問題，如今華人已經走進後現代，自覺地包容與超越此其時矣。

大學通識教育課程設計的第一要務，便是打破建制科系所的本位主義，盡量要求跨界對話。課程根據知識領域進行劃分雖無可厚非，但絕不能因此故步自封、劃地自限。以生死學爲例，筆者曾提出「生物—心理—社會—倫理—靈性一體五面向人學模式」，用以編撰教科書《醫護生死學》，於2003年出版至今已採行十餘年，尚稱面面俱顧，無所偏廢。此一模式係指從五方面看待一個整全的人，分析中不忘綜合。由於五面向涵蓋三大知識領域，生死學遂要求文理並重的跨領域探究，但是仍以人文關懷爲基準。至於華人社會的學生也不應全盤西化，而必須中西甚至東西兼治。像比傅偉勳早八年提出「生命學」概念的學者，就是日本生命倫理學家森岡正博。日本與韓國對於儒道佛三家或「三教」的繼承與研究，我們同樣不能忽視。

　　生死學有三問：「我從那裡來？我往那裡去？活在當下，如何安身立命、了生脫死？」有些人認為前兩問只能交給宗教處理。我雖然曾經一度皈依佛教，卻始終對宗教信仰存而不論，視宗教現象為美感體驗不欲多言，僅認為人文自然主義的愛智慧見同樣得以為功。但這並非重點，要緊的是第三問；重點在於「活在當下」，亦即澈底的現世主義，這正是傅偉勳認為儒道二家不問宗教超性的特質。從醫學判準看，死亡即是身心功能不可逆的喪失，「人死如燈滅」。此不啻莊子心目中的氣聚氣散，一旦失去生機便回歸物性，說物我因此可以齊觀並不為過。但人又不盡然只是笛卡兒所想像的精密機器而已，姑不論有否不滅的靈魂，每個人的心智靈明或多或少足以創造出各種精神高度，倘若成聖成賢，甚至達於天人合一之境，也堪稱精神不朽了。

四、教化實踐

1.學校教育

　　以上所言，全係我心目中理想的生死學微言大義，然而一旦放在大學通識教育課程內傳授，卻可能出現眼高手低或認知差異之憾。為達教學相長、推己及人之目的，近兩年我遂以大智教化為名實，從事實驗性的課程設計與教學實踐，在大陸及臺灣各兩所高校授課，已取得一定經驗與收穫。生死教學一如哲學諮商，不止在課堂上傳道、授業，更可以隨緣解惑，尤其是解開年輕人心中之痛。大學教師聘書上列有「教學、研究、服務、輔導」四項職責，一般總認為學生輔導是班級導師或專職輔導人員的責任，事實上只要學生有需要，任何課程的教師都可以從事隨機輔導和機會教育。尤其像生死學這類可能涉入個人情意感受的科目，在符合專業倫理的情況下，無需迴避協助學生解決困擾問題，例如

有意尋短。當然也要考慮轉介的需要，否則可能釀成事端。

我除了提出前述「一體五面向人學模式」的理念，作為考察人之生老病死的切入點，更以「教育、輔導、關懷、管理」四門，引介生死相關的專業實務。對這九項理念加實務的系統鋪陳，適足以構成一學期兩學分的講授內容。「一體五面向」指人的「生物、心理、社會、倫理、靈性」五大構面，至少要涉獵與之相關的學科。其中「靈性」意謂「精神性」，在西方常牽連於宗教信仰，但於中土亦可代表各種高端體驗。我對此倡議「靈性即性靈」，認同蔡元培「以美育代宗教」之說，主張以獨抒性靈的文學藝術欣賞與創作，充分體現精神生活。此一議論受到林語堂的啟發，其大作《生活的藝術》原擬題為《抒情哲學》，全書以道家思想為基調，特別推崇莊子的人生美學，對我在高中至大學時期的苦悶心靈十分受用，於今樂於推薦給年輕朋友。

作為大學通識課的生死學，可視為生命教育在高等院校的實踐；一如其於高中正式課程的要求，至少要保留三成授課時間以從事體驗活動。但課時畢竟有限，隨堂完全用於體驗最好不超過三或四週。且若是百人以上的大班，除非動用教學助理，實難以有效分組討論。權宜之下，我的作法係以電影欣賞析加心得寫作為主。影片即生命敘事，需涵蓋生老病死，若能呈現不同民族的作法更佳。至於另一項體驗活動，過去二十載幾乎所有授課教師都會要求學生投入，那便是撰寫個人遺囑。一般遺囑至少應包括財產分配與後事料理部分，至於家人照顧和告別親友也可形諸文字。遺囑雖為虛擬，情感卻須真實。甫成年的大學生，可藉此回顧與反思四分之一或五分之一的人生，從而策勵長遠的將來。相信這是大學生活難得且震撼心靈的體驗。

2.自我教化

生死學的知識內容可以考試，但情意體驗只能視其參與程度給予評量。傳授本科目之目的，首先是對年輕人從事生命教育，同時希望能夠

在短短的一學期內，創造出潛移默化的附加價值，進而推廣大智教化。教化嘗試打破制式教育的框架，因此強調自我教化。這是從修完本課後方才真正開始，亦即反身而誠的終身學習。它至少包括較生涯規劃更深刻的安身立命之思，以及比撰寫遺囑更切身的了生脫死之行。生死學的三問：「我從那裡來？我往那裡去？活在當下，如何安身立命、了生脫死？」從現世主義觀點看，前兩問的答案當為「我從娘胎來，往棺材裡去」；乍聞之下似乎缺少深度，卻是小常識所透顯出的大智慧。它告訴我們，正因為人只有一生一世，才真正值得一活；倘若生命綿綿無絕期，則不啻難以承受之重，何樂之有？

「安身立命」為禪宗語，最簡單的解釋就是「安頓身心以樹立理想」。通常人的一生會經歷三個年齡階段：從出生到就業的第一齡生存競爭階段、從就業到退休的第二齡生涯發展階段，以及退休以後的第三齡生趣閒賞階段。念大學為的是培養實力，以主修所學作為進入職場的基礎，但於僧多粥少的情況下，還是得通過激烈的競爭始能達成目的。一般到處謀取且可替換的謂之「工作」，占得一位置足以謀生糊口的叫做「職業」，唯有安定中求進步更具揮灑空間的才稱得上「事業」，甚至還有更高層的「志業」。安身立命所體現的，正是從工作逐步提升至事業或志業的歷程。但這並非完全靠專門或專業教育得以為功，通識教育同樣扮演著重要腳色。專業助人立竿見影，通識醞釀潛移默化；眼前最佳例證，就是資訊人李開復所撰《我修的死亡學分》一書。

李開復出生於臺北，今年五十五歲，十一歲赴美成為小留學生，一路讀到電腦博士，先後進入蘋果、微軟、谷歌等大公司服務，最高職位做到谷歌全球副總裁，後來在北京自行創業。他是所有人眼中的「人生勝利組」，網路上有五千萬粉絲，卻不幸於2012年積勞成疾而罹癌，歷經十七個月的堅苦治療，總算暫時撿回一命。此前他為了拚事業以造福人群，竟認為睡眠乃浪費時間之舉，應盡量縮短，如今則大澈大悟痛改前非，舉家遷回臺北，多所修身養性。李開復的抗癌自述大陸版題為《向死而生》，更符合生死學所要傳達的宏旨。活著最好「盡力而為，

175

適可而止」，以期「留得青山在，不怕沒材燒」。人雖不免一死，卻可以輕死重生，以善養身心，達致了生脫死之境。像李開復或是賈伯斯的故事，多少足以啓發人們悟道，進而自我教化。

3.推己及人

我根據過去三十餘年的教學經驗發現，在臺灣的大學生自認有宗教信仰者並不多，一班頂多十分之一，大陸就更不用提了。有時同學戲稱自己相信「睡覺」，此際我就會因勢利導，例如以李開復的遭遇爲例證，強調適當睡眠的重要與必要。像半夜莫打電玩，上課不可睡覺；該睡就睡，不該睡不睡；生死學所教導的，就包括如此平易近人的養生之道，絕非充滿神秘或恐怖色彩的課程。尤有甚者，同學上過此課後，倘若能夠激發出一定的自覺，便足以發揮其附加價值，推己及人，以協助周遭的人善處生死大事。例如規定要學生寫遺囑當作業，並鼓勵他們以此向家人親友推而廣之，但仍需適可而止，以免產生不必要的誤會。我曾聽說有家長因爲老師要求自己的孩子寫遺囑而感到觸霉頭，跑去學校興師問罪，因此開學之初特別強調遊戲規則，以防萬一。

前面曾提及生死學的四門專業實務，在美國它們都需要考授證照方能執業，具體地說便是「死亡教育、悲傷輔導、臨終關懷、殯葬管理」。生死學乃是主張「向死而生、由死觀生、輕死重生」的生命教育，在不違反專業法規的情況下，可以通過所學對他人實施最基本的哀傷撫慰，包括素樸的臨終關懷與悲傷輔導。這些原本歸於醫護及諮商的專業，並不見得普遍爲含蓄保守的華人所善用。末期病人除非住進安寧病房，否則也得不著全方位的臨終關懷。爲親人送終以及其他大大小小的悲傷情緒，多半仍投向身邊親友。此刻一個用心認眞學過生死學並擁有相關常識的人，絕對比空言慰藉或不知所措來得有用。諮商專業人員需要實習，修生死課雖難以實作，卻可以伺機觀察，並主動對周遭同學及親友表示關切，以待隨時派上用場。

　　生死課要求同學寫遺囑交代後事，這是最佳的由死觀生教化實踐；一個人對後事料理的安排，多少反映出其死亡態度。我基於大智教化的理想，對此積極主張「厚養薄葬」，亦即生前善養父母，身後環保節葬。生養死葬乃是為人子女的責任，然而當臺灣的少子女化現象已是全球數一數二之際，非但養兒防老不見下文，連後事也得自行張羅，如此方能無後顧之憂。求人不如求己，生死學教人們居安思危、未雨綢繆，以免亡羊補牢。就醫寫預立指示，告老先交代後事，都是基本的生死智慧。現代小家庭即使有後人送終，四、五十年後子女亦老死，墳頭或塔位無人祭掃，終究淪為孤魂野鬼，還不如一開始就選擇環保自然葬。種樹或撒海隨己所好，重點是要效法企業家許文龍所堅持的「五不」：不治喪、不豎靈、不立牌、不設碑、不占地，這才是最終極的大智教化實踐。

貳、生死學之思：
科學、人文與自然

- 一、科學知識
- 二、人文學問
- 三、自然智慧
- 四、生死學的知情意行

　　「生死學」一辭由旅美臺灣哲學暨宗教學者傅偉勳於1993年所提出，此後至其去世的三年間，將它建構爲西方死亡學與中國生命學之統整，並視前者爲「狹義生死學」。「死亡學」爲俄國諾貝爾醫學獎得主麥辛尼考夫於1903年伴隨「老年學」共同創立，自始便具有深厚科學色彩。而「生命學」之說則首見於1988年日本生命倫理學者森岡正博的著述，日本另將死亡學譯爲「死生學」。與「生命教育」在國內外名同實異的情況類似，傅偉勳心目中的生命學並不在於探討生命醫學倫理議題，而是彰顯「心性體認本位」的中國儒道佛傳統學問。本章旨在對臺灣在地的生死學之性質重新加以考察思索，有必要先行就相關名相概念稍予釐清。我的思路原則爲「文理並重、東西兼治；物我齊觀、天人合一」，總結而爲一套「向死而生、由死觀生、輕死重生」的生死論述。

　　本章嘗試系統思索生死學的根本性質，以期改善並落實與之相關的知情意行。作爲一門創始於臺灣在地的新興學科，生死學於二十餘年間蔚爲流行，除長期開授碩士與學士學程、成爲大學系所外，並已列入高中生命教育類課程八門選修科目之一。爲正本清源、推陳出新，並寄望永續發展，本章從科學知識、人文學問、自然智慧三方面，對生死學進行回顧與前瞻。由於生死學係由西方死亡學與中國生命學統整會通而成，且關注人的生老病死，必然要求於上述視角無所偏廢，各節乃圍繞此等進路次第開展。通過對生死之科學、人文與自然三方加以分析及闡釋，進一步就生死學的認知、情意、行動三面從事深化與實踐。本章最終提出我所倡議的「後科學人文自然主義」生命教育，亦即「大智教化」，以助人安身立命、了生脫死。

　　本章原係爲紀念「生死學之父」傅偉勳逝世二十週年而作的論文，現配合全書體例予以改寫。我於傅教授生前與之相識十年，並爲完成其遺志，接手創立當年的南華管理學院生死學研究所。該所於其辭世次歲1997年正式招生，如今已發展爲系所一家的完整格局。此外1999年尚在其基礎上創設兩個專業學會，即中華生死學會與中華殯葬教育學會；十七年後的今天，二學會理事長皆已由該所畢業生接任，可視爲生命學

問的接續傳承。傅教授對生死學繪有一幅理想藍圖，如今大致通過該系實現。我在其中服務三年後另謀他樓，執持「各自表述，各取所需」的原則自立門戶，爲空中大學三度規劃開授生死學課程，並創辦殯葬專業學程，另撰有二十餘種相關教科書，率皆用於推廣生死學及生命教育。相信這些持續不懈的努力，可堪告慰忘年老友傅偉勳教授在天之靈了。

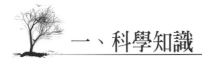

一、科學知識

1.知識

　　生死學雖被歸類爲人文學科，但其實具備跨學科甚至跨領域的屬性，並擁有豐富的實務應用特質。從知識方面看，它理當被視爲一門中游學科，以上游的基本學科爲基礎，圍繞著生老病死諸議題，發展出自身學術旨趣，並提供人們以實際運用。由於作爲狹義生死學的死亡學出自科學家之手，本章首先要思索有關生死的科學知識之種種。若純就西方觀點看，現今科學知識實源出於哲學研究。西方哲學始自兩千五、六百年前的古希臘，這也正是中國思想、印度佛教及希伯來信仰興起的時代，被視作人類文明發揚光大的「第一軸心」。十七世紀發生「科學革命」，各門「分科之學」紛紛脫離哲學而獨立，體現爲分門別類知識的深化和傳承。至十九世紀後期，知識大致分化爲科學與人文二端，二十世紀則確立成自然科學、社會科學、人文學三大領域的局面。

　　古希臘哲學巔峰時期代表人物，無疑是被稱作「希臘三傑」的蘇格拉底、柏拉圖、亞里斯多德祖孫師徒。蘇格拉底立足於之前一百五十年哲人對天道與人事進行哲學探討的基礎上，提出「知德合一」之說，將追求眞理與實踐道德的途徑融合爲一，至柏拉圖更見眞善美的殊途同歸。蘇格拉底處於希臘哲學的人事論時期，關注於人如何行善的問題；

但在此前的宇宙論時期，哲學家已發展出理性思辨方法，蘇格拉底同樣遵循之，這就使得「知德合一」向知識而非道德靠攏。理性思辨是一種訴求客觀認知的哲學態度，希望獲取放諸四海皆準的真理知識，與之相對的則屬個人主觀意見。西方哲人一開始就標榜出理性與真知掛帥的立場，至千百年後的今日，雖已轉化成科學術當道的局面，但基本精神仍一脈相承，亦即對人文情意學問的淡視漠然。

當然希臘三傑並未忽略要解決倫理道德問題，卻希望通過求知方法來達成目的。這種西方人獨特的思維方向，不但自古便獨樹一幟，至今猶旗幟鮮明。像蘇格拉底以其所創的「助產術」詰問法，不斷向人追究問題的定義，從而令對方節節敗退，終於承認自己的無知。此類用理性論辯而非情意感受為治學方法，足以保證能夠得到普遍「真知」，而非僅屬個別「意見」。合理推論採用的正是邏輯，自古包括演繹法、歸納法及辯證法。邏輯反映出人心的理性認知能力，指別人說話或行事「不合邏輯」，便表示其思想混亂。對理性知識的反身探索，形成認識論或知識論，它又被視為「大邏輯」。古代及中世哲學堅守理性思辨，認為真理越辯越明；近代以後加上強調經驗觀察，無徵不信；科學便是二者綜合的結果。但哲學明顯不屬於科學，因此可以在知情意行各方面多所發揮。

2.科學

今日許多科學學科都可以在亞里斯多德的著作中找到源頭，包括自然科學的物理學、生物學，以及社會科學的心理學、政治學等等。不過當時它們仍收攝於哲學名下，直到兩千年後的十七世紀科學革命，諸學科方得以嶄露頭角，與哲學平起平坐。其中最具有指標意義的學科乃是物理學，它以數量方法為治學工具，雖一度維繫哲學之名，終於漸行漸遠。今日的哲學屬於人文學領域中的一門重要學科，其他至少還包括史學、文學及藝術學等，至於宗教學則歸社會科學。眼前哲學與科學的關

聯，可分爲形式和內容兩方面看。形式方面指向幾乎所有的科學家所取得的最高學位，皆稱作「哲學博士」，這是基於中世紀所形成的大學教育傳統，當時只頒授神學、法學、醫學、哲學四種博士學位。至於知識內容的聯繫，即體現爲以科學知識與活動爲對象，對之從事後設研究的科學哲學。

物理學的科學革命以天文學開其端。爲顚覆亞里斯多德—托勒密的「地心說」天文系統，近代的哥白尼、伽利略、開普勒等人，利用天象觀察加數學演算，構思出更合理的「日心說」。而牛頓則進一步以其所創的微分學，成功推算星體相對位置的變化，並引申出重力場理論，爲日後物理學全面開展鋪路。牛頓的古典力學大作雖仍題爲《自然哲學的數學原理》，卻明顯走向計量途徑，與哲學表述漸行漸遠，從而正式開啓自然科學的大門。其後化學、生物學、地質學等，陸續從自然哲學中轉型深化，諸社會科學學科亦效法自然科學採行數量方法，從而走向實證經驗化的途徑。十九世紀以後實證主義大行其道，經驗科學無往不利，以數學或科學方法樹立理論，已與哲學思辨大異其趣。而當最後一位大體系哲學家黑格爾去世後，近代哲學便隨之告一段落。

近代哲學終結於1830年代，此後至今近兩百年屬於現代及當代，哲學一方面放棄宏大敘事，另一方面也從理性認知轉向情意體驗。與此同時，隨科學革命而來的工業革命，將小型手工技藝不斷升級至大規模的精密技術，爲科學走向應用開拓出多方道路。這其中蒸汽機的使用和電力的普及扮演了重要角色，至今已深深影響及每一個現代人的生活。除此之外，工程、醫藥、農業、軍事等科技的發展，更是改變了整個地球和人類的命運。遠的不提，生物醫學既許諾延年益壽，也讓人苟延殘喘；先進武器既可保家衛國，也能造成生靈塗炭。這一切無不是生死學必須面對正視的人類處境，它不僅要考察科技時代下的人類將何去何從，更需要爲自身的學科屬性增添一定的科學知識成分。對其最有利的定位，即是以人文學爲同心圓核心，向外漸層發展至社會科學與自然科學。

3.生死的科學知識

上述有關科學知識的緣起，深深扣緊著西方哲學的發展；然而到如今科學與哲學的唯一牽連，大概只剩上面提到的，每個科學家的學術頭銜都是「哲學博士」而已。至於科學哲學研究，則仍屬哲學家的興趣，鮮有科學家關注此道。回到眼前，創生在臺灣的生死學和生命教育，雖皆出於哲學學者之手，但有關生死或生命的諸多議題，無疑會涉及科學的各方面，至少包括自然面與社會面。自然面最直接面對的便是我們的身體，這是醫學關注的對象；但由於受到笛卡兒機械論的影響，長期以來只有生物醫學單獨發展，直到近半世紀始見「生物—心理—社會醫學」的理念與實踐。而一旦將關注視野擴充至心理與社會，就走進了社會面。不過如此的醫學觀點，對生死學與生命教育並不夠充分，還需要將護理學的「身、心、靈」全方位視角也列入考察，才稱得上面面俱顧。

無論中文「生死」或日文「死生」的漢字連綴使用，主要還是指涉死亡，也因此傅偉勳要將死亡學視為狹義生死學，並另立生命學與之相輔相成。通常死亡意指生命活動與現象不可逆地終止喪失。就人類個體而言，大多數人的一生都經歷了老病死的過程，西方醫學對此有著嚴謹的判準，且多以數量表述。像以死亡率最低的十至十四歲年齡層作為老化之始，就跟常識觀點大有出入。無論如何，現代人的生老病死已被大幅「醫學化」，乃是不爭的事實。因此要考察有關生死的科學知識之自然面，大致不脫生物醫學所言。然而更宏觀的生態環境知識亦不應忽視，至於食品營養衛生保健之道同樣息息相關。為深化建構生死學，需要先把握住生死議題的科學論述，再逐漸倒轉出科學面向的生死論述。此一學科建構的努力，目前正方興未艾；但因學術典範難以樹立，可謂事倍功半。

作為新興的跨領域中游學科，僅有二十三年歷史的生死學，一時尚

未能全方位建構自家論述，只能通過參與既有的成熟學科以逐步鞏固地盤；例如先發展生死心理學、生死社會學，再轉化爲心理生死學、社會生死學等。由於生死議題主要對焦於人，我於2003年曾提出「生物—心理—社會—倫理—靈性一體五面向人學模式」的理論架構，再加上「教育、輔導、關懷、管理」四門專業實務，用以全面建構生死學。生死的科學知識在自然及其應用方面，主要包括生命及健康科學；而在社會及其應用方面，則多歸於行爲、教育及管理等科學。時下社會科學雖以模仿自然科學而生成，因此多採行經驗實證的量化方法；但論其根源卻又不脫哲學性關注，晚近遂又流行起意義詮釋的質性方法。依此觀之，生死議題從科學知識走向人文學問，也是順理成章之事。

二、人文學問

1.學問

　　生死的人文學問不同於科學知識之處，乃在於其情意成分遠大於認知；尤有甚者，在中國哲學傳統內，新儒家學者牟宗三心目中的「生命學問」，更是以「生命中心」去拒斥「知識中心」的。不過走進二十一世紀的後現代，有容乃大、兼容並蓄的多元途徑，也許更有助於世道人心。本章遂於科學知識與人文學問之外，更開出自然智慧的三重方向。後新儒家學者林安梧發現「自然先於人，人先於自然科學」，巧妙標幟出人所扮演的中介平臺角色；人文關懷不是目的而是手段，反璞歸真方爲生命最終目的。生命的學問助人安身立命、了生脫死，生死學就不能僅止於圍繞著生死現象打轉，而必須深入內核，揭示生死歷程的本來面目。這種生命學問的契入方法，乃是心性體認與反身而誠，從而發現「向死而生、由死觀生、輕死重生」的大智真諦。

　　傅偉勳提出「心性體認本位」的中國生命學大方向是其睿見，他心目中的典型學問為儒道二家以及中土禪宗思想；其中尤以道家的莊子更具開創代表性，他乃視之為「中國生死學的創始者」。心性體認意謂本心本性的情意體驗，屬於高度主觀的內心活動，與理性客觀的認知取向大異其趣。但二者又都由衷而生，於探索生死議題的道路上，實具有相輔相成之效。死亡作為生命現象不可逆地喪失，畢竟是一現實事件，只能秉持儒家「盡人事，聽天命」的務實態度平心面對。當然哀戚之情在所難免，但也唯有盡量用道家的豁達加以稀釋，避免濃得化不開。如此善用儒道融通的處世方法，人生方得臻入圓融無礙的境地。心性體認的學問途徑，雖然萌芽於中國先秦時期，但於兩千多年後的歐洲卻找到了知音，那便是叔本華的意志主義，以及齊克果以降的存在主義。

　　前面曾提及，西方哲學走在理性思考、邏輯推論的道路上，歷經兩千多年，至十八、九世紀終於開出豐盛的科學景觀，以及宏偉的哲學體系，後者即以黑格爾為代表。也正是在這種氛圍中，一種針對黑格爾理性高張的反抗力量開始蔓延，德國的叔本華與丹麥的齊克果便揭竿起最明顯的旗幟。他們都認為理性傳統不近人情，而主張通過情意反身而誠，以找出人性本來面目。叔本華發現「意志」力量的無所不在，影響及尼采與佛洛伊德，引人深思；齊克果看見個體在時光流轉中不斷變化而步向死亡的「存在」特性，帶動了二十世紀的存在主義思潮，歷久不衰。這些反身性的哲理思維，不似西方傳統理性認知路數，反而更貼近中土心性體認的生命學問。其中所蘊含的人本人文思路，除了齊克果等少數是例外，大多皆站在基督宗教傳統的對立面。

2.人文

　　基督宗教源自希伯來信仰，在西方先後發展出天主教、東正教與基督教三大傳統。其以「創造、啟示、三一、救贖」為基本教義，將神性凌駕於人性之上，於文藝復興時期以後，不斷受到人文主義的質疑，

人本思想遂開始顛覆既有的神本社會。二十世紀楬櫫存在主義大纛的沙特，便表現出無神論者之姿，且宣稱「存在主義是一種人文主義」。西方知識分子自1933年至2003年的七十年間，先後拈出的三份〈人文主義者宣言〉，更是一系列反基督宗教宣示。其中第一份由美國哲學家與教育學家杜威領銜，更引起世人矚目。杜威主張實用主義，對科學知識高度認同，曾於1920年代至中國講學兩載，對民國前期教育西化的貢獻良多，影響更是深遠，至今猶存。別的不說，臺灣的中小學教師專業教育中，必修「教育哲學」一科，且列為教師授證必考科目，就是最佳明證。

平心而論，基督宗教信仰在西方世界源遠流長，非但屬於千年中世紀哲學的核心價值，更與其他普世宗教系統，共同締造了不朽的文明盛景。但是體制化的宗教終不免引來反對之聲，反不若沒有堅實深厚宗教信仰的漢民族，一切信不信由人，也就沒什麼好反對的。嚴謹的宗教信仰必須有「教主、教義、經典、儀式、皈依」五大條件要求，尤其最後兩項通過儀式、皈依教團最為關鍵。以漢民族為大宗的華人，相對少有人正式皈依，頂多相信舉頭三尺有神明，這無寧只算是民俗信仰。華人大多不信教的事實，早為梁漱溟、馮友蘭、胡適等人發現，傅偉勳更認為華人多以儒道二家為人生信念，幾乎完全不涉宗教。臺灣人民亦以漢人為主，因此談生論死的存在抉擇，不必像西方人牽出有神無神之爭，多神泛神或誰都不信亦無不可，這種獨特的在地文化現象不可不識。

臺灣人不認同一定的宗教系統，並非表示沒有信仰或信念；民間燒香祈福、頂禮膜拜的道佛雜糅信仰文化現象，雖被政府歸類為有容乃大的道教，實際上只算是不拘形式的民俗信仰。至於官方教化的意理，還是以儒家倫理道德為主。文化在西方指向一個民族生活方式的全部，在華人社會則體現為儒家式的人文化成，亦即以禮樂教化規範民眾身心。就生死議題而論，受到人文化成影響至深的，便是養生送死、生養死葬之事。這是指父母在世必須善盡孝道，身後則需慎終追遠。儒家並非宗教，因其沒有皈依教團的過程；但其早已內化於民眾身心，甚至每年由

總統帶頭祭孔,又不啻類似全民信仰了。從交代或料理後事上,最容易看出一個人的生死態度。本書所提倡的人文自然主義人生信念,就此主張「輕死重生、厚養薄葬」的實踐。

3.生死的人文學問

在臺灣這個充分具備民主自由開放的社會文化環境中,推動生死學及生命教育,一方面擁有宗教信仰自由,另一方面也不受政治意理干預;此乃特定時空的產物,不見得能夠全面移植到其他華人社會,這是想將之推廣至對岸必須慎思明辨的情況。但是海峽兩岸畢竟同文同種,尤其是歷史文化傳衍一脈相承。四百多年來,臺灣除受日本統治半世紀外,基本仍屬中華文化落實生根之處,因此與民眾生死攸關的人文學問,也大多繼承於中土。一如牟宗三所言,中土以「生命的學問」見長,這是以「生命中心」取代「知識中心」。然而時至今日,西學東漸早就超過百年以上,教育環境已經不可能再回到古典時期;即使如生死學與生命教育這類涉及情意體驗的課程,也只能走在「文理並重、東西兼治」的中庸之道上,從而無過與不及。

中土學問在二十世紀以前長期歸於「四部」:「經、史、子、集」;西學東漸廢除科舉興辦大學後,傳統學問讓位給現代知識而分為「七科」:「文、法、商、理、工、醫、農」。在「四部」傳統內,經學蘊含著獨尊儒術下全部的官方思想,其他三部則於銜接經學外,更多體現為文史哲不分家的民間學問,尤其是哲學宗教和文學藝術等方面。歷史上中國的主要宗教為佛道二教,它們都擁有系統化的思想意理及團體制度,道教尤為仿效佛教僧團而設。印度佛教中土化以後,其教義與儒道思想融會貫通,逐漸出現「三教合一」、「三家會通」之勢,對華人生死態度影響深遠。但「三教」與其說是宗教信仰,不如視為社會教化,而且更加世俗化。例如佛教的業力流轉、輪迴轉世之說,即被儒道二家的現世主義大幅消融,不再多所寄望於來世福報了。

對哲學與宗教的反思畢竟還是讀書人的事，一般市井小民受到影響的仍在於文學及藝術方面，像是詩詞歌賦、小說戲劇，均足以打動人心。不過在生死的人文學問之體現上，讀書人士大夫的文藝作品更不乏啓迪之作，陶淵明、白居易、蘇東坡三位便是最佳例證。三人同爲受儒家思想薰陶而步入官場的學者，於不得志時也往往寄情於道家式的隱逸，同時涉足佛家的空靈意境。他們的文學作品透顯出高超的哲理性質，在歷史上評價極高。尤其是對於生死的感懷，更表現爲從人文學問走向自然智慧的寫照。值得一提的是，他們雖然通達佛理，卻堅持擁抱儒道二家的現世主義，以此了生脫死。生死學立足於臺灣發展，傳授這種心性體認的人文學問及自然智慧，必須跟科學知識受到同等的重視才對。不過在實際作法上，科學、人文與自然的內涵，最好由認知向體驗漸層過渡方是。

三、自然智慧

1.智慧

生死學反映出新世紀臺灣的生死關懷，在地的民主自由開放保證了多元論述的可能；作爲東西文化交融與本土民俗茂盛的場域，生死議題的探討在此可供參照的素材資料相當豐富，尤其是宗教與民俗信仰的資源。我尊重各家宗教信仰，但主張「後西化、非宗教、安生死」的人生信念路線，提倡以自然智慧作爲談生論死以至了生脫死的最終依據，其核心價值歸於「道法自然」的道家思想。一般多認爲智慧不同於知識；後者可以學習，前者大半靠領悟。在西方，「哲學」的原意就是「愛好智慧」，雖不能至，心嚮往之。中土禪宗有漸派與頓派之分；漸修工夫貼近知識，頓悟效果體證智慧。著名的「看山是山」三階段論，其中

「親見知識，有個入處」，代表「師父領進門，修行在個人」，最終結果雖與入門時相似，境界卻高下立辨。

相對於個別聰明才華靈光乍現，永垂不朽歷久彌新的當屬大智大慧。古今中外哲人文士有不少表現出對生死大事的睿智慧見，正是生死的自然智慧之活水源頭。但聽人言係一回事，起而行則為另一回事；例如我授課時詢問學生，不少都對莊子的生死豁達表示贊嘆，進而認同環保自然葬；然而一旦換上自己作選擇，卻不免瞻前顧後猶豫不決。此實無可厚非，因為人生在世面臨生死抉擇，對生物性的遺體處理，有太多心理、社會及倫理的世間考量。這裡涉及了我所提「一體五面向人學模式」的前四面向，對此若要自我超越，就需要將生死議題上升至靈性層面加以觀照實踐。靈性即精神性，西方多將之聯繫於宗教信仰，臺灣人常表現在民俗信仰中，我則倡議反璞歸真的人文自然主義人生信念，而將各種信仰納入美感體驗兼容並蓄，實現蔡元培「以美育代宗教」的理想。

我一向主張生死大事應兼顧「科學真、人文善、自然美」，它們以同心圓的形態由外而內漸層深化，而以自然美作為生命核心。自然美海納百川，包容人生美、藝術美、宗教美，甚至科學真與人文善均可視之為美。求真與行善皆需起心動念，唯有體證美感圓融無礙。這是一種靈性觀照，相當於自我實現時的高峰體驗；對此我又要進一步提倡「靈性即性靈」，讓精神生活真正與美感體驗融合。年輕時我曾受惠於林語堂《生活的藝術》一書，此書原擬題為《抒情哲學》，是他於不惑之年前後對人生反思的豐碩成果。其主調為道家思想，無獨有偶地，書中也像傅偉勳對莊子推崇備至，因其言行真正體現出生命的性靈之美。「獨抒性靈」原為明代一派率性的寫作風格，為林語堂所繼承推廣；將之引申為任性情的人生態度，更見人性之自然本真。

2.自然

　　「自然」在華語中文的語境脈絡內，其意義較西方更形多元；除指涉天地景象、宇宙時空外，更兼及中國傳統哲人文士所嚮往的「順乎自然」、「自然而然」生活態度之意。西方人面對「自然」概念，雖然自古便發展出自然哲學、自然主義、大自然、超自然、自然死等論述，但就是難以企及道家式「自然而然」之奧義。這裡涉及民族文化的差異，不應勉強遷就，亦不能一概而論。我有心深化建構生死學論述，於檢視生死議題的科學知識、人文學問及自然智慧之際，發現採用漸層同心圓的形態，最適於反映其架構。同心圓以自然智慧為中心，漸次向外擴充至人文學問與科學知識；若從知識領域分判，人文學乃居於同心圓核心，社會科學與自然科學列為外圍。生老病死乃自然歷程，宜盡量勿事造作，反璞歸真，始能諦觀生命之奧妙。

　　宇宙即指古往今來、上下四方的時空，曰天地、世界亦無不可。人既無逃於天地之間，就應學會如何頂天立地、了生脫死。對此孔子言「盡人事，聽天命」頗具慧見；用今天的話說，就是「發揮個人潛力，瞭解自身限度」。在科學知識當道的今天，「天命」最好表示為「順其自然」的美感旨趣，「澹泊以明志，寧靜以致遠」，當行則行，當止則止，無過與不及。談宇宙未免太大，但科學家發現，地球、太陽系、銀河星系，甚至整個宇宙，到頭來都有可能歸於寂滅；用以作為人生存在抉擇的長遠背景，倒也頗能發人深省。遠的少提，近的自然與社會環境中，天災人禍無所不在，活著唯有善盡人事、趨吉避凶，剩下只能聽天由命、順乎自然了。將人事與天命、宇宙與人生一體考量，走向無過與不及的中庸之道，正是後科學人文自然主義的宗旨，亦為本書的核心價值。

　　人類從茹毛飲血演化至人文化成，文明與文化對群體和個體的影響已無所不在，因此如今提倡反璞歸真，並非要重返原始人生活，而是盡

可能體現生命的本真。存在主義者海德格對人的存在作為生命本真，提出一套頗具生死智慧的論述，其主要觀點即明示人乃是「在世存有」、「向死而生」的存在主體，這其中包含無神的現世主義大智慧。然而要維繫住這種主體性於不墜，就必須隨時謹記回歸本真的重要。本真即指生命自然而然的本來面目，盡量勿事造作，方能活得踏實。這也是為什麼海德格反對科學技術斷喪人心人性，主張生活應反璞歸真地「詩意棲居」，用以尋回被遮蔽的本真之理由。具有這種氣質心胸的智者哲人，無疑會欣賞道家思想；事實上，他曾與華人學者蕭師毅一道將《老子》譯為德文，雖未盡其功，多少也能看出其心之所嚮。

3.生死的自然智慧

佛教禪宗有一段著名的話語曰：「老僧三十年前未參禪時，見山是山，見水是水；及至後來親見知識，有個入處，見山不是山，見水不是水；而今得個休歇處，依前見山祇是山，見水祇是水。」此一修行辯證發展歷程，正好呼應了人心中的感性、理性、悟性三面向，以及觀照到的常識、知識、智慧三境界。生活在變化多端的今日世界，通過感性直覺捕捉住的常識越豐富越好，否則會處處碰壁。然而常識容易出錯，必須靠理性及經驗知識來修正充實。不過求知過程一旦深入，難免見樹不見林，就需要靠悟性智慧融會貫通。就生死大事而言，人生經歷了前述科學知識與人文學問的修鍊，到頭來還必須要靠自然智慧點化人心。放在人類發展歷程上看，又巧妙地對照彰顯出生存競爭、生涯發展、生趣閒賞三階段。自然智慧到老領悟並不嫌遲。

臺灣除南島原住民和外配新住民外，幾乎全為源自中土的漢民族。漢人原本務農，安土重遷，並長期遵奉儒家待人處事之道，特重家族倫常，尤以百行孝為先。孝道力行「無違」且不得「無後」，這在農業社會運作無礙。然而一旦轉型至工商社會，從傳統步入現代及後現代，終不免出現窒礙難行之處，改善良方即是由儒家社會倫理向道家人生美學

過渡。臺灣的現況是大家族式微、小家庭萎縮，更多見頂客族或單身貴族所造成的少子化現象，甚至一度居於全球之冠。倘若養兒不防老或無人送終，則慎終追遠的傳統，至少要部分讓位給反璞歸眞的理想。求人不如求己，於生死大事的安頓上，不妨退一步海闊天空，獨抒性靈，盡可能參考莊子的豁達態度，將生老病死視爲氣聚氣散，對身後事力求簡葬、潔葬，既清潔又無後顧之憂。

生死的自然智慧最終可表述爲三句教：「向死而生、由死觀生、輕死重生」，以此作爲建構生死學、生命教育以及大智教化的內核，向外漸次擴充以包容人文學問及科學知識。這是一套「後科學人文自然主義」的應用哲學思想，簡稱「天然論哲理學」，其特色爲可以操作應用，一如哲學諮商。興起於上世紀八〇年代西歐的哲學諮商，主要採行蘇格拉底式的詰問法，令當事人反思自己的世界觀與人生觀，再由專業諮商師協助加以釐清。若用於激發生死智慧，則以鋪陳個人死亡觀與生命觀爲主。作爲向死而生的存在主體，通過由死觀生的身心檢視，從而落實輕死重生的生命實踐，亦即現世主義。陶淵明「縱浪大化中，不喜亦不懼；應盡便須盡，何復獨多慮」之句，對此作出最貼切的註腳。以自然智慧爲旨趣的人生美學當作如是觀。

四、生死學的知情意行

1.生死學的認知面

我於傅偉勳初創生死學之際，即受其啓發而有心投入；不久生命教育亦在民間應運而生，後爲教育當局視爲重要政策加以推動。如今生死學已以「生死關懷」爲名，列入高中生命教育類正式課程，所有科目均要求學理授課六至七成、體驗活動三至四成，這已明示生死學及生命

教育必須知情意行面面俱顧、無所偏廢。由於生死學尚未及樹立學科典範，我在此樂於提出多元論述以供研討。生死學認知面的建構一如前述，必須從科學知識的統整著手，至少涵蓋生命科學、健康科學、行為科學、教育學、管理學等自然與社會科學，並主動攜手人文學科，齊創互利共榮的局面。目前臺灣的相關系所各有所寄，包括哲學、宗教、醫護、殯葬諸學門。我係哲學學者，專長為科學哲學，嘗試通過應用哲學途徑以建構生死學，基本符合跨領域對話的要求。

由於傅偉勳受的也是哲學訓練，之後長期在宗教學系所任教，其所創立的「現代生死學」主要奠基於此二學科。不過二者仍有性質上的不同，亦即哲學為上游的基本學科，宗教學則與生死學類似，屬於中游的跨領域學科。既為跨領域，則生死學至少要能銜接上自然科學、社會科學以及人文學三大領域；對此我曾提出「生物—心理—社會—倫理—靈性一體五面向人學模式」，適足以為之所用。該模式以人為本，通過五方面的考察據以瞭解人的生老病死。一般人對生死的關注有三問：「人從那裡來？人往那裡去？活在當下如何安身立命、了生脫死？」前二問多交給各種信仰去回應，而後者理當為生死學之擅場。安身立命為求樂活，了生脫死則希望善終；孔子所指的「七十而從心所欲，不逾矩」，正是生死學學科建構的精神標竿。

生死學畢竟不是紙上談兵而為生死攸關的生命學問，它助人以自我實現，孔子從心所欲的人生最終境界，遂成為眾望所歸。但是在臺灣的教學現況，卻僅屬差強人意；像生死關懷雖列為高中生命教育八門選修課之一，然受限於只需選一學分，真正開課的學校並不多。至於大專生死學除相關科系外，大多以兩學分通識課方式呈現，算是作為營養學分，以提供學生心靈養分。生死學若要學以致用，唯有走向專業實務的道路，通過考授證照服務社會。以實作較成熟的美國為例，「死亡教育、悲傷輔導、臨終關懷、殯葬管理」四大生死專業，皆已配套措施一應齊備。臺灣近年多所學習效法，但各專業均非由生死學主導，而是在教育、諮商、醫護、殯葬等專業的內部進行分立與深化。由此可見，生

死學至今尚未能充分彰顯學科主體性。

2.生死學的情意面

　　學科主體性的樹立，固然對於在「知識—權力」的角逐中獲取資源至關重要，但是像生死學這門主要用於呼應人生情意與行動面的學科，拓展知識疆界或非當務之急，助人安身立命、了生脫死方為主要任務。如今國內已有生死學系和生死學會，並出版生死學刊，對一門小而美的學科之發展暫時已經足夠，轉而關注情意導向的社會行動，將更有利於造福人群、善盡功德。事實上生死學乃屬臺灣在地的獨創學問，「生死學之父」傅偉勳將之打造為西方死亡學與中國生命學統整結合的跨領域學科。也正因為其具有跨領域性質，要想得到各領域的認同接納著實不易。以另一門跨領域學科宗教學來看，它創生於十九世紀後期，其作為獨立學科的地位，在臺灣卻是進入二十一世紀才被接納，從而列入官方的學門學科分類之中，相關學者的教學與研究，至此始真正有所依據。

　　生死學如今主要作為高中生及大專生的修養課程，通過我的長期教學實踐看來，提供存在主義「向死而生」的特殊視角，傳授心性體認「由死觀生」的生命學問，讓年輕人把握「輕死重生」的前途方向，進而能夠終身學習，通過自我教化得以「安身立命、了生脫死」，這才是它所創造的附加價值。對此我已於三年前提出「大智教化」的實踐道路，作為生命教育的民間版、成人版、擴充版與升級版，值得在此引介。大智教化認為人生方向既為向死而生，就應循著由死觀生的教化途徑，用以達致輕死重生的效果與目的。死亡因為只發生一次，理當視為生命中不能承受之輕。重要的資源乃是人人可以運用的八十寒暑「在世存有」，對此現世主義主張，活著要學會「盡人事，聽天命」、「盡力而為，適可而止」，如是方能「無過與不及」。

　　把握輕死重生的要義，走向了生脫死的境界，這絕非通過認知能夠習得，而是情感與意志的綜效作用。受牛頓力學的啓發，叔本華發現諸

事萬物、森羅萬象皆爲意志力的體現，包括人的生老病死。而人之異於禽獸者，僅在於清明意識下自覺的有無，一旦人意識到自身正受到意志力的驅策而亟待超脫，就可以經由哲學思考遠離顛倒夢想，究竟涅槃。叔本華受到印度原始佛教思想影響極深，是西方有名的悲觀主義者，但他卻堅決反對自殺，而是鼓勵人們善用哲理修行的工夫自世俗超拔。如此所爲雖不免造作，卻仍深具睿智慧見，難怪有人褒貶其爲「最偉大的二流哲學家」。但也正是這位非主流哲學家的拒斥理性另闢新徑，西方哲學才眞正找到基督宗教傳統以外的生死智慧。在臺灣可以東西兼治，華人傳統智慧顯得更形珍貴。

3.生死學的行動面

論及生死學的行動面，不免仍要回歸現行專業實務，畢竟這才是正在進行中的社會實踐。在國外像教育、諮商、社會、法律、醫護、殯葬等專業，都有助於個人生死智慧之體現；例如接受法律諮詢撰寫相關生前預囑與死後遺囑，包括妥善交代重症醫療措施以免活受罪，以及預先安排身後事無後顧之憂等。這些作法倘若搬到臺灣來，就必須充分考量文化差異下的行事拿捏。洋人多重法治，華人愛講人情，從出發點就有所出入。例如近年醫院在推廣「預立指示」，希望重症病患住院時先表明，是否於危急時要接受侵入性的急救措施；然而即使當事人已有所表示，一旦陷入昏迷不醒時，醫師還是有可能遷就家屬的意見，從而違反患者所願。此外又如立下遺囑的信度與效度問題，這可以從一個接一個的豪門家變爭產的新聞識得一二。

對我而言，生死學的行動面之具體實踐便是大智教化。大智教化可用於教育及輔導專業，具體實踐就是生命學問的傳授和哲理諮商的施行，其作法亦有四句教：「文理並重、東西兼治；物我齊觀、天人合一」。現行生命教育係依「天、人、物、我」四方座標予以開展，大智教化則嘗試對之收納統整，所遵循的便是以「後科學人文自然主義」

為意理的核心價值。此一複合名詞由「科學人文主義」及「人文自然主義」所組成，二者長期以來在西方都有不少倡議者，主要用於反對基督宗教的神本與超自然傾向。然而在廣大華人社會，這些批判皆非主要問題。我們的問題在於許多人一思及生死之事，就不自覺地受到因果輪迴或怪力亂神影響而深陷其中。本書所提出的解套之道，正是上述核心價值，其代表即是存在主義與儒道二家思想。

我於高中時期涉獵存在主義與道家思想而深為所動，遂立志學習哲學，此即個人「生命情調的抉擇」。當時青年學者陳鼓應持續撰文，令二者積極對話，予我莫大啟發；近半世紀後的今天，終於在生死學的土壤中開花結果。目前年逾花甲的我，發現老齡關懷和殯葬改革大有可為，乃發心願於有生之年貢獻所學，以助人了生脫死。目前在國內，一方面少子化現象持續存在，另一方面老齡化社會也已到來。當人口十分之一的老人消費掉三分之一的醫療資源，中老年人的生命教育遂成迫不及待的大事。在我看來，這便是本書標榜「學死生」與「自我大智教化」的首要任務。大智教化的理想是指引老人安享天年、平安善終、交代後事，尤其是環保自然葬。近年有不少生死學系畢業生投身殯葬業，送行者前途一片大好，也預示生死學榮景依然可期。

參、大智教化的意理： 天然論哲理學

　　經歷兩年赴陸訪學傳道，2015年秋季我重返杏壇，以大學兼任教授的社會角色，講授「自然哲學」與「生死學」二科。於備課之際，同時發現新出版的《世界觀》和《令人著迷的生與死》值得參考。巧合的是，二書各有一篇苑舉正教授推薦序，他正是我二十年前的老同事。苑教授同年另撰有《求眞》，對我年輕時所鑽研對象、英國哲學家波普的批判理性主義充分肯定，而《世界觀》則一開始便提及波普的理論。更令我印象深刻者，厥爲《生與死》作者開宗明義就標榜其談生論死乃基於「物理論」意理，完全否定靈魂之說。這種清楚揭示自己所認同觀點的作法，予我在近年推動大智教化時深受啓發，乃決定爲文對自己的信仰及信念「講清楚，說明白」。我用以安身立命、了生脫死的意識型態或意理，正是「後科學人文自然主義華人應用哲學」，又稱「天然論哲理學」。

　　本章旨在探討作爲大智教化意理的天然論哲理學之內涵與外延，以利社會教化推行與個體人生實踐。大智教化是生命教育的民間版、成人版、擴充版與升級版，意理指教化的意識型態之核心價值，「天然論哲理學」即爲「後科學人文自然主義華人應用哲學」的簡稱。「後科學人文自然主義」由「科學人文主義」與「人文自然主義」統整轉化而成，在西方哲學內各有所本；若得以跟中土儒道融通的生命學問有機地統整結合，便足以建構出適用於廣大華人的應用哲理。華人多半沒有明確宗教信仰，頂多相信舉頭三尺有神明，卻不乏以民俗信仰或人生信念來安身立命及了生脫死。本章主要就人生信念方面提倡一套明確的意理，並通過大智教化推廣普及。天然論哲理學希望經由就眞、善、美哲理的闡明，以達於對天、人、地三才之安頓。

　　至2016年中，我由生命教育轉而推廣大智教化已歷三載，本章正是明確標幟施行理念之作。大智教化旨在宣揚生死與生活的大智慧，藉出版、演講和網路等社會媒介力量，積極提倡一套足以安身立命、了生脫死的自我教化。天然論哲理學雖屬標新立異之說，其實最核心的部分，就是「吾十有五而志於學」所嚮往的，存在主義加道家思想之清風明月

式人生觀。我走過大半生始終不拘小節、大而化之，入老更追求「縱浪大化中，不喜亦不懼」的空靈意境，大智教化便是我對人生反璞歸真的呼籲。身爲堅定的現世主義、自然主義者，我樂於相信人死如燈滅、存在即被知；是非成敗轉頭空、也無風雨也無晴。人人都是西齊弗，推石頭上山只是徒勞；其中沒有贏家，然而一旦放棄則立即成爲輸家。讓我們邊推邊想著莊周夢蝶的幻美吧！

一、天然論

1.科學人文主義

天然論大致指自然主義，但並非全部；我曾經爲文表示，如此標新立異之說，是爲彰顯中華本土文化意識。自然主義屬「西學」提法，可上溯至自然哲學，但少有對本真生命的關注，而這正是「中學」所長。我涉足哲理近半世紀，不久前拈出「文理並重、東西兼治；物我齊觀、天人合一」四句教；天然論期望於渾然天成之中，達致天人合一之境。哲學追求真、善、美，探索宇宙與人生二端，亦即天、人、地三才。我過去在哲學系長期講授「宇宙論」，近年改稱「自然哲學」，用以銜接自然科學，以促成科學與人文的對話。如今自然科學放諸四海皆準，基本上全盤西化。而有些科學家及受過科學訓練的哲學家不乏人文關懷，嘗自視爲「科學人文主義者」，例如卡納普、萊興巴哈、波普、莫諾等人。我所努力推動的工作，就是將之與「人文自然主義」整合。

就知識分工來看，科學與人文可分別視爲理科與文科；現在大學生要修通識教育課程，多少是爲彌補理工與藝文「兩種文化」割裂的結果，以維繫青年人整全而非偏頗的見識。但是這種割裂並非自古皆然，它乃屬西洋文明特殊現象，發生至今也僅有三、四百年。西學古來始終

以哲學一支獨秀，科學與人文知識盡在其中，前者即是自然哲學。從自然哲學發展為自然科學，當歸功於哥白尼、伽利略、開普勒、牛頓等人對天體研究的貢獻。尤其是牛頓發明的微分數學方法，讓科學研究走向量化途徑，促成文理分道揚鑣；日後又有模仿自然科學而生的社會科學，更形窄化了人文哲學的空間。幾百年過去了，大勢所趨無法遏止，但仍有改善餘地；尤其是從文理並重走向東西兼治，讓中土儒道融通的人文自然思想產生作用並發揚光大。

前述「科學人文主義者」主要強調「科學的」人文關懷，其中具物理學背景的卡納普和萊興巴哈主張邏輯經驗主義、出身數學的波普由此走向批判理性主義，至於諾貝爾醫學獎得主莫諾係擁抱無神存在主義的分子生物學家，深為波普所肯定。這類群體成員在智性上的最大特色，是高度信任科學知識有助於人類生活，且或多或少不認同基督宗教信仰。事實上，二十至二十一世紀的七十年間，曾有三回西方知識分子大集結，共同發表〈人文主義者宣言〉，一上來就標榜無神論。身處東方的我，對此表示尊重但不附和，畢竟宗教信仰並未構成華人社會的主要氛圍；而我也不排斥對科學精神的適度信任，何況今日的國計民生沒有一點能夠擺脫掉科學及其延伸的技術之影響。唯有對其加以正視，並賦予相應的人文意涵，科技方能充分為人所用。

2.人文自然主義

一如科學人文主義的西式背景，人文自然主義亦深具西方色彩：不但自然主義是用以對抗任何超自然觀點，更堅持所有包含倫理道德與美感體驗的人文價值，均不具有超自然根源。如此一來，與宗教信仰相關的事物和價值，皆被人文自然主義排除在外；這無疑又與科學人文主義相互輝映，甚至相輔相成。我對此同樣保持中立，轉而積極尋求東西兼治融通之道。想要彼此融通首先必須知己知彼，西方文明與文化長期維持一神信仰，尤其是基督宗教樹立後的兩千年間，其特色便是天人始

終判成兩橛，人只能仰望天，卻不得凌駕。上主以其至大無外的超越性創造萬物，包括大自然在內。這種超自然的力量，其實在各民族的神話中皆可發現，以漢民族為主的中土亦不例外。然而當儒道二家思想興起後，「超越」的觀點逐漸轉向「內在」，從而走向傅偉勳所指「心性體認」之途。

當代後新儒家學者林安梧嘗言，「自然先於人，人先於自然科學」，巧妙點出以人心人性作為中介平臺，可以為大化自然與自然科學找到恰當的平衡點，令人得以御物而不御於物，受惠於科學卻不會遭到自然反撲。平心而論，自然科學的成就正是戡天御物的結果，背後隱藏著一份人定勝天的意識。但若把天比擬成自然至大無外的力量，則人即由此而生，又何德何能足以反向駕御之？看來唯有在「利用厚生、經世濟民」的前提下，本於「盡力而為、適可而止」的原則，「盡人事，聽天命」，方能讓人類與自然和諧相處。「人文」最初與「天文」相對照，天文本自然，人文則化成；人文化成即是通過文化活動以造就文明人。文明人不再茹毛飲血，卻也不應傷天害理，否則終將自作自受，生態保育就是這個道理，如今它已形成為應用倫理學核心分支之一的環境倫理學。

生態環保的觀念並非憑空出現，而是困而學之下辯證發展的。現代社會為西化產物，西方古代原本也敬天畏神，少事造作；近代以後逐漸走向戡天御物，促進科技之餘，卻破壞傷害到環境；但也正是通過科學視角實事求是，對自然進行人文反思，才懂得有所收斂而亡羊補牢。對自然的人文觀照，有前科學的、科學的以及後科學的之分，它在某種程度上反映出從自然哲學到自然科學的發展歷程；正因為科學由哲學轉化生成，其性質方具一定人文意義。說科學活動也屬於人文化成的一環並不為過，上世紀中葉更發展出科學社會學，將科學與技術置於社會文化背景中加以考察。在此情況下，科學的人文得以體現出人文的自然，生態環保的自然蘊義便在其中。但這些觀點終究還是在西方脈絡內被彰顯，對於生活於東方的華人，其實還有更為切身的思想活水源頭可資參

照，此即本章主題。

3.後科學人文自然主義

　　華人在面對「自然」概念時，不止會想到物理世界中的「自然現象」，更可能體察出心智靈明內的「自然而然」；換言之，自然對華人而言，同時具有宇宙與人生的多元意義。從哲學看，這等於是西方「自然哲學」加上東方「自然的哲學」雙重觀點，明顯開闊許多。而當西方思潮在上世紀後期，逐漸由「現代」中醞釀出既歷時又共時的「後現代」，多元論述遂擁有一定正當性。我乃就此將「科學人文主義」與「人文自然主義」統整提煉出「後科學人文自然主義」，用以開創建構「華人應用哲學」。應用哲學創生於1980年代英美等國，主要關注應用倫理學，偏重於哲學的實踐應用，這點其實早就被視為中國哲學的特色。我之所以不講中國哲學，而標新立異提倡華人應用哲學，是希望凸顯「文理並重、東西兼治」的生命學問途徑。

　　如果僅從字面上看，現代與後現代的關係理當為「歷時性」，亦即有先後序列；現代既指現時當下，則後現代似應作未來解。然而情況並非如此簡單，因為源生於對某種背離現代主義藝術趨勢的指涉，後現代主義有意在現代風潮內走出不一樣的道路；它本身乃構成一股另類的時代精神，而與現代齊頭並進，從而形成多元景象的「共時性」。有些西方學者僅將之視為啟蒙之後認識論的二度轉向，有人則批判地指其為「晚近資本主義的文化邏輯」，但終究都肯定其對於追求理性單一及宏大敘事的現代性之顛覆，亦即標榜非理性、多元、局部碎形等特色。此等有容乃大的開放特質，對我提倡以天然論哲理學作為大智教化的意理頗具啟發性，因為在「文理並重、東西兼治」的前提下，首先必須顛覆西學掛帥、科技當道的現代情境。

　　大智教化是生命教育的民間版，強調「各自表述，各取所需」，不願定於一尊。它傾向走非理性的情意路線，主要適用於臺灣在地，但

於意理建構並不劃地自限。臺灣民主自由開放，既擁有豐厚的中華文化資源底蘊，又廣納東洋西洋知行所長，足以走出自己的大智教化途徑。大智教化主張六經註我的「中體西用」；此「體」非本體乃指主體，而「用」則非器用實爲應用。中體西用維繫住東西兼治下的核心價值，其屬於「中學爲體」的後科學人文自然主義，亦即「後現代儒道家」，目的則爲養成足以安身立命、了生脫死的「知識分子生活家」。一旦「中學爲體」不成問題，則「西學爲用」亦得水到渠成，運行無礙。以我自己涉足哲學爲例，前三十五載於西學中目迷五色，半百之際一旦回首反身，則立覺道喜充滿、融會貫通，至今始終靈性豐收、海闊天空。

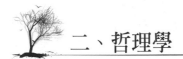

二、哲理學

1.哲學

我志在建構天然論哲理學，以之作爲大智教化的意理，進而逐行社會實踐。基於中體西用原則，簡稱「天然論」的「後科學人文自然主義」，即指「後現代儒道家」；這是一套「華人應用哲學」的具體內涵，或謂「哲理學」。應用哲學爲英語國家於上世紀八〇年代對傳統西方實踐哲學的重新改造，而我所倡議的哲理學則屬加入東方生命學問元素的華人應用哲學。1980年代應可視爲哲學的里程碑，應用哲學於此際應運而生，不再主要關注於形上學和知識論，而是傾全力發展應用倫理學。就倫理學而言，這時期所萌生的關懷倫理可謂獨樹一幟，在哲學史上更是無與倫比。理由無他，因其採用女性主義陰柔觀點，一舉顛覆掉整個傳統西方的陽剛立場，堪稱反傳統的後現代轉向，擺脫全盤西化的陰影，爲中體西用開創有利的契機。

西方哲學長期以來都高高在上，視東方思想於無物；少有的例外

是羅素在著述之際，自覺僅在撰寫「西方」哲學史。而其雖號稱嚮往真善美，但始終獨尊追求真理的理性邏輯路線，相對忽略美善等價值面的情意體驗。直到女性主義挺身而出大聲疾呼，直指自古以來的傳統路數全都充滿男性偏見，連看似客觀的科學知識亦然。平心而論，這些指責雖難免言過其實，卻也不乏振聾啟聵之效，令人耳目一新。在我看來，此等類似信念典範轉移的過程，多少可比擬為哲學由知識走向智慧的深化。哲學在西方的原意為愛好智慧，人人得以親近；然而一旦學術化，就逐漸沾染上學究氣息，捨本逐末、咬文嚼字、吹毛求疵。如果這就是知性哲學的正經面貌，則我寧取情意哲理的另類途徑；事實上，「哲理」一辭在臺灣，即深為受女性主義影響的護理學所喜用。

後現代精神的特質可歸結為「質疑主流、正視另類；肯定多元、尊重差異」。對傳統哲學，女性主義是另類；對西方哲學，東方學問是另類。尤有甚者，回返哲學愛好智慧的真諦，更需要擺脫放棄主流另類的分野，真正走向多元並擁抱異見。放眼看今日知識共同體，哲學界雖仍能自給自足，但明顯居於弱勢族群，愛智學子的安身立命無以為繼便是明證。改善之道若不想或不能大張旗鼓，鼓勵哲學系所發展應用哲學，不失為一可行途徑。應用哲學不似純理哲學的劃地自限，而是主動尋求跟其他學科學門對話合作的契機。此外應用哲學也包含哲學應用，應用於大學門牆之外，積極走進社會，深入民間。例如專業倫理、哲學諮商，以及大智教化，皆可受惠於天然論哲理學。我近年以大智教化之名，在兩岸各地向中老年人推廣自我生命教育，便屬於自度度人之舉。

2.應用哲學

西方應用哲學有二重根源，一為傳統實踐哲學，亦即基本倫理學；另一則為當前的跨學科、跨領域對話，形成應用倫理學。我對此希望納入更多元的內涵，主要是東方的生命學問。生命的學問在牟宗三看來，必須揚棄「知識中心」而走向「生命中心」。其雖不忘「講理」，

更樂於「抒情」，也就是林語堂在《生活的藝術》中所提倡的「抒情哲學」。東方的抒情哲學走向豁達、幽默的柔性道路，足以讓人們喜而忘憂、苦中作樂，但是太過樂觀也不妥，這時就需要用叔本華的「意志哲學」加以調和。叔本華是有名的悲觀主義者，他的意志哲學表現出虛無、批判的剛性特質，卻仍與抒情哲學同樣歸於生命中心的情意論述，對於世道人心具有指引功能，而非知識中心的思想與語言遊戲。事實上應用哲學在英語國家應運而生，正是為了掙脫英美哲學走向語言分析的困境。

現代人上學是為求知並學以致用。知識一旦系統化而被資訊工具有效處理，便構成重要的生產力，甚至造就出知識經濟。另一方面，讀書人若懷抱濟世之心擇善固執，則有可能被視為具有時代良知的知識分子。凡此種種，皆代表「知識」在今日世界的正向意義。當前無人會懷疑知識的不可或缺，但對知識的內容卻莫衷一是，有待進一步釐清。事實上，這正是哲學核心分支之一的知識論基本任務。知識論又稱認識論或知識學，它一方面探索人心如何認識瞭解世界，另一方面則檢視系統瞭解的結果之內容。有很長一段時期，哲學代表西方人所瞭解自然與人文世界的總合，它們呈現出各式各樣的理論、主義或學派；直到十七世紀科學革命後，才逐漸分化為多樣的科學學科，最終反映為大學所設置的「文、法、商、理、工、醫、農」等學院。

中國自隋唐以後採取科舉取士，士人所學不外「經、史、子、集」四部；二十世紀初廢除科舉改行西學，上述七科便成為高等教育的最初格局。這其中除文、理二科外，其餘五科均可視為應用知識，以滿足各自的實用目的。學習應用知識需以理論知識為基礎，但無論如何，求知主要還是先為謀生糊口，繼之方得安身立命，亦即由「生存競爭」走向「生涯發展」階段。然而人生到頭來終究不免是非成敗轉頭空，入老唯有放下捨得，以臻入空靈的「生趣閒賞」階段，最終期能達致了生脫死之境。海德格指出人乃是「向死而生」，大智教化遂本乎此而教人「由死觀生」更「輕死重生」。大智教化傳播推廣人生大智慧，具有很清楚

的實用目的，但它的意理或意識型態，卻根植於一定的哲理土壤中，我乃稱之爲「天然論哲理學」。

3.華人應用哲學

簡言之，天然論是一套以後現代儒道家思想爲核心價值的後科學人文自然主義觀點，它構成我心目中適用於華人的應用哲學及哲學應用，屬於生命學問的人生哲理，可稱之爲哲理學。華人應用哲學不止取西學爲華人所用，更積極發展以華人爲知情意行主體的知行合一之道，使其安身立命、了生脫死。不可諱言，安居樂業和好死善終，正是世俗人生的兩大期望。不少哲學家發現，華人乃是「沒有宗教的民族」；但不信宗教並非表示沒有信仰，我們有的是豐富的民俗信仰與人生信念。西方宗教明確區分神聖與世俗，華人社會卻反其道而行，這種情況在當今臺灣尤其強烈。在我們周遭，民俗信仰隨處可見，且頗具生命力。其主要型態屬於道佛雜糅，大小寺廟中各式神佛一應俱全，有其必應，更見功利性。相對於此，本書旨在推廣一套清風明月式的人生信念，此即大智教化。

大智教化的目的是世俗的而非神聖的，是自然的而非超自然的，只要有心爲之，人人可以達致。我有意將之建構設計爲宗教信仰、民俗信仰之外的人生信念重要選項，甚至可以稱作「大智教」。相對於宗教信仰需要滿足「教主、教義、經典、儀式、皈依」五大條件，大智教僅是一套人生哲理的實際應用，完全無需天啓靈動及繁文縟節；唯一要如實把握的，只有作爲教化動力的開放意理。意理若屬類似宗教教義的意識型態，多半訴諸權威且難以動搖。但是大智教化的意理澈底來自反身而誠的修養工夫，見仁見智，不必定於一尊。當然哲學應用不能沒有中心思想，對此我拈出「後現代儒道家」的基本修養與人格特質作爲方便法門：後現代引西學爲華人所用、儒家據以安身立命、道家用於了生脫死，如是而已，無向外馳求之誤。

　　人文主義與自然主義畢竟是西方觀點，當受過西化教育自美返國的胡適寫出現代第一部中國哲學史，不可避免地會把這兩種「主義」照搬過來，分別爲儒家和道家貼上標籤。一百年過去了，仍說儒道二家是人文及自然主義，不免籠統而有待商榷；但以此類比地形容它們的精神內涵，卻尚稱貼近。而由於後現代容忍觀念拼貼和多元發聲，我乃將前述人文自然主義觀點，嫁接至儒道融通的統整思想之上，希望在現代的華人社會中，彰顯後現代的傳統智慧。這些正是牟宗三與傅偉勳心目中「生命的學問」，以及劉述先所面臨到「生命情調的抉擇」。不過作爲生命教育擴充升級版的大智教化之意理，後科學人文自然主義的後現代儒道家，其最核心部分的價值，無疑仍爲自然主義及道家思想。理由無他，回歸本原、反璞歸眞是也。

三、大智教化

1.生命教育

　　前兩節已分別對天然論與哲理學的概念作出闡述，接著考察大智教化。大智教化是我對臺灣各級學校施行多年的生命教育之反思、批判及實踐成果，可視爲其民間版、成人版、擴充版與升級版。以天然論哲理學爲意理的大智教化，具有「後西化、非宗教、安生死」的特色，主張「文理並重、東西兼治」的進路，希望通過社會教化，令廣大華人走向「物我齊觀、天人合一」的境界。生命教育於1997年首創於臺灣，原本是省政府教育廳的新興措施，次年精省後由教育部接手，便提升爲全國性政策。無獨有偶，由於其名實皆極具正向意義，乃於新世紀前後逐漸擴散至對岸大陸及港澳地區。港澳原本爲西方殖民地，宗教氛圍濃厚，遂將生命教育銜接上宗教與諮商；至於大陸官方主張無神論，乃以思想

政治與心理健康等內容去呈現生命教育。

在生命教育問世近二十年後，兩岸四地不約而同均將之納入教育政策加以施行；對岸三地作法如上述，臺灣則用以取代倫理道德教育。在經歷十餘載積極推動，它終於2010年落實為一套八科的高中生命教育類正式課程。在倫理哲學學者孫效智的規劃下，這套課程完全取代傳統德育。其所設計的八科，除一科為概論外，其餘進階課程中的哲學與人生、道德思考與抉擇、性愛與婚姻倫理、生命與科技倫理等四科，皆涉及人生哲學及倫理學；而另三科宗教與人生、生死關懷、人格統整與靈性發展，則分別代表宗教學、生死學及心理學。如此規劃無形中擴充了傳統德育的視野，使之與時俱進，值得肯定。然其課綱內容雖具有豐富宗教信仰色彩，卻獨缺對古典儒道二家人生信念的關注，本土化程度相對不足，有待通過民間發聲予以改善。

生命教育由哲學學者主導推動，課程內容以哲學為大宗，無不令人欣慰；但是在價值天平上偏重倫理善而忽略情意美，以及深為宗教界喜愛卻不受哲學圈青睞，又不免引以為憾。為正本清源、推陳出新，並期待此一政策更上層樓、永續發展，我乃以學者教師身分著書立說，長期在民間發聲。十五年間共撰成並出版二十一種著作，近年終於凝聚為大智教化論述，用以大張旗鼓、大聲疾呼。本章可說是對大智教化意理的清晰明確有力鋪陳，目的則為自度度人、推己及人。身為生命教師，大智教化正是自我生命教育的體驗心得與愛智結晶，它反映出我對「向死而生、由死觀生、輕死重生」的系列思考之總結。就現有生命教育課程架構而言，我所關注的重點，不止在於處理人倫關係的倫理學，更多針對自求多福、自力更生的生死學與人生哲學。

2.哲學與人生

華人長期受儒家影響，相當看重家庭人倫，使得個體隱而不顯，以至於讓寫中國哲學史的胡適，誤認為倫理學就是人生哲學；而另一位寫

中國哲學史的馮友蘭，則將人生哲學歸於倫理學。我立足於道家加存在主義而強調獨善其身，主張安頓個體的人生哲學，乃是處理群體的倫理學之基礎。生命教育課程設計把「哲學與人生」擺在首位，作為學習起點堪稱恰當；繼之以「宗教與人生」來為「生死關懷」預作準備，則不妨存而不論，信不信由人；再往下所傳授的「道德思考與抉擇」、「性愛與婚姻倫理」、「生命與科技倫理」三科，分屬基本倫理學與應用倫理學，可謂生命教育回歸德育屬性的推陳出新；至於最終以反映心理學第四勢力的超個人心理學之「人格統整與靈性發展」代表生命最高境界，又不免墜入神秘主義的迷霧。

前文曾指出，西方人文主義具有明確反對基督宗教立場，而自然主義亦跟超自然觀點相對立。我身處臺灣華人社會，基督宗教並非主要信仰，可以存而不論；而皈依佛教的人也沒有想像的多；真正有影響力的乃是道佛雜糅的民俗信仰，包括一切本土及新興教派。這些信仰內容無疑都會對信眾的人生安頓，產生一定潛移默化的作用，尤其是涉及生老病死的部分。我在提倡推廣大智教化之際，受到蔡元培主張「以美育代宗教」的啟發，對此一律視為美感體驗，而表示高度尊重。也正基於此點，我乃將大智教化較多歸於美育而非德育及群育；若順著「人文自然主義」或「儒道家」的提法看，它可以是「群德美育」。反身而誠，具有自了漢性格的我，一向認為貼近個體的自然主義、道家、美感體驗等，較之關注群體的人文主義、儒家、倫理道德之屬，來得更有感且平易近人。

人生哲學不同於倫理學，主要作用於私領域，主觀成分居多；而我所倡議的大智教化，也絕不脫一偏之見。我必須承認，自己已活過耳順之年，對人生有此結論，半是稟性氣質使然，另半則是制式教育偏差失靈。因為臺灣過去的威權統治結合上獨尊儒術，讓我在上高中前心智為之閉塞，精神更形苦悶。一旦進入高中，通過閱讀自學，立即對存在主義、道家、禪宗等思想為之神往，並因此決定投身愛智園地，最終成為哲學教師。然而教職是必須積極產生師生互動的社會角色，不能再一味

獨善其身，遂令我逐漸從人生哲學的反思，走向人倫哲理的安頓。我正是基於自身體驗，認為倫理學乃奠基於人生哲學；但也相信肯定有不少人是從反方向契入，而得出不同結論。面對生命學問，我自認對，別人也不一定錯，唯其包容與尊重而已。

3.人生意理

本章雖多所議論，但是我手寫我心，仍以情意成分為重。加之我受到女性主義關懷倫理學者諾丁的啟發及影響，對於個人化人生哲理的鋪陳，逐漸捨「講理」而採「抒情」途徑；亦即志不在邏輯論證，而樂於邀請有緣人分享心得。這種從哲學轉向文學的表達方式，已見諸於我前後撰寫的五種小品文集：《心靈會客室》、《觀生死》、《觀生活》、《從常識到智慧》、《觀人生》；本書《學死生》則為第六種。文以載道，借題發揮，它們都在感性地、柔性地訴說著我的人生意理。近年我經常表示，自己以研究人生哲理為終身職志，活至入老之際，漸感時不我予，乃決定為文對個人信仰及信念「講清楚，說明白」。我拈出「後科學人文自然主義」著書立說，表示這就是我的人生哲理，寫出來希望推己及人，但終究信不信由人。這套意理又可視為「大智教」，作為宗教信仰以外的另類選項。

「意理」一辭源自西文翻譯，亦稱「意識型態」，其本意則為「觀念之學」，即研究人心所滋生的各種觀念。此辭原屬中立，卻因為拿破崙用以形容那些反對他的人為「意識型態家」，而沾染上負面的對立色彩，兩百多年來都難以擺脫政治陰影。平心而論，政治黨派和宗教團體無不主張堅定的黨義或教義，這些都算是意識型態；即以一套明確表述的觀念，作為眾人行事指導綱領。退一步看，個體人生又何嘗不是如此，只不過多以「人生觀」稱呼罷了。人生觀即指個人對自己生命的看法，大智教化正是向古今中外智者哲人借智慧，以自助助人發展人生觀的自我及社會教化。這些他人智慧必須融會貫通於自身心智觀念之內，

方能爲己所用，我乃視之爲人生意理。天然論哲理學就是我推廣大智教化所採行的意理，樂與大家分享，信不信由人。

　　跟政治理想或宗教教誨的性質類似，人生信念適足以作爲人生實踐的指導標竿；其不同點在於後者無需形成體制，不受團體宰制，且深具開放性。由於政黨和教團具有規範及控制力量，黨同伐異逐難以避免。但是個體人生觀見仁見智且盡其在我，於民主自由開放的社會中，可以多元包容並存。我無意在政治與宗教方面多作文章，而集中力量對臺灣社會大眾，引介一套足以安身立命、了生脫死的人生信念，此即作爲大智教化意理的天然論哲理學。此一理念的構成乃是通過認識「向死而生、由死觀生、輕死重生」一系哲理而來。當人生不斷走向死亡，則對人生終點的處理，多少反映出個人處世之道。我對此效法莊子而提出環保自然葬，將遺體燒灰灑海不留痕跡。如此「輕死」是爲體現「重生」，活好當下每一刻才是正道。

四、人生實踐

1.知行合一

　　我曾爲文指出，大智教化乃是具體可以操作的社會教化活動，至少能在學校教學、哲學諮商、醫療照護等方面施展。但其眞正的作用仍在自我教化，亦即通過對自己人生觀的檢視反身而誠，爲日常生活的方方面面找出相應之道，而其根本出發點，便是前述的「向死而生、由死觀生、輕死重生」。當然活著不必凡事都想到死，但是生命有限的前提實不應或忘。人生不脫生老病死，而其歷程就是也只是由生到死；人死如燈滅，此外無他。大智教化極重要的觀點之一正是現世主義，生前與死後皆無關宏旨。此一事實的認知十分關鍵，通過此認知所採取的相應行

動，就稱得上是知行合一的存在抉擇。沙特強調「存在先於本質」，意指個人命運應盡其可能操之在我，切莫假手他人；尤其當昆德拉指出，人生只活一次，實乃「不能承受之輕」，就更不該「媚俗」地活著。

二十世紀的存在主義是西方哲學中最具情意性的思想，其根源至少可上溯至十九世紀的叔本華和齊克果。叔本華深刻體認到各種生命無不是盲目意志的流轉，而齊克果則極有創見地發現個人的存在之無與倫比獨特性。他們的想法影響及尼采與佛洛伊德，將人性與人生的本質清楚地勾勒呈現。此等思想的一大特色便是非理性；情意屬於非理性，但非理性不盡然為情意，它也可能是不理性的混亂。往深一層看，講究理性亦可視為高度的情意表現，是一種內斂的外爍。一般多說「知、情、意、行」，情感和意志乃介於認知與行動之間，其主體正是同一個人。倘若理性屬於自覺的情意表現，則不違良心的行動便得以跟認知合而為一。用存在主義者海德格的觀點看，知行合一與本真存在彼此觀照，相輔相成，人生意義方得充分彰顯。

將理性認知視為高度或深度的情意表現，則知行合一便可表述為知情意行一以貫之，天然論哲理學對此實有積極效應。當大智教化主張「文理並重、東西兼治」的知行路線，便標幟出無所偏廢的中庸之道。堪稱欣慰的是，我有時甚至認為在臺灣的華人是最幸福的一群，因為此處的民主自由開放，相較於其他華人所在，可謂無過與不及，而在愛好智慧的精神資源上又得以左右逢源。西方人知道儒家不足為奇，但是像海德格親近道家，以及叔本華認同佛家，卻相當難能可貴。當然叔本華取材印度原始佛教思想以開顯其悲觀主義，但是當佛教傳入中土後，轉化生成本土禪宗，卻能一掃印度特色，而與道家合流。也因此「生死學之父」傅偉勳要認為道家在生死智慧知行合一這方面的繼承者，實非禪宗莫屬。「存在主義—道家—禪宗」三位一體思想，正是我的靈性泉源。

2.安身立命

　　大智教化之下的人生實踐之理想乃是「物我齊觀、天人合一」，這是指天、人、地三才的和諧共生。我常說「人既無逃於天地之間，就應學會如何頂天立地」，這正是生命教育及大智教化的最終目的。人活著雖說「向死而生」，但終究是生而沒有死；「由死觀生」的結論從而不外「輕死重生」。死只是終點，活著的過程才是主題，現世主義如是觀。現世主義認清人只有一生一世，理當珍惜善用。而即使人們相信三生三世，仍然必須站在現世進行思考；脫離現世妄想來世，無疑不合邏輯。邏輯性的常識告訴我：「假如有來世，那便不是我；倘若那是我，就不算來世。」不過話說回來，如果擱置理智訴諸情意，三世觀倒不失具有豐富的審美價值。像把前世和來世想像成祖先及子孫後代，薪火相傳，生生不息，既令人覺得親切，又不見絲毫神秘，可謂兩全其「美」。

　　我教生死學二十餘年，嘗謂生死學有三問：「人從那裡來？人往那裡去？活在當下如何安身立命、了生脫死？」前兩問多交給宗教或民俗信仰去回答，答案在我看來至少具有一定的美感體驗意義；至於第三問則輪到現世主義來回應，也就是天然論哲理學意理下大智教化的任務。「安身立命」原本為禪宗語，最簡單的世俗解釋乃是「安頓身心以樹立理想」，也就是從生存競爭到生涯發展的生路歷程。現今臺灣人受教育的機會無限寬廣，連上大學及念研究所幾乎都不成問題。問題是出路得自己安排和開創，這也是為什麼高中生命教育的配套課程乃是生涯規劃。生命教育陳義甚高，有時不免曲高和寡；尤其對高中生而言，不似生涯規劃的立竿見影，充其量只可能有潛移默化的作用。成年後接受大智教化目的之一，正是活化這些潛能。

　　現代人的安身之道不外考試求學、謀職就業、成家生子等等，孔子言「三十而立」、「四十不惑」，放在今日仍大致通用，即指個人在

四十之前必須落實生涯發展，在安定中求進步。理想的生涯不止是指找到工作及從事職業而已，要緊的是謀得一職是否有前瞻性，亦即能否堪稱「事業」甚至「志業」？古人學而優則仕，在官場上安身立命，今人則多投身職場。然則無論官場職場，倘若年近半百仍不見出頭，實不必太勉強，宜轉向「中產中年中隱」的自求多福、自得其樂。誰說一定要做「人生勝利組」？不時耳聞一些成功人士成就了事業卻賠上健康，甚至失去性命，可謂得不償失。別忘了孔夫子的教訓：「盡人事，聽天命。」立命雖教人須懂得樹立理想，莫要隨波逐流，但也應該盡力而為，適可而止；執中道而行，無過與不及。

3.了生脫死

安身立命係針對海德格所指的「日常生活」，但別忘記人乃「向死而生」，生命終不免由盛而衰，總有一天老病死會接踵而至。與其亡羊補牢，不如未雨綢繆；盡量做好一切準備，以期了生脫死，方為人生上策。「了生脫死」亦佛家語，指澈悟生老病之苦，並通過修行以擺脫生死流轉而離苦得樂。此等觀點當屬人生大智慧，但天然論卻對生死流轉有著不同看法。天然論即是後科學人文自然主義的人生信念，異於佛家的「三世觀」生命前提，而主張適用於後現代華人社會的儒道融通生活理念，盡量向大家推廣如何學做「後現代儒道家」，或謂「知識分子生活家」。其意理扣緊「向死而生」的奧義，通過大智教化的薰習，得以貞定「日常生活」。此一自我教化過程之闡述，正是本書上、下兩篇六章次第開展的內容；至於附篇四章，則作為補充說明或註腳。

印度文化受婆羅門教影響，對生死流轉有其相當獨特的體認，亦即因果輪迴轉世之說，佛教乃繼承之。事實上古希臘亦曾出現輪迴觀，只是不敵理性思辨未見流傳。理性著重邏輯思考，面對因果轉生的論辯，一如前文所指，粗淺可作常識解：「假如有來世，那便不是我；倘若那是我，就不算來世。」當然業力流轉的道理複雜得多，而宗教信仰也不

可能越辯越明，只能退一步說信不信由人。我其實相當欣賞「三世觀」的美感體驗蘊義，並希望在華人社會將之轉化得更平易近人。我心目中的前世即指父母祖先前代，而來世則爲子子孫孫後代；對前人要「感恩」、對現世應「惜福」、對後代需「積德」，如此而已。這正是符合現代人需要的新三世觀，毫無神秘之處，卻充滿社會參與、倫理關懷與美感體驗，可視爲大智教化的「群德美育」最佳例證。

　　了生是指了悟人生，不管一世還是三世，死乃在所難免；除非修道成佛，臻入不生不滅的涅槃化境。凡人畢竟難以身形不死，但是可以在靈性精神上獲得充分解脫。「此念是煩惱，轉念即菩提」，在一念之間擁抱菩提智慧，或許可以超凡入聖。而即使此生現世難以成聖成賢，通過反身而誠的生命敘事，也能得以回顧人生盛景，而無憾於此生。總而言之，人死不可怕，不死才可怕；雖說怕死乃人之常情，但其實是怕死得苦不堪言。因此自助助人使之得以好死善終的臨終關懷，便是人生不可或缺的自覺修養。以天然論哲理學爲意理支撐的大智教化，教人以居安思危、推己及人。爲求輕死重生的養生送死，對於父母長輩的厚養薄葬必須切實執行。至於愼重寫下預囑與遺囑，分別妥善交代「前事」及「後事」，也是人生重要修養之一。

肆、大智教化的本土化與在地化

　　附篇末章結合了本書應用哲理與哲理應用的精神，卻無關於學術與政治之宏旨，僅用以宣揚並深化具有明確意理的大智教化。教化對象主要針對追求中產生涯的中年以上民眾，就此區隔學生與學校生命教育。當年中華民國由中土撤守至東亞海島臺灣，屹立至今已近七十載。此乃歷史社會之實然，其上居民之生命教育和大智教化必須扣緊此點，於本土化與在地化齊頭並進、無所偏廢，方能恰到好處，無過與不及。人實無逃於天地之間，理當學會如何頂天立地。天地可為國家社會，抑或組織機構，然率皆為個人存在之背景，而非結構實體；只有具備靈明自覺的個人身心，方得呈現存在主體而如實地活著。大智教化執持「天然論哲理學」為意理，實踐「向死而生、由死觀生、輕死重生」之世道，希望有助於國人安身立命、了生脫死。

　　本章寫作的目的是為了深化作為成人生命教育的大智教化，其作法分為「中華本土化」與「臺灣在地化」兩層次，最終落實於個人生命故事的體現。生命教育屬於臺灣重要教育政策，大智教化則為生命教育的民間版、成人版、擴充版與升級版。各節首先對大智教化予以定位，著眼於中年職場生涯的第二年齡，以及入老退休後的第三年齡。由於臺灣人的祖先絕大多數為來自中土的漢民族，中華文化底蘊根深柢固，有必要通過教化活動予以彰顯，此乃本土化之真義。然而臺灣自外於大陸長達近七十載，其社會氛圍與主體意識早已自成一格，又為在地化之契機。臺灣人民生命教育之深化，必須兼及二者方得無所偏廢。文章最後則由入世與出世二端，勾勒以自我教化書寫生命故事之可能。而本書的十五萬字篇幅，正是我在過去一年的生命敘事。

　　出版本書體現了一份使命感，我有意賦予大智教化作為生命信仰的地位，但並非超越性的體制宗教，而是內在性的人生信念。我手寫我心，2003年半百之際，首次面臨統獨之爭的大選前一年，我沉潛反思，拈出「華人應用哲學」作為開創「華人生命教育」的理念；如今又面臨另一回合國家認同陷入渾沌不明的處境，此刻我已將生命教育擴充升級為大智教化，用以推廣「後西化、非宗教、安生死」的人文自然主義人

生信念。本章提出大智教化本土化與在地化之可能，主張二者必須相輔相成、相互爲用，缺一不可。本土化是因爲臺灣於過去、現在、未來，都需要堅持「中華民國」的政統，此乃銜接中華文化之平臺與契機。在地化則反映出臺灣在全球華人社會中，可謂維繫文化道統之正宗。我們已經沒有意識型態的包袱，又何必追求更名和獨立？

一、大智教化

1.成人生命教育

　　大智教化是我自不惑之齡1993年接觸生死學、1997年推動生命教育後，至2013年花甲耳順之歲，於經驗積累與反身而誠下，自我教化之所得，迄今三年間已成書二冊、文章十餘篇，用以推廣普及我爲中老年人所構思的人生大智慧。大智慧可表陳爲小常識，用以維繫中確幸，此即「中年中產中隱」。身處第二年齡的國人若以此爲依歸，有可能臻入快樂幸福的第三年齡。學校生命教育是臺灣的重要教育政策，由小學施行至大學，而於高中階段形成爲必選的正式課程。其以現代中產價值觀的人生哲理與倫理道德爲主要內容，作爲取代傳統德育的全新方案。德育教導學生妥善待人處事，但學校生活循序漸進，一直要到踏入社會成家立業方才眞正面臨考驗。本章主張以「一體五面向人學模式」，應用於五育並重的成人生命教育，希望面面俱顧、無所偏廢。

　　大智教化是生命教育的民間版、成人版、擴充版與升級版，適用於中年以上的成年人，以有助於職場生涯的安身立命，及退休後的了生脫死。如今臺灣人的平均餘命大約八十上下，從十八考大學到八十陽壽終的漫長生路歷程間，生命教育適可作爲各階段的人生指南參考。不過生命教育隨著對象年齡增長，必須與時俱進並予以深化；像青年學生跟中

年以上社會人士的生命情調實大異其趣，就不能一概而論。過去我發現官方版的學校生命教育相當西化，缺乏對中華本土文化的融會貫通，乃著書加以批判擴充。近年我又感受到成人尤其是中老年人的生命教育十分匱乏，遂發心提倡大智教化。而無論是生命教育或大智教化，皆可通過「生物—心理—社會—倫理—靈性一體五面向人學模式」，來考察完整的個人處境，進而尋思改善之道。

大智教化作為生命教育的擴充成人版，係以古今中外大智慧來觀照上述五面向的個體生命，同時也要將我國所推行的制式五育轉型為自由教化；其形式為終身社會教育或自我教化，內容則可善用五育加以發揮。五育指「德、智、體、群、美」五大類型的教育活動，其中「德、智、體」三育係英國哲學家史賓塞所倡行，為清末民初教育西化繼承之，並納入「群、美」二育，使之更形完備。大智教化擺脫體制，活學活用，主要為自我教化，以「群—德—美育」三位一體為重心，其餘二者支撐之。此三位一體可對應於人的「社會—倫理—靈性」三面向，據以建立大智教化的核心價值。它強調個人主體的存在抉擇；存在主體雖面臨人倫關係和社會氛圍的影響，但主觀條件仍操之在我，不必完全受外力擺布制約，此乃大智教化之真諦。

2.第二年齡

社會學家將人的壽命分為三個時期，以第一至第三年齡視之。第一齡包括出生至學成就業，如今有學校生命教育予以針對。第二齡則涵蓋立業成家至告老退休，約占半生四十寒暑；若取半百為分界，各以謀生及老化為主要關注。五十知命，之前可盡力而為，其後宜適可而止；把握「中年中產中隱」的中確幸，反身而誠，逐漸減少向外馳求之心，平順步入第三齡，從而安享天年，死而後已。事實上，三時期還可以分別對照於人類發展的三階段，亦即生存競爭、生涯發展與生趣閒賞，這些就是本書下篇的全部內容。對我而言，目前的處境正位於由第二齡向第

三齡過渡，期間長達五年。因為我年屆花甲便提早退休，生涯階段於焉結束；但是距離法定老年仍有一段不短的時日，似乎又不宜完全成為閒雲野鶴，於是便以推廣大智教化繼續安身立命了。

臺灣地小人稠，民主自由開放，社會相對穩定，幾乎人人有大學念，倘若樂於勤奮向學，謀生糊口大多不成問題，中年躋身中產亦可期待。過去有學者批判學校生命教育僅反映中產價值觀，未曾顧及偏鄉與弱勢族群。但教育終究有其理想性和局限性，雖不見得一體適用，卻已呈現出眾人心之所嚮。如今民進黨已經完全執政，倘若主政者能開創出更多就業機會與社會公義，則甫入就業市場的年輕人，就能夠盡可能地對生涯發展作出策略規劃。策略思考是指在把事情做對之前，先確定那些是對的事情值得去做。臺灣自日治結束至今七十餘年大致承平，不適革命之激越，但求改革與創新。在此情況下，謀生之道指向安定中求進步乃勢之所趨，人生遂不必冒進，否則過猶不及。此為大智教化根本理念，亦即行至中年，宜由中產步入中隱。

就現時代生物科技的有限性而言，老化仍屬不可逆的現象。醫學界定老化始於死亡率最低之齡，即十四、五歲上下；但一般人直覺的老化，則多在四、五十歲之後。無論如何，若以平均餘命八十來看，半百之際多少也必須把老化當一回事了。這其中不止包括自己的衰老，更重要的是為人子女如何看待並安善處理父母的老病死。大智教化對此格外重視，尤其是少子化趨勢下的養生送死。人皆不免一死，屆時是非成敗轉頭空，但活著並不應就此因噎廢食。大智教化的核心價值乃是「向死而生、由死觀生、輕死重生」，重點無不在生而非死。人生實為特定時空脈絡中的身心歷程，大智教化集中關注成年國人的生命教育，希望人人都有能力書寫自己的生命故事，並且盡量令其內容既豐富且精彩。可以想見的是，精彩篇章無疑多集中於第二齡的生涯發展階段。

3.第三年齡

大智教化主要爲臺灣人所設計，臺灣人就是中華民國國民，其生命故事既有中華文化的本土元素，亦呈現臺灣民風的在地色彩，缺一不可。相形之下，官方效法並取材於西方文化的學校生命教育，其政策與課綱皆深受基督宗教影響，我曾著書《生命教育概論》加以批判，並建議推動者正視科學論述及東方思想。逐漸步入第三年齡的成人，勢必要面臨老病死的困擾；將傳統人生信念與時俱進，使之現代化及後現代化，或較西方宗教信仰更能助人了生脫死。現代化的利器是科學觀，可助人實事求是，擺脫怪力亂神；後現代化的精神則爲多元觀，得以促成水平思考，化煩惱爲菩提。水平思考乃相對於垂直思考，後者爲收斂的因果性思考，前者則爲發散的跳躍性思考。以國家認同爲例，破釜沉舟獨立建國屬於垂直思考的結論，維繫中華民國的命脈於不絕則歸水平思考的慧見。

相較於第一年齡的生存競爭、第二年齡的生涯發展，第三年齡多指退休以後的生趣閒賞階段。國人限齡屆退訂於六十五歲，但實際平均離退約在五十七、八左右。由於缺乏大智教化所提倡的安身立命、了生脫死大智慧，不少人一旦退休便出現適應不良的現象，甚至產生憂鬱傾向。尤其高齡者易罹患慢性疾病，倘若加上心理失衡，更容易導致健康惡化。一般情況下，人之生病靠自體免疫大多得以痊癒；但老來受病卻屬不可逆的健康衰退，直至死亡。臺灣在十年內將步入超高齡社會，六十五歲以上的老人約占全國人口五分之一，將消耗掉近半數醫療資源。第三年齡層必須學會與痼疾和平共存，並伺機開展養生之道。養生首重順應自然，勿多事造作；此爲道家之所長，越老越用得著它。至於持之以恆的運動保健，以及愼重調配料理，同樣不能忽視。

大智教化的根本義理爲「天然論哲理學」，此乃「後科學人文自然主義華人應用哲學」之簡稱，目的是希望國人盡量學做「後現代儒道

家」。代表晚近資本主義文化邏輯的「後現代」精神，反映出西潮東漸下為商品經濟所主導的臺灣現況；「儒道家」則意味以漢民族為大宗的臺灣人，通過自覺而彰顯民族文化的可能。商品經濟刺激消費，令人目迷五色，極盡聲色之娛，卻有可能步上玩物喪志、走火入魔之境。大智教化嘗試用東方儒道融通的人文自然態度去安頓人心，於日常生活有為有守，無過與不及；及至老病死更能破除迷惘執著，坦然迎向生命終點。對此道家較儒家更為受用，尤其是莊子的豁達思想，用於向死臨終之身心安頓，令人雖不能至心嚮往之。人死不可怕，不死才可怕；瞭解存在之可能性及限度，盡在大智教化之中矣。

二、本土化

1.文理並重

太陽底下無新事，人則無逃於天地之間，日常生活之種種遂構成人生之大部。臺灣人於日治結束後，成為中華民國國民至今七十餘年；中華民國雖曾面臨政黨輪替，卻從未被中華人民共和國統治過，因此不存在由後者脫離自主的臺灣獨立問題，亦無需強調去中國化。中華文化源遠流長、博大精深，適足以安頓與精進國民的人生實踐；此為落實大智教化的出發點，亦即向傳統文化靠攏的本土化。學校生命教育於上世紀末創始於臺灣，在教育改革的風潮中，成為取代傳統德育的重大教育政策。教育部且訂定2001年為「生命教育年」，頒布「推動生命教育中程計畫」，據此設計高中課綱，而於2010年正式施行。整套八科生命教育類課程，以倫理道德教育為主軸，兼及宗教、生死、心理健康等議題；其中「生命與科技倫理」與「生死關懷」兩科，深切呼應「一體五面向人學模式」。

　　人類作為眾多物種之一，先是生物有機體，再由其中演化出心智靈明自覺，進而開展文明與文化。如今身為高等生物的人類，於反思設計生命教育課程之際，實不能忽略自體的生物性，以及身處的自然與社會環境諸面向。上述兩門生命科目的內容，其實是就生命倫理學及生死學，前者相當程度涉及醫療倫理問題。如今臺灣人的生老病死幾乎都離不開醫院，於是醫藥衛生與相關的食品安全、空氣污染、環境保護等常識均不可或缺。生命教育於此成為通識教育，不但要關心人，還必須注重人所生存於其中的自然界。現在臺灣年輕一代幾乎人人有大學念，而高中職更將屬於國民基本教育的一環；當高中生命教育成為必選課程後，基本的自然常識、社會見識，以及其他相關通識遂為學子所知曉，反倒是用以安身立命的人文學問有待深化加強。

　　生命教育既為新興德育，人文學問遂成中心部分，問題是其人文學問當以何者為內容？學校生命教育在臺灣發展已屆二十載，我從一開始便涉足其中，近三年更將之擴充升級為大智教化，特別針對成人、教師及中老年社會人士而發。大智教化以「由死觀生」為視角，回頭發現人生係「向死而生」的歷程，從而強調實踐「輕死重生」之必要。此一立場奠基於東西方生死大智慧的人文自然學問，在「天然論哲理學」檢視觀照下，東方以莊子開其端，至少包括陶淵明、白居易、蘇東坡三位儒道家代表人物；西方則以叔本華與齊克果為先驅，涵蓋海德格、沙特、卡繆三位存在主義思想家。這些古今中外哲人文士所流露的了生脫死大智慧，正是大智教化的活水源頭，而其最大特色便是「非宗教、安生死」的人文自然主義人生信念。

2.東西兼治

　　宗教信仰勸人為善是好事，但華人大多不信教，臺灣則以拜鬼神的民俗信仰為流行。相形之下，大智教化志在推動一套清風明月式造福身心的人生信念，希望能作為國人用以安身立命、了生脫死之選項。此一

人生信念要求「東西兼治」，無所偏廢，同時秉持「中學為體、西學為用」原則具體落實。國人的生命教育當以中華本土文化奠定主體性，從而善用外來思想，不應本末倒置。「中體西用」長期被視為自我陶醉的陳腔爛調，尤其被全盤西化論者嗤之以鼻。但是歷史往往會出現辯證式的發展，尤其是中國從次殖民地的悲慘處境中掙脫，經歷百餘年的生聚教訓，如今已步入出人頭地的後殖民、後現代狀況，再提中體西用實不可同日而語。當然這主要指對岸的政經實力而言，肯定有不少分離主義者認為與己無關。不過放眼看天下，有力使力、無力使智方為立足生存之上策。

「中體西用」的觀點起於國力積弊不振的清代末期，在西方人船堅礮利的欺凌下，所形成的心理建設和精神武裝，卻被視為枉顧現實、自我陶醉的阿Q態度。當時之「體用」乃指「本體與器用」，屬於本體論的謬見；百餘年過去了，如今臺灣的民主自由開放已成華人世界之典範，再提體用以指「主體與應用」，則歸認識論之宏觀。二十一世紀一方面有全球化加全球暖化的後現代狀況，另一方面但見民族主體性加文化本土化的遍地開花。身處東亞海島面臨此景此境，批判之餘也要力圖革新革心。重新提出中體西用觀點加以推廣，或為明策良方。新中體西用觀適足以作為成年國人的新人生觀，用於第二齡的安身立命與第三齡的了生脫死。現代生死學之父傅偉勳盛贊莊子為「中國生死學的開創者」，大智教化對此深表認同，並進一步引申發揮。

中華民國國民通過肯定及繼承中華傳統文化以建立個人主體性，可謂理所當然。由於儒家思想已內化為華人生活方式，我在此不擬多談，轉而凸顯道家的重要性。放在歷史景深中來看，道家始終具有稀釋儒家的濃得化不開之清明作用；尤其通過「向死而生、由死觀生、輕死重生」的觀點看，二者對於人死之後事料理的態度直如天壤之別。在死亡態度方面，西方智慧足資應用之處頗多，叔本華的意志主義與同時代齊克果及其後世的存在主義予人極大啟發，可與莊子的豁達生死觀相輝映。儒家講究慎終追遠，在古代自有其意義，到如今卻面臨少子化以至

無人送終祭掃的窘境，勢必得改弦更張。以道家達觀搭配存在主義向死而生的大智慧，由死觀生從而輕死重生、厚養薄葬，才是現代國人的因應之道，大智教化肯認其中自有其深意。

3.儒道融通

儒道二家思想皆為中華傳統文化之瑰寶，但歷經兩千五、六百年的積澱，總有不合時宜之處，需要與時俱進、去蕪存菁、推陳出新。二十一世紀的臺灣人，處於社會學者葉啟政所指「外來化—西化—現代化—全球化」的境遇下，有必要擇善固執地樹立「本土化」旗幟，以彰顯個人存在的主體性。本土化要求在文理並重與東西兼治下的儒道融通，亦即「儒陽道陰、儒顯道隱、儒表道裡」。儒道二家思想之於華人，一如基督宗教之於洋人，不止是紙上談兵，更屬於生活實踐。美國人將「奉主之名」之語印在鈔票、刻於錢幣上，總統則手按《聖經》宣誓就職，在在顯示其立國精神。華人敬天祭祖、燒香拜佛，無不體現出源遠流長的各式信仰。但在我們的文化氛圍中，每個人的心靈深處又潛藏著各自的桃花源，而且是無涉宗教的空靈淨土，這才是真正的民族瑰寶。

從生命教育或大智教化看，儒家主要為入世的社會倫理，道家則歸出世或避世的人生美學。生活要能夠收放自如，方能出入自如；而一生一世「出生入死」的最佳途徑，就是從儒家向道家漸層式地過渡。「出生入死」為老子語，原本僅指「從生來到死去」的自然素樸觀點，尚未及於「冒險犯難」的引申義。生死流轉本屬自然現象，但是生路歷程卻不脫且深深涉入人文社會活動。今人之職場一如古人之官場，講究的是待人處事、安身立命之道，此乃社會倫理之所繫，為儒家所擅長。儒家將社會角色與人際關係分為「五倫」加以安頓，生命情調最高境界為「不逾矩」，孔子到七十方達致，但這也是古人致仕退休的年歲，亦即第三年齡。一般而言，儒家哲理足資為入世職場生涯之參考，但隨著身

心老化而應體現道家中隱的出世智慧。

太多儒家情懷易生憂患意識，先天下之憂而憂，後天下之樂而樂，於今可謂不智；太多道家嚮往則成閒雲野鶴，天馬行空不知所終，終究不切實際。儒道融通的大智慧教導我們，要懂得於年歲日長逐漸由儒入道，從群體回歸個體。國家亦然，眼前臺灣唯有以中華民國之名實，不統不獨不武，夾縫中求生存，盡可能尋求長治久安，方為存在抉擇之上策。今非昔比，與其學儒家講名正言順，不如隨道家指名可名非常名來得有效。臺灣若能安於道家式的小國寡民或有出困之路，同時個體人生亦應走向道家式的中隱之道始稱務實。中隱是唐代擁抱儒家兼濟之心的士人白居易，在中年遭逢官場失意後所悟出的獨善慧見，從此終生行之，竟得以避禍而保命。它主張一種明哲保身的人生美學，隱於凡俗卻超凡脫俗，可謂識時務者為俊傑。

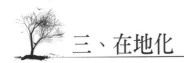

三、在地化

1.社會結構

大智教化的在地化就是臺灣化，而「臺灣」二字作為一套符碼，對生存其間的人民而言，實具有極其複雜的生命旨趣。這群居住於海島上的兩千三百萬人民，於2016年初以選票向自己文化母體符碼「中國」的政治統合明確說不，象徵一股主體意識的抬頭。但主體意識究竟能否指涉國家社會，還是必須落實於個體自我？這才是我所關注的主題。對此我受到葉啟政「修養社會學」極大啟發。年逾七十的葉教授早年求學歷程，係由哲學通過心理學走向社會學，如今考其一生學術志業，似有由社會學回歸哲學的傾向，近年著述標榜個人修養便是例證。社會學於一百八十年前由法國哲學家孔德所創，傳入中土後最早譯名為「群

學」，即以群體與個體相對。群體由個體所組成自不待言，但究竟群體係作爲結構且必然凌駕個體，抑或僅呈現爲個體生存活動的背景？這些都是問題。

為解決上述問題，葉啓政在本世紀頭八年先後出版了兩部鉅著《進出「結構—行動」的困境》、《邁向修養社會學》，由書名即可看出其心之所嚮，即希望彰顯個人自我掙脫社會群體限制的主動能動性。但是他的策略並非追隨西方後現代式爲所欲爲的外爍自由，而是回返東方帶有傳統意味的內斂修養，此乃「愛與關懷」。不同於西方凸出個體性，東方人更注重群體性；但並非大群體的國家、社會，而是較小群體的家庭、家族、社群等。在這一點上，臺灣漢民族的心態其實源自中土文化，亦即儒家所看重的人際倫常關係，尤其是具有血緣聯繫的親情人倫。這點並不完全符應西方式的社會結構觀點，尤其是將社會及國家視爲一種巨靈式的「結構」，對其個體成員具有強大的限制作用。相形之下，華人所受的局限大多來自家庭而非社會。

西方社會學光譜將「社會」描述爲嚴格的「結構」與鬆散的「背景」兩個極端，並存在著許多中間項。相對於結構巨靈的無所不在，作爲個體生活背景的社會彷彿似有若無，甚至可有可無。理想地看，社會主義堅持社會凌駕個人而無所不在，自由主義則放任個人無視社會規範而爲所欲爲；但現實始終介乎其間，唯其收放力度多少而已。大智教化推廣人生自我安頓之道，主張無過與不及，擇中道而行。臺灣採行西方民主自由政體，逐漸發展爲多元包容的社會型態，其傳統結構已然鬆動，後現代背景則不免模糊，有待正本清源、推陳出新，大智教化適足以爲功。這一點必須從群體與個體的核心價值之發現及釐清做起。一旦如此，人們就不應該劃地自限，而是有容乃大地探索各種可能。反思中華民國的歷史定位，正是臺灣在地化無所規避的第一步。

2.主體意識

　　臺灣的威權統治結束於1988年蔣經國逝世，至今已近三十載；於此之前，在地主體意識高漲，不斷以「本土化」爲名進行政治與社會改革。目前政治上已達成改朝換代的目的，社會上也出現全民當家的盛景。但往深處看，這種主體意識的基石是否堅實穩固，抑或只不過是鏡花水月？問題出在此一基礎究竟要紮根於深厚的文化土壤中，還是僅指特定的地理空間與族群意理？回溯既往，兩岸分治至今六十七年，大陸從未改變擁有臺灣之志，反倒是臺灣人心思變，結果也眞的從質變到量變。事實上在1971年以前，中華民國始終爲聯合國常任理事國，且不斷企圖「反攻大陸」。無奈形勢比人強，後來只好退一步「莊敬自強，處變不驚，愼謀能斷」。而這便是中華民國以迄今日堅定不移的本土主體意識，實與源自日治時代拒斥外來政權爭取獨立的在地意識大異其趣。

　　彰顯主體其實是現代性的特徵，且爲後現代所欲解構顛覆之對象。然而後現代與現代卻屬既歷時又共時，於是在後現代氛圍中提倡主體性並不爲過，更無可厚非。唯一可改善之點，乃是從凸出主體性轉化爲肯認主體際性。西方用主體性肯定自我，必須學習尊重其他個體；華人自古以來便著眼於人倫關係，如今若與時俱進，同樣尊重個體，或較西方更能把握住主體際性。主體際性便是互爲主體性，其前提爲彼此互爲開放的個體，而非僅止於獨立的自我。在社會中肯定自我並不夠，因爲可能流於唯我獨尊；要走向互重個體方爲正道，而這正需要葉啓政所指「愛與關懷」的修養。現代人已成社會動物，每一個體皆有其社會角色，難以退隱山林離群索居，但是可以通過後現代轉化，將古代的「中隱之道」充分實現，此即「獨抒性靈」。

　　「獨抒性靈」原本爲明代晚期性靈派寫作風格，後來被崇尙道家、主張幽默的當代作家林語堂所賞識，將之提倡爲一種表達個人性情的生活姿態，相當符合大智教化所認同的生命情調。簡單地說，大智教化以

「後科學人文自然主義」爲信念義理，以「後現代儒道家」式的「知識分子生活家」爲人格典型，嘗試找出以中華文化本土精神爲底蘊的人生價値，令臺灣在地百姓得以安身立命、了生脫死。此一核心價値乃超脫於兩岸政治立場之上，並具有調和作用；亦即以儒道融通的處世態度，建立主體際溝通平臺。兩岸關係一旦上升到國與國的爭議就會陷入無解，但勿忘「國者人之積」，若以彼此人民個體通過交流溝通，嘗試建構非政體的大中華經濟圈，甚至是鬆散的邦聯體，以尋求瞭解與包容，或許能夠形成轉圜空間。人貴自覺，以主動能動性突破社會結構困境，正是主體存在的眞諦。

3.仕與隱

本章是我三年間撰寫十三篇探討大智教化的議論文章中，最爲貼近現實的一篇，理由無它，人既無逃於天地之間，就要學會如何頂天立地。古人活在帝制農業社會裡，其出處之道唯有仕與隱二者；今人身處民主工商業社會，雖然面臨相當多元的可能性，但歸結下來仍不脫兼濟與獨善，可謂仕與隱的現代版。今日職場相當於古代官場，人一旦失業便無以爲繼，大智教化有責任尋求二者的協調。放大來看，今日職場的組成條件，較之古代官場可謂複雜多多，幾乎不可共量。傳統家天下的權力宰制由上而下一以貫之，特點是確認在誰屋簷下，缺點則爲不得不低頭。現今的情況大致包括全球化、資訊化、多元化、邊陲化等等，有利有弊。面臨東西各大國格局，臺灣雖呈現小國寡民，卻有可能左右逢源而隨時調整腳步。百姓想要兼濟或獨善以安居樂業，理當務實以對。

大智教化的臺灣社會在地化是在中華文化本土化基礎上進行的，前者爲後者的核心價値提供實踐場域。這點在大陸社會不見得行得通，因爲對岸雖然也認同中華文化，卻另有標榜「中國特色」的「社會主義核心價値觀」爲之堅持。社會主義社會無論如何都擁有相當堅實的社會結構清晰面貌，不可能像自由主義社會盡可能將其後推爲模糊背景。從歷

史發展看，社會主義原本就具備兼濟天下的理想，對獨善其身不免嗤之以鼻，像上世紀三〇年代林語堂被左派作家嚴厲批判便是明證。事過境遷，集權的大陸在八〇年代改革開放後走向市場經濟，只要無涉政治，表現個性的人生方向亦無不可，林語堂也重新被接納並予推崇。另一方面，臺灣亦於八〇年代逐漸擺脫威權統治，其後不但經濟繼續起飛，就連政治也大幅開放，有心兼濟的人不怕沒有發揮舞臺，組黨便是一例。

　　海峽兩岸平行發展六十七年，交流互動則有三十年之久，大致相安無事。不過隨著對岸經濟突飛猛進，已然壓縮到臺灣的發展機會；而晚近大選的結果，亦提早讓政體分合的問題浮上檯面。在目前情況下，用類比的說法，臺灣既難以兼濟，更無法獨善。但是國家社會層面的問題一時無解，卻可能在民間個人層面尋求解套。大智教化的建議是：淡化民粹迷思，發現個我本真。臺灣今後的生存之道，大致包括以靜制動、若即若離、以不變應萬變等等。畢竟民國先於人民共和國而建立，且立國至今並未消亡；目前雖類似歷史上的東晉、南宋、北元、南明等偏安朝代，但並不存在獨立與否的問題。國人若能秉持此一前提，運用大智慧集思廣益，冷靜尋找出困之路，國祚或能永續發展。彼大我小，無力使智，倘若一旦衝動冒進，引來遍地烽火，玉石俱焚，恐怕得不償失矣。

四、生命故事

1.入世

　　臺灣人民在民主憲政下當家作主，但不能劃地自限或一意孤行，於國際關係中應考量跟大陸、美國、日本的良性互動，此乃領導人責無旁貸的重任。而在市井小民的生活中，安居樂業才是大事；哲學家與社

會學家心目中的「日常生活」，其實就是每一個社會成員生命故事的體現。民主自由國家社會中的民眾無分貴賤，各人價值均無與倫比，不應受到各式權力的宰制，這是大智教化要積極推廣的理念。臺灣地小人稠，交通便捷，資訊發達，到任何地方都是一日生活圈。由於所有國民已屬一個共同體，小隱隱於林幾乎不可能；而在民選政府中，大隱隱於朝更不切實際；但於商品經濟無所不在下，中隱隱於市的職場生涯實有其正當性。現代人無不入世謀生糊口，卻無妨以後現代之姿出世避世，自求多福自得其樂。隨著年歲日長，中年中產中隱並非壞事，但勿趨於庸俗自私才好。

二十一世紀的電子商務結合上市場經濟，於全球範圍內無孔不入，任何政治壁壘都無法拒斥它，甚至要積極加以整合。像大陸標榜「社會主義市場經濟」，卻發展得比許多資本主義國家還有過之而無不及。而臺灣也早已割捨三民主義理想投向市場，經濟大幅凌駕政治，執持各種立場的政團，都必須先讓百姓免於匱乏，進而安居樂業，否則就會被選票所揚棄。總而言之，生活於臺灣的成年人，期待的是在民主自由生活中躋身中產階級。回顧兩岸分立六、七十年都已安度，眼前維持現狀才是正道，未來要考慮的重點是如何互利共榮，而非你死我活。如今大陸已成世界第二大經濟體，理當有容乃大，而非膨脹稱霸。至於臺灣更應站穩腳步，放眼全球，廣結善緣，尋找推陳出新的利基和契機，讓百姓的日常生活變得豐饒而非貧瘠。

日常生活的安頓乃是書寫生命故事的基礎，後現代臺灣民眾大致走向以中產階級為主的社會發展方向，希望在安定中求進步，不樂見激進變革與動亂。其實大陸的情況也類似，這多少反映出某種全球趨勢。目前國人應該努力的目標，是從小資的小確幸向中產的中確幸邁進，方式則為善用資訊網絡以建立社群關係，從而群策群力，眾志成城。網路凝聚人心的力量，從近年兩次選舉可以得到證實，這使得在地勢力得以完全執政，但也因此必須負起造福人群的全部責任。大智教化對此一方面有所期待，另一方面也希望提出呼籲，鼓勵中道力量站出來，利用各

種媒體宣揚「中年中產中隱」的大智大慧。這並非既得利益者的保守態度，而是個人生涯發展無過與不及的理想境地。成人生命教育以四十不惑至六十耳順的中年爲施展重心，畢竟這一代的人乃是社會中堅。

2.出世

　　四十以下的年輕人可以用選票加速政治與社會改革，但本身的事業成就卻非一蹴可幾。回首總統直選至今二十餘年，可謂人民眞正當家作主；幾經政黨輪替，政治正確的「轉型正義」也逐漸落實，臺灣人理當擺脫政治悲情，放眼看天下，盡量尋求經濟生活的更上層樓。現代人的經濟生活就是職場生涯，從第一齡通過第二齡達於第三齡，終究是一系生住異滅、成住壞空的歷程，因此從入世到出世或避世，其實自然而然，無需堅持捨我其誰。人生貴在自知，最先明確提出「中隱」理念的白居易，中年以前在朝當諫官，據理力爭不吐不快；及後受讒被貶，失意中悟出中隱之道，開始反身而誠，反求諸己，發現本眞自我，終無向外馳求之誤。仕與隱的選擇、入世與出世的安頓，永遠是華人自處之道的拿捏；如今學習中隱，依然有其必要。

　　大智教化具體落在現實人生中，作爲選項之一的中隱之道可以備而不用，但卻不可或缺。中隱就是知所進退下的出入自如、收放自如；不得志者用得著它，得志者更應引以自處。在「向死而生」的前提下，人死如燈滅，是非成敗轉頭空；太陽依舊升起，但其底下並無新鮮事，有的只是雜瑣事。大智教化不反對人們爲事業奮鬥、爲政治奉獻，但主張盡力而爲、適可而止，無過與不及。眼前統獨之爭便屬於無謂之議論，不必設法解決，而應解構與解消，還給百姓寧靜致遠的生活。從大智教化觀點看，今日臺灣執政者首要改善之事，就是如何把民眾的小確幸提升爲中確幸，不嚮往富裕，但務必脫貧。「人生勝利組」其實沒啥好羨慕，電腦鉅子賈伯斯未老便辭世，令人慨嘆。其追隨者李開復罹病後反身而誠，大澈大悟平安喜捨之妙諦，這才是大智慧的眞正開顯。

大智慧照見人乃向死而生，必須由死觀生，方能輕死重生；這是以後現代儒道家爲依歸，學做知識分子生活家，其典型人物即身處職場市塵的中年中產中隱之士。生活家是懂得閒適過日子，越老越回歸本眞，面臨死亡亦能豁達以對的智者逸人；而知識分子的身分則是用以通過自覺反思超凡脫俗，免得讓中隱的良法美意走向混世窮途。中隱不是指在職場中廝混，而是隨著年歲日長，將越來越多的關注精力分配給自己的雅興情趣，不必公而忘私，最終要懂得讓位給後生晚輩，歡喜走向生趣閒賞的空靈境地。放到現實面來看，臺灣現在最需要的，一方面是西方功利效益主義的主張，即爲大多數人創造最大幸福；另一方面則學傳統道家的無爲治術，無爲無不爲。果眞如此，則何黨執政都不重要。閱讀此書的成年人，若能共同護持中隱之道，則全民幸甚！

3.怡然

大智教化由死觀生，肯定現世主義，確認國家社會之必要，卻只應當作個體人生之背景，而非宰制框限身心性情的結構巨靈。我不是無政府主義者，認同自由主義視政府國家爲「必要之惡」，從而主張最理想的政府就是道家式的無爲而治。傳統道家思想博大精深，與儒家思想相輔相成，相得益彰，缺一不可。尤其難能可貴的是，道家中的老子和莊子二人，各自於現世人生提出宏觀與微觀的大智慧，於今適可助人安身立命、了生脫死。老子的貢獻在於提出以退爲進的治理之道，對現今臺灣處境頗具參考價值。至於以莊子澈悟豁達精神，結合禪宗的知命自然態度，是置之死地而後生的最佳詮釋。一旦正視生命，儒家與存在主義式的人文精神始有用武之地。死爲人生之必然，且大多伴隨老病而來，有生之年唯有各自獨善其身，方能怡然自得。

獨善其身不必要遺世獨立和孤芳自賞，而是追求具有共同興趣小群體的相濡以沫。老病死畢竟苦多於樂，像白居易晚年組織「九老會」苦中作樂，就是其中隱大智的慧命延伸。人貴自覺，然後自知；知所進

退，自求多福，無需向外多所馳求。這是一種內斂的修身工夫，最多外爍至齊家，至於治國平天下則非二十一世紀臺灣人民所必要，手中握有選票足夠矣。尤有甚者，我曾為文建議，今人應在「齊家」與「治國」之間納入「合群」一目，亦即「參與社會」；不是讓社會來宰制我，而是依我所喜去建構社會，例如組織社團，投其所好，且能好聚好散。對此我特別注重「五倫」之中「朋友」一倫，因為「以文會友，以友輔仁」、「獨學而無友，則孤陋而寡聞」。朋友的真義遂為「一同學習成長的伙伴」，頗似今日之同學，此乃自求多福之擴充。

　　朋友是一種最鬆散的人倫關係與社會組織，合則聚不合則散，屬於獨樂樂不如眾樂樂的合群之舉。然交友之道重乎以誠相待、不求回報，故其本質仍為自求多福、自得其樂。理想上君臣、父子、夫婦、兄弟都應該學做朋友，當然在現實中很難體現，但可盡量為之。臺灣少子化的趨勢於世上數一數二，在自願無後的情況下，慎終追遠已成空談。日後夫妻僅有一人為另一方送終，晚走一步的則要靠朋友了。身處後現代多元的臺灣社會，連同性伴侶都已合法被接納，還有什麼不可能的？大智教化嘗試指引國人於一念之間「退一步海闊天空」，瞭解「此念是煩惱，轉念即菩提」的大智大慧。退一步不是脫離人群，而是順應自然而然的生命情調之抉擇。儒家講「聽天命」，在此若當道家「道法自然」解，不啻自我大智教化之實踐。

【鈕則誠三十種著述】

1979.05.《自我與頭腦——卡爾波柏心物問題初探》。臺北：輔仁大學。

1988.01.《宇宙與人生——巴柏的存在哲學》。臺北：輔仁大學。

1996.03.《護理學哲學：一項科學學與女性學的科際研究》。臺北：銘傳學院。

1996.10.《性愛、生死及宗教：護理倫理學與通識教育論文集》。臺北：銘傳學院。

2001.02.《心靈會客室》。臺北：慈濟文化。

2001.08.《生死學》。臺北：空中大學。（合著）

2003.08.《醫護生死學》。臺北：華杏。

2003.10.《護理科學哲學》。臺北：華杏。

2004.02.《生命教育——倫理與科學》。臺北：揚智。

2004.02.《生命教育——學理與體驗》。臺北：揚智。

2004.08.《醫學倫理學——華人應用哲學取向》。臺北：華杏。（合著）

2004.09.《教育哲學——華人應用哲學取向》。臺北：揚智。

2004.10.《護理生命教育——關懷取向》。臺北：揚智。

2004.12.《生命教育概論——華人應用哲學取向》。臺北：揚智。

2005.08.《生死學（二版）》。臺北：空中大學。（合著）

2005.10.《教育學是什麼》。臺北：威仕曼。

2006.01.《波普》。臺北：生智。

2006.01.《殯葬學概論》。臺北：威仕曼。

2007.02.《殯葬生命教育》。臺北：揚智。

2007.03.《永遠的包校長》。臺北：銘傳大學。

2007.08.《殯葬與生死》。臺北：空中大學。

2007.11.《觀生死——自我生命教育》。臺北：揚智。

2007.11.《觀生活——自我生命教育》。臺北：揚智。

2008.04.《殯葬倫理學》。臺北：威仕曼。

2009.01.《從常識到智慧——生活8×5》。臺北：三民。

2010.09.《生命教育——人生啟思錄》。臺北：洪葉。

2010.09.《生命的學問——反思兩岸生命教育與教育哲學》。新北：揚智。

2013.10.《觀人生——自我生命教育》。新北：揚智。

2015.07.《大智教化——生命教育新詮》。新北：揚智。

2016.07.《學死生——自我大智教化》。新北：揚智。

生命‧死亡教育叢書

學死生——自我大智教化

作　　者／鈕則誠
出　版　者／揚智文化事業股份有限公司
發　行　人／葉忠賢
總　編　輯／閻富萍
特約執編／鄭美珠
地　　址／新北市深坑區北深路三段 260 號 8 樓
電　　話／(02)8662-6826
傳　　真／(02)2664-7633
網　　址／http://www.ycrc.com.tw
 E-mail　／service@ycrc.com.tw
 I S B N　／978-986-298- 230-3
初版一刷／2016 年 7 月
定　　價／新台幣 300 元

國家圖書館出版品預行編目（CIP）資料

學死生：自我大智教化 / 鈕則誠著. -- 初版. --
新北市 : 揚智文化, 2016.07
面 ; 公分. --(生命.死亡教育叢書)

ISBN 978-986-298-230-3(平裝)

1.生命教育 2.文集

528.5907   105011853